U0347902

January 18, 1999

What do I consider my most important Contributions?

- That I early on—almost sixty years ago—realized that MANAGEMENT
  has become the constitutive organ and function of the Society
  of Organizations;

- That MANAGEMENT is not "Business Management- though it first attained
  attention in business- but the governing organ of ALL institutions of
  Modern Society;

- That I established the study of MANAGEMENT as a DISCIPLINE in its own right;

  and

- That I focused this discipline on People and Power; on Values; Structure and
  Constitution; AND ABOVE ALL ON RESPONSIBILITIES- that is focused the
  Discipline of Management on Management as a truly LIBERAL ART.

Peter F. Drucker

我认为我最重要的贡献是什么？

- 早在60年前，我就认识到管理已经成为组织社会的基本器官和功能；

- 管理不仅是"企业管理"，而且是所有现代社会机构的管理器官，尽管管理最初侧重于企业管理；

- 我创建了管理这门独立的学科；

- 我围绕着人与权力、价值观、结构和方式来研究这一学科，尤其是围绕着责任。管理学科是把管理当作一门真正的人文艺术。

彼得·德鲁克

1999年1月18日

注：资料原件打印在德鲁克先生的私人信笺上，并有德鲁克先生亲笔签名，现藏于美国德鲁克档案馆。为纪念德鲁克先生，本书特收录这一珍贵资料。本资料由德鲁克管理学专家那国毅教授提供。

德鲁克妻子多丽丝寄语中国读者

在此谨向广大的中国读者致以我诚挚的问候。本书深入介绍了德鲁克在管理领域方面的多种理念和见解。我相信他的管理思想得以在中国广泛应用，将有赖出版及持续的教育工作，令更多人受惠于他的馈赠。

盼望本书可以激发各位对构建一个令人憧憬的美好社会的希望，并推动大家在这一过程中积极发挥领导作用，他的在天之灵定会备感欣慰。

Doris Drucker

本页照片和多丽丝寄语原文与亲笔签名由彼得·德鲁克管理学院提供

创新与
企业家精神

[美] 彼得·德鲁克 著

蔡文燕 译

Innovation and
Entrepreneurship
Practice and Principles

彼得·德鲁克全集

机械工业出版社
China Machine Press

图书在版编目（CIP）数据

创新与企业家精神/（美）彼得·德鲁克（Peter F. Drucker）著；蔡文燕译 . —北京：机械工业出版社，2018.7（2023.3 重印）

（彼得·德鲁克全集）

书名原文：Innovation and Entrepreneurship: Practice and Principles

ISBN 978-7-111-60229-3

I. 创… II.①彼… ②蔡… III. 企业创新 - 研究 IV. F273.1

中国版本图书馆 CIP 数据核字（2018）第 129704 号

创新与企业家精神

出版发行：机械工业出版社（北京市西城区百万庄大街 22 号 邮政编码：100037）

责任编辑：刘新艳 责任校对：李秋荣

印　　刷：保定市中画美凯印刷有限公司 版　　次：2023 年 3 月第 1 版第 16 次印刷

开　　本：170mm×230mm　1/16 印　　张：21.75

书　　号：ISBN 978-7-111-60229-3 定　　价：89.00 元

客服电话：（010）88361066　68326294

|目　录|

功能正常的社会和博雅管理

为"彼得·德鲁克全集"作序

享誉世界的"现代管理学之父"彼得·德鲁克先生自认为，虽然他因为创建了现代管理学而广为人知，但他其实是一名社会生态学者，他真正关心的是个人在社会环境中的生存状况，管理则是新出现的用来改善社会和人生的工具。他一生写了 39 本书，只有 15 本书是讲管理的，其他都是有关社群（社区）、社会和政体的，而其中写工商企业管理的只有两本书（《为成果而管理》和《创新与企业家精神》）。

德鲁克深知人性是不完美的，因此人所创造的一切事物，包括人设计的社会也不可能完美。他对社会的期待和理想并不高，那只是一个较少痛苦，还可以容忍的社会。不过，它还是要有基本的功能，为生活在其中的人提供可以正常生活和工作的条件。这些功能或条件，就好像一个生命体必须具备正常的生命特征，没有它们社会也就不成其为社会了。值得留意的是，社会并不等同于"国家"，因为"国（政府）"和"家（家庭）"不可能提供一个社会全部必要的职能。在德鲁克眼里，功能正常的社会至少要由三大类机构组成：政府、企业和非营利机构，它们各自发挥不同性质的作用，每一类、每一个机构中都要有能解决问题、令机构创造出独特绩效的权力中心和决策机制，这个权力中心和决策机制同时也要让机构里的每个人各得其所，既有所担当、做出贡献，又得到生计和身份、地位。这些在过去的国家中从来没有过的权力中心和决策机制，或者说新的"政体"，就是"管理"。在这里德鲁克把企业和非营利机构中的管理体制与政府的统治体制统称为"政体"，是因为它们都掌握权力，但是，这是两种性质截然不同的权力。企业和非营利机构掌握的，是为了提供特定的产品和服务，而调配社会资源的权力，政府所拥有的，则是维护整个社会的公平、正义的裁夺和干预的权力。

在美国克莱蒙特大学附近，有一座小小的德鲁克纪念馆，走进这座用他的故居改成的纪念馆，正对客厅入口的显眼处有一段他的名言：

> 在一个由多元的组织所构成的社会中，使我们的各种组织机构负责任地、独立自治地、高绩效地运作，是自由和尊严的唯一保障。有绩效的、负责任的管理是对抗和替代极权专制的唯一选择。

当年纪念馆落成时，德鲁克研究所的同事们问自己，如果要从德鲁克的著作中找出一段精练的话，概括这位大师的毕生工作对我们这个世界的意义，会是什么？他们最终选用了这段话。

如果你了解德鲁克的生平，了解他的基本信念和价值观形成的过程，你一定会同意他们的选择。从他的第一本书《经济人的末日》到他独自完成的最后一本书《功能社会》之间，贯穿着一条抵制极权专制、捍卫个人自由和尊严的直线。这里极权的极是极端的极，不是集中的集，两个词一字之差，其含义却有着重大区别，因为人类历史上由来已久的中央集权统治直到 20 世纪才有条件变种成极权主义。极权主义所谋求的，是从肉体到精神，全面、彻底地操纵和控制人类的每一个成员，把他们改造成实现个别极权主义者梦想的人形机器。20 世纪给人类带来最大灾难和伤害的战争和运动，都是极权主义的"杰作"，德鲁克青年时代经历的希特勒纳粹主义正是其中之一。要了解德鲁克的经历怎样影响了他的信念和价值观，最好去读他的《旁观者》；要弄清什么是极权主义和为什么大众会拥护它，可以去读汉娜·阿伦特 1951 年出版的《极权主义的起源》。

好在历史的演变并不总是令人沮丧。工业革命以来，特别是从 1800 年开始，最近这 200 年生产力呈加速度提高，不但造就了物质的极大丰富，还带来社会结构的深刻改变，这就是德鲁克早在 80 年前就敏锐地洞察和指出的，多元的、组织型的新社会的形成：新兴的企业和非营利机构填补了由来已久的"国（政府）"和"家（家庭）"之间的断层和空白，为现代国家提供了真正意义上的种种社会功能。在这个基础上，教育的普及和知识工作者的崛起，正在造就知识经济和知识社会，而信息科技成为这一切变化的加速器。要特别说明，"知识工作者"是德鲁克创造的一个称谓，泛指具备和应用专门知识从事生产工作，为社会创造出有用的产品和服务的人群，这包括企业家和在任何机构中的管理者、专业人士和技工，也包括社会上的独立执业人士，如会计师、律师、咨询师、培训师等。在 21 世纪的今天，由于知识的应用领域一再被扩大，个人和个别机构不再是孤独无助的，他们因为掌握了某项知识，就拥有了选择的自由和影响他人的权力。知识工作者和由他们组成的知识型组织不再是传统的知识分子或组织，知识工作者最大的特点就是他们的独立自主，可以主动地整合资源、创造价值，促成经济、社会、文化甚至政治层面的改变，而传统的知识分子只能依附于当时的统治当局，在统治当局提供的平台上才能有所作为。这是一个划时代的、意义深远的变化，而且这个变化不仅发生在西方发达国家，也发生在发展中国家。

在一个由多元组织构成的社会中，拿政府、企业和非营利机构这三类组织相互比较，企业和非营利机构因为受到市场、公众和政府的制约，它们的管理者不可能像政府那样走上极权主义统治，这是它们在德鲁克看来，比政府更重要、更值得寄予希望的原因。尽管如此，它们仍然可能因为管理缺位或者管理失当，例如官僚专制，不能达到德鲁克期望的"负责任地、高绩效地运作"，从而为极权专制垄断社会资源让出空间、提供机会。在所有机构中，包括在互联网时代虚拟的工作社群中，知识工作者的崛起既为新的管理提供了基础和条件，也带来对传统的"胡萝卜加大棒"管理方式的挑战。德鲁克正是因应这样的现实，研究、创立和不断完善现代管理学的。

1999 年 1 月 18 日，德鲁克接近 90 岁高龄，在回答"我最重要的贡献是什么"这个问题时，他写了下面这段话：

> 我着眼于人和权力、价值观、结构和规范去研究管理学，而在所有这些之上，我聚焦于"责任"，那意味着我是把管理学当作一门真正的"博雅技艺"来看待的。

给管理学冠上"博雅技艺"的标识是德鲁克的首创，反映出他对管理的独特视角，这一点显然很重要，但是在他众多的著作中却没找到多少这方面的进一步解释。最完整的阐述是在他的《管理新现实》这本书第 15 章

第五小节，这节的标题就是"管理是一种博雅技艺"：

30 年前，英国科学家兼小说家斯诺（C. P. Snow）曾经提到当代社会的"两种文化"。可是，管理既不符合斯诺所说的"人文文化"，也不符合他所说的"科学文化"。管理所关心的是行动和应用，而成果正是对管理的考验，从这一点来看，管理算是一种科技。可是，管理也关心人、人的价值、人的成长与发展，就这一点而言，管理又算是人文学科。另外，管理对社会结构和社群（社区）的关注与影响，也使管理算得上是人文学科。事实上，每一个曾经长年与各种组织里的管理者相处的人（就像本书作者）都知道，管理深深触及一些精神层面关切的问题——像人性的善与恶。

管理因而成为传统上所说的"博雅技艺"（liberal art）——是"博雅"（liberal），因为它关切的是知识的根本、自我认知、智慧和领导力，也是"技艺"（art），因为管理就是实行和应用。管理者从各种人文科学和社会科学中——心理学和哲学、经济学和历史、伦理学，以及从自然科学中，汲取知识与见解，可是，他们必须把这种知识集中在效能和成果上——治疗病人、教育学生、建造桥梁，以及设计和销售容易使用的软件程序等。

作为一个有多年实际管理经验，又几乎通读过德鲁克全部著作的人，我曾经反复琢磨过为什么德鲁克要说管理学其实是一门"博雅技艺"。我终于意识到这并不仅仅是一个标新立异的溢美之举，而是在为管理定性，它揭示了管理的本质，提出了所有管理者努力的正确方向。这至少包括了以下几重含义：

X

第一，管理最根本的问题，或者说管理的要害，就是管理者和每个知识工作者怎么看待与处理人和权力的关系。德鲁克是一位基督徒，他的宗教信仰和他的生活经验相互印证，对他的研究和写作产生了深刻的影响。在他看来，人是不应该有权力（power）的，只有造人的上帝或者说造物主才拥有权力，造物主永远高于人类。归根结底，人性是软弱的，经不起权力的引诱和考验。因此，人可以拥有的只是授权（authority），也就是人只是在某一阶段、某一事情上，因为所拥有的品德、知识和能力而被授权。不但任何个人是这样，整个人类也是这样。民主国家中"主权在民"，但是人民的权力也是一种授权，是造物主授予的，人在这种授权之下只是一个既有自由意志，又要承担责任的"工具"，他是造物主的工具而不能成为主宰，不能按自己的意图去操纵和控制自己的同类。认识到这一点，人才会谦卑而且有责任感，他们才会以造物主才能够掌握、人类只能被其感召和启示的公平正义，去时时检讨自己，也才会甘愿把自己置于外力强制的规范和约束之下。

第二，尽管人性是不完美的，但是人彼此平等，都有自己的价值，都有自己的创造能力，都有自己的功能，都应该被尊敬，而且应该被鼓励去创造。美国的独立宣言和宪法中所说的，人生而平等，每个人都有与生俱来、不证自明的权利（rights），正是从这一信念而来的，这也是德鲁克的管理学之所以可以有所作为的根本依据。管理者是否相信每个人都有善意和潜力？是否真的对所有人都平等看待？这些基本的或者说核心的价值观和信念，最终决定他们是否能和德鲁克的学说发生感应，是否真的能理解和实行它。

第三，在知识社会和知识型组织里，每一个工作者在某种程度上，都既是知识工作者，也是管理者，因为他可以凭借自己的专门知识对他人和组织产生权威性的影响——知识就是权力。但是权力必须和责任捆绑在一起。而一个管理者是否负起了责任，要以绩效和成果做检验。凭绩效和成果问责的权力是正当和合法的权力，也就是授权（authority），否则就成为德鲁克坚决反对的强权（might）。绩效和成果之所以重要，不但在经济和物质层面，而且在心理层面，都会对人们产生影响。管理者和领导者如果持续不能解决现实问题，大众在彻底失望之余，会转而选择去依赖和服从强权，同时甘愿交出自己的自由和尊严。这就是为什么德鲁克一再警告，如果管理失败，极权主义就会取而代之。

第四，除了让组织取得绩效和成果，管理者还有没有其他的责任？或者换一种说法，绩效和成果仅限于可量化的经济成果和财富吗？对一个工商企业来说，除了为客户提供价廉物美的产品和服务、为股东赚取合理的利润，能否同时成为一个良好的、负责任的"社会公民"，能否同时帮助自己的员工在品格和能力两方面都得到提升呢？这似乎是一个太过苛刻的要求，但它是一个合理的要求。我个人在十多年前，和一家这样要求自己的后勤服务业的跨国公司合作，通过实践认识到这是可能的。这意味着我们必须学会把伦理道德的诉求和经济目标，设计进同一个工作流程、同一套衡量系统，直至每一种方法、工具和模式中去。值得欣慰的是，今天有越来越多的机构开始严肃地对待这个问题，在各自的领域做出肯定的回答。

第五，"作为一门博雅技艺的管理"或称"博雅管理"，这个讨人喜爱的中文翻译有一点儿问题，从翻译的"信、达、雅"这三项专业要求来看，雅则雅矣，信有不足。liberal art直译过来应该是"自由的技艺"，但最早的繁体字中文版译成了"博雅艺术"，这可能是想要借助它在中国语文中的褒义，我个人还是觉得"自由的技艺"更贴近英文原意。liberal 本身就是自由。art 可以译成艺术，但管理是要应用的，是要产生绩效和成果的，所以它首先应该是一门"技能"。另一方面，管理的对象是人们的工作，和人打交道一定会面对人性的善恶，人的千变万化的意念——感性的和理性的，从这个角度看，管理又是一门涉及主观判断的"艺术"。所以 art 其实更适合解读为"技艺"。liberal——自由，art——技艺，把两者合起来就是"自由技艺"。

最后我想说的是，我之所以对 liberal art 的翻译这么咬文嚼字，是因为管理学并不像人们普遍认为的那样，是一个人或者一个机构的成功学。它不是旨在让一家企业赚钱，在生产效率方面达到最优，也不是旨在让一家非营利机构赢得道德上的美誉。它旨在让我们每个人都生存在其中的人类社会和人类社群（社区）更健康，使人们较少受到伤害和痛苦。让每个工作者，按照他与生俱来的善意和潜能，自由地选择他自己愿意在这个社会或社区中所承担的责任；自由地发挥才智去创造出对别人有用的价值，从而履行这样的责任；并且在这样一个创造性工作的过程中，成长为更好和更有能力的人。这就是德鲁克先生定义和期待的，管理作为一门"自由技艺"，或者叫"博雅管理"，它的真正的含义。

邵明路

彼得·德鲁克管理学院创办人

跨越时空的管理思想

　　20多年来，机械工业出版社关于德鲁克先生著作的出版计划在国内学术界和实践界引起了极大的反响，每本书一经出版便会占据畅销书排行榜，广受读者喜爱。我非常荣幸，一开始就全程参与了这套丛书的翻译、出版和推广活动。尽管这套丛书已经面世多年，然而每次去新华书店或是路过机场的书店，总能看见这套书静静地立于书架之上，长盛不衰。在当今这样一个强调产品迭代、崇尚标新立异、出版物良莠难分的时代，试问还有哪本书能做到这样呢？

　　如今，管理学研究者们试图总结和探讨中国经济与中国企业成功的奥秘，结论众说纷纭、莫衷一是。我想，企业成功的原因肯定是多种多样的。中国人讲求天时、地利、人和，缺一不可，其中一定少不了德鲁克先生著作的启发、点拨和教化。从中国老一代企业家（如张瑞敏、任正非），及新一代的优秀职业经理人（如方洪波）的演讲中，我们常常可以听到来自先生的真知灼见。在当代管理学术研究中，我们也可以常常看出先生的思想指引和学术影响。我常常对学生说，当你不能找到好的研究灵感时，可以去翻翻先生的著作；当你对企业实践困惑不解时，也可以把先生的著作放在床头。简言之，要想了解现代管理理论和实践，首先要从研读德鲁克先生的著作开始。基于这个原因，1991 年我从美国学成回国后，在南京大学商学院图书馆的一角专门开辟了德鲁克著作之窗，并一手创办了德鲁克论坛。至今，我已在南京大学商学院举办了 100 多期德鲁克论坛。在这一点上，我们也要感谢机械工业出版社为德鲁克先生著作的翻译、出版和推广付出的辛勤努力。

在与企业家的日常交流中，当发现他们存在各种困惑的时候，我常常推荐企业家阅读德鲁克先生的著作。这是因为，秉持奥地利学派的一贯传统，德鲁克先生总是将企业家和创新作为著作的中心思想之一。他坚持认为："优秀的企业家和企业家精神是一个国家最为重要的资源。"在企业发展过程中，企业家总是面临着效率和创新、制度和个性化、利润和社会责任、授权和控制、自我和他人等不同的矛盾与冲突。企业家总是在各种矛盾与冲突中成长和发展。现代工商管理教育不但需要传授建立现代管理制度的基本原理和准则，同时也要培养一大批具有优秀管理技能的职业经理人。一个有效的组织既离不开良好的制度保证，同时也离不开有效的管理者，两者缺一不可。这是因为，一方面，企业家需要通过对管理原则、责任和实践进行研究，探索如何建立一个有效的管理机制和制度，而衡量一个管理制度是否有效的标准就在于该制度能否将管理者个人特征的影响降到最低限度；另一方面，一个再高明的制度，如果没有具有职业道德的员工和管理者的遵守，制度也会很容易土崩瓦解。换言之，一个再高效的组织，如果缺乏有效的管理者和员工，组织的效率也不可能得到实现。虽然德鲁克先生的大部分著作是有关企业管理的，但是我们可以看到自由、成长、创新、多样化、多元化的思想在其著作中是一以贯之的。正如德鲁克在《旁观者》一书的序言中所阐述的，"未来是'有机体'的时代，由任务、目的、策略、社会的和外在的环境所主导"。很多人喜欢德鲁克提出的概念，但是德鲁克却说，"人比任何概念都有趣多了"。德鲁克本人虽然只是管理的旁观者，但是他对企业家工作的理解、对管理本质的洞察、对人性复杂性的观察，鞭辟入里、入木三分，这也许就是企业家喜爱他的著作的原因吧！

德鲁克先生从研究营利组织开始，如《公司的概念》（1946年），到研究非营利组织，如《非营利组织的管理》（1990年），再到后来研究社会组织，如《功能社会》（2002年）。虽然德鲁克先生的大部分著作出版于20世纪六七十年代，然而其影响力却是历久弥新的。在他的著作中，读者很容易找到许多最新的管理思想的源头，同时也不难获悉许多在其他管理著作中无法找到的"真知灼见"，从组织的使命、组织的目标以及工商企业与服务机构的异同，到组织绩效、富有效率的员工、员工成就、员工福利和知识工作者，再到组织的社会影响与社会责任、企业与政府的关系、管理者的工作、管理工作的设计与内涵、管理人员的开发、目标管理与自我控制、中层管理者和知识型组织、有效决策、管理沟通、管理控制、面向未来的管理、组织的架构与设计、企业的合理规模、多角化经营、多国公司、企业成长和创新型组织等。

30多年前在美国读书期间，我就开始阅读先生的著作，学习先生的思想，并聆听先生的课堂教学。回国以后，我一直把他的著作放在案头。尔后，每隔一段时间，每每碰到新问题，就重新温故。令人惊奇的是，随着阅历的增长、知识的丰富，每次重温的时候，竟然会生出许多不同以往的想法和体会。仿佛这是一座挖不尽的宝藏，让人久久回味，有幸得以伴随终生。一本著作一旦诞生，就独立于作者、独立于时代而专属于每个读者，不同地理区域、不同文化背景、不同时代的人都能够从中得到启发、得到教育。这样的书是永恒的、跨越时空的。我想，德鲁克先生的著作就是如此。

特此作序，与大家共勉！

南京大学人文社会科学资深教授、商学院名誉院长

博士生导师

2018 年 10 月于南京大学商学院安中大楼

彼得·德鲁克与伊藤雅俊管理学院是因循彼得·德鲁克和伊藤雅俊命名的。德鲁克生前担任玛丽·兰金·克拉克社会科学与管理学教席教授长达三十余载，而伊藤雅俊则受到日本商业人士和企业家的高度评价。

彼得·德鲁克被称为"现代管理学之父"，他的作品涵盖了 39 本著作和无数篇文章。在德鲁克学院，我们将他的著述加以浓缩，称之为"德鲁克学说"，以撷取德鲁克著述在五个关键方面的精华。

我们用以下框架来呈现德鲁克著述的现实意义，并呈现他的管理理论对当今社会的深远影响。

这五个关键方面如下。

（1）**对功能社会重要性的信念**。一个功能社会需要各种可持续性的组织贯穿于所有部门，这些组织皆由品行端正和有责任感的经理人来运营，他们很在意自己为社会带来的影响以及所做的贡献。德鲁克有两本书堪称他在功能社会研究领域的奠基之作。第一本书是《经济人的末日》（1939 年），"审视了法西斯主义的精神和社会根源"。然后，在接下来出版的《工业人的未来》（1942 年）一书中，德鲁克阐述了自己对第二次世界大战后社会的展望。后来，因为对健康组织对功能社会的重要作用兴趣盎然，他的主要关注点转到了商业。

（2）**对人的关注**。德鲁克笃信管理是一门博雅艺术，即建立一种情境，使博雅艺术在其中得以践行。这种哲学的宗旨是：管理是一项人的活动。德鲁克笃信人的潜质和能力，而且认为卓有成效的管理者是通过人来做成事情的，因为工作会给人带来社会地位和归属感。德鲁克提醒经理人，他们的职责可不只是给大家发一份薪水那么简单。

对于如何看待客户，德鲁克也采取"以人为本"的思想。他有一句话人人知晓，即客户决定了你的生意是什么，这门生意出品什么以及这门生意日后能否繁荣，因为客户只会为他们认为有价值的东西买单。理解客户的现实以及客户崇尚的价值是"市场营销的全部所在"。

（3）**对绩效的关注**。经理人有责任使一个组织健康运营并且持续下去。考量经理人的凭据是成果，因此他们要为那些成果负责。德鲁克同样认为，成果负责制要渗透到组织的每一个层面，务求淋漓尽致。

制衡的问题在德鲁克有关绩效的论述中也有所反映。他深谙若想提高人的生产力，就必须让工作给他们带来社会地位和意义。同样，德鲁克还论述了在延续性和变化二者间保持平衡的必要性，他强调面向未来并且看到"一个已经发生的未来"是经理人无法回避的职责。经理人必须能够探寻复杂、模糊的问题，预测并迎接变化乃至更新所带来的挑战，要能看到事情目前的样貌以及可能呈现的样貌。

（4）**对自我管理的关注**。一个有责任心的工作者应该能驱动他自己，能设立较高的绩效标准，并且能控制、衡量并指导自己的绩效。但是首先，卓有成效的管理者必须能自如地掌控他们自己的想法、情绪和行动。换言之，内在意愿在先，外在成效在后。

（5）**基于实践的、跨学科的、终身的学习观念**。德鲁克崇尚终身学习，因为他相信经理人必须要与变化保持同步。但德鲁克曾经也有一句名言："不要告诉我你跟我有过一次精彩的会面，告诉我你下周一打算有哪些不同。"这句话的意思正如我们理解的，我们必须关注"周一早上的不同"。

这些就是"德鲁克学说"的五个支柱。如果你放眼当今各个商业领域，就会发现这五个支柱恰好代表了五个关键方面，它们始终贯穿交织在许多公司使命宣言传达的讯息中。我们有谁没听说过高管宣称要回馈他们的社区，要欣然采纳以人为本的管理方法和跨界协同呢？

彼得·德鲁克的远见卓识在于他将管理视为一门博雅艺术。他的理论鼓励经理人去应用"博雅艺术的智慧和操守课程来解答日常在工作、学校和社会中遇到的问题"。也就是说，经理人的目光要穿越学科边界来解决这世上最棘手的一些问题，并且坚持不懈地问自己："你下周一打算有哪些不同？"

彼得·德鲁克的影响不限于管理实践，还有管理教育。在德鲁克学院，我们用"德鲁克学说"的五个支柱来指导课程大纲设计，也就是说，我们按照从如何进行自我管理到组织如何介入社会这个次序来给学生开设课程。

德鲁克学院一直十分重视自己的毕业生在管理实践中发挥的作用。其实，我们的使命宣言就是：

> 通过培养改变世界的全球领导者，来提升世界各地的管理实践。

有意思的是，世界各地的管理教育机构也很重视它们的学生在实践中的表现。事实上，这已经成为国际精英商学院协会（AACSB）认证的主要标志之一。国际精英商学院协会"始终致力于增进商界、学者、机构以及学生之间的交融，从而使商业教育能够与商业实践的需求步调一致"。

最后我想谈谈德鲁克和管理教育，我的观点来自 2001 年 11 月 *BizEd* 杂志第 1 期对彼得·德鲁克所做的一次访谈，这本杂志由商学院协会出版，受众是商学院。在访谈中，德鲁克被问道：在诸多事项中，有哪三门课最重要，是当今商学院应该教给明日之管理者的？

德鲁克答道：

> 第一课，他们必须学会对自己负责。太多的人仍在指望人事部门来照顾他们，他们不知道自己的优势，不知道自己的归属何在，他们对自己毫不负责。
>
> 第二课也是最重要的，要向上看，而不是向下看。焦点仍然放在对下属的管理上，但应开始关注如何成为一名管理者。管理你的上司比管理下属更重要。所以你要问："我应该为组织贡献什么？"
>
> 最后一课是必须修习基本的素养。是的，你想让会计做好会计的事，但你也想让她了解其他组织的功能何在。这就是我说的组织的基本素养。这类素养不是学一些相关课程就行了，而是与实践经验有关。

凭我一己之见，德鲁克在 2001 年给出的这则忠告，放在今日仍然适用。卓有成效的管理者需要修习自我管理，需要向上管理，也需要了解一个组织的功能如何与整个组织契合。

彼得·德鲁克对管理实践的影响深刻而巨大。他涉猎广泛，他的一些早期著述，如《管理的实践》（1954 年）、《卓有成效的管理者》（1966 年）以及《创新与企业家精神》（1985 年），都是我时不时会翻阅研读的书籍，每当我作为一个商界领导者被诸多问题困扰时，我都会从这些书中寻求答案。

珍妮·达罗克

彼得·德鲁克与伊藤雅俊管理学院院长

亨利·黄市场营销和创新教授

美国加州克莱蒙特市

| 译者序 |

构建"企业家社会"：每一个公民的责任

记得几年以前，我曾以"创新与企业家精神"课程研发教师的身份，旁听过某德鲁克研究培训机构的一位资深老师的课程，课程题目为"企业家与创新型小企业"。席间，一位学员提出了一个看似简单的问题："什么样的人才能称为企业家？早点铺的老板是否称得上是企业家？还是说只有大企业的老板或总经理才能称得上是企业家？"于是，大家展开了热烈的讨论，但最终没能形成一个令人满意的答案，而这个学员的问题最后也就不了了之了。类似的情景也出现在2005年国内的一个管理峰会上，主席台上的几位企业界嘉宾就"什么人是企业家"对话了两个多小时，最后也是各执一词。

其实，"企业家"之所以会引发如此多的疑问是有一定原因的。如果大家查找最新一版的《现代汉语词典》，根本找不到关于"企业家"一词的解释；而在英语语系国家里，"企业家"往往被定义为创办自己全新小型企业的人；在德语中，"企业家"一词则跟所有权联系在一起，主要指那些同时拥有并自己经营企业的人（英文对应可译为"owner-manager"）；在法语中，"企业家"的意思又是中间人或中介……这么多的不同定义，难怪会造成大家对"企业家"理解上的分歧。我认为，在阅读本书之前，有必要向读者解释一下"企业家"一词起源和发展的来龙去脉。

"企业家"概念的起源和发展

"企业家"（entrepreneur）一词源于法文 entreprendre，意思是中间人或中介。到了中世纪，"企业家"指的是演员和负责大规模生产项目的人。到了 17 世纪，"企业家"指的是与政府签订固定价格合同，承担盈利（亏损）风险的人。最早论述这一概念的是经济学家理查德·坎蒂隆（Richard Cantillon，1680—1734）。在他的论述中，"企业家"就是在市场中充分利用未被他人认识的获利机会并成就一番事业的人。坎蒂隆在其著作《商业性质概论》中认为，企业家的职能是冒着风险从事市场交换，即在某一既定价格下买进商品，在另一不确定的价格下卖出商品。企业家所获得的是不确定收益。

在坎蒂隆之后，另一位法国经济学家、作家萨伊（Jean Baptiste Say，1767—1832) 将"企业家"一词推广使用。当时，萨伊作为新闻记者经常访问英国，在那里，他熟悉了经济学家亚当·斯密和托马斯·马尔萨斯的作品。在亚当·斯密的著作《国富论》中，没有对资本的所有者和对企业进行组织与经营的管理者或"承办者"进行正式的划分。萨伊注意到资本家和"承办者"的作用与职责是不同的，即使在这两种角色集于一身的情况下也是如此。萨伊不满意以前使用的"承办者"（undertaker）和"促进者"（promoter）这样的词语，于是创造了一个新的表达方式——"企业家"（entrepreneur）。萨伊在1800年时曾经这样说过："企业家将资源从生产力和产出较低的领域转移到生产力和产出较高的领域。"在这里，我们看到萨伊不仅把"企业家"与所有权分离开来，而且，他将提高生产力和产出的职责赋予了企业家。

最早将企业家作为独立的生产要素提出并进行研究的是英国经济学家阿尔弗雷德·马歇尔（Alfred Marshall，1842—1924）。马歇尔在其著名的《经济学原理》（1890年）中系统论述了企业家的作用。他认为，一般商品交换过程中，由于买卖双方都不能准确预测市场的供求情况，因而造成市场发展的不均衡性，而企业家则是消除这种不均衡性的特殊力量。企业家是不同于一般职业阶层的特殊阶层，他们的特殊性是敢于冒险和承担风险。

美籍奥地利经济学家约瑟夫·熊彼特（Joseph A. Schumpeter，1883—1950）对企业家的研究最有影响力，他发展了马歇尔的理论。熊彼特在1912年出版的《经济发展理论》一书中指出，企业家就是"经济发展的带头人"，也是能够"实现生产要素的重新组合"的创新者。熊彼特将企业家视为创新的主体，其作用在于创造性地破坏市场的均衡（他称之为"创造性破坏"）。他认为，动态失衡是健康经济的"常态"（而非古典经济学家所主张的均衡和资源的最佳配置），而企业家正是这一创新过程的组织者和始作俑者。通过创造性地打破市场均衡，才会出现企业家获取超额利润的机会。

熊彼特首次突出企业家的创新性，但是他认定企业家是一种很不稳定的状态。他认为，一个人由于"实现新的组合"而成为企业家，"而当他一旦建立起企业，并像其他人一样开始经营这个企业时，这一特征就马上消失"。因此，企业家是一种稍纵即逝的状态。按照他的定义，一个人在他几十年的活动生涯中不可能总是企业家，除非他不断"实现新的组合"，即不断创新。简言之，创新是判断企业家的唯一标准。

创新是企业家的标志

德鲁克对创新与企业家精神的研究始于20世纪50年代中期。经过30余年的研究和实践，他于1985年出版了这部《创新与企业家精神》。在本书中，德鲁克回到了萨伊对企业家的定义，同时又发展了熊彼特的理论。他用了整整一章的篇幅来定义企业家和企业家精神。在德鲁克看来，"企业家"（或"企业家精神"）就是：①大幅度提高资源的产出；②创造出新颖而与众不同的东西，改变价值；③开创了新市场和新顾客群；④视变化为常态，他们总是寻找变化，对它做出反应，并将它视为机遇而加以利用。

综上所述，在德鲁克眼中，"企业家"（或"企业家精神"）的本质就是有目的、有组织的系统创新；而创新就是改变资源的产出，就是通过改变产品和服务，为客户提供价值和满意度。所以，仅仅创办企业是不够的。一个人开了一家餐馆，虽然他冒了一点风险，但也不能算是企业家，因为他既没有创造出一种新的满足，也没有创造出新的消费诉求。但同样在餐饮业，麦当劳的创始人雷·克罗克却是杰出的企业家，因为他让汉堡包这一在西方很普遍的产品通过连锁的方式进行标准化生产，大大提高了资源的产出，增加了新的消费需求，影响了人们的生活。

德鲁克同时也告诉我们"企业家"（或企业家精神）与什么无关：①企

业家（或企业家精神）与企业的规模和性质无关。无论是大企业还是小企业，无论是私人企业还是公共部门（包括政府部门），无论是高科技企业还是非科技企业都可以有企业家，也可以具备企业家精神。②企业家（或企业家精神）与所有权无关。无论是企业所有者，还是职业经理人，还是一个普通职员，都可以成为企业家，并具备企业家精神。③企业家与人格特性无关，他们不是"专注于冒险"，而是"专注于机遇"。在本书中，德鲁克用他惯用的辛辣讽刺口吻说道："企业家精神之所以具有'风险'，主要是因为在所谓的企业家中，只有少数几个人知道他们在做些什么。大多数人缺乏方法论，违背了基本且众所周知的法则。"

德鲁克在《创新与企业家精神》一书中，之所以用整整一章的篇幅来全面定义"企业家"一词的内涵和外延，并选择这一时机发表这本创新实践的经典之作，是有其深刻的经济和社会背景原因的。按照德鲁克的推算，1965～1985年，美国经济创造了近4000万个就业机会，而同期的欧洲却失去了许多就业机会。即使是日本，它创造的就业机会也仅为美国的一半。在全球经济都在遭遇"康德拉季耶夫经济停滞"现象的痛苦时，为什么唯独美国可以幸免？答案并不是高科技，唯一可以解释的原因就是：企业家管理。企业家管理可以使我们的经济走出滞胀所带来的困境，从而使我们的社会走出经济危机，以及由它带来的各种社会危机。

在我们这个社会中，引进企业家精神的一个首要前提就是必须努力发展企业家精神和创新的理论与实践。为了有效指导企业的创新实践，德鲁克将他30多年关于创新和企业家精神的系统思考与不断实践的心得浓缩成《创新与企业家精神》一书。

学习成为一名企业家

《创新与企业家精神》虽然写于 20 世纪 80 年代，但时至今日，本书仍是探讨企业家精神及创新原理和实践的最佳经典著作。在德鲁克看来，任何有勇气面对决策的人，都能够通过学习成为一名企业家，并表现出企业家精神。像 20 世纪 50 年代将管理学作为一种可以教授与学习的原理那样，在《创新与企业家精神》一书中，德鲁克也将企业家精神与创新视为一种可以教授与学习的原理。通过对创新 7 个来源的系统研究和分析，以及经济史上各种生动而广泛的例证，德鲁克给我们展示了创新来源向我们开启的一扇扇机遇的窗口。在论述创新普遍原则时，他给我们简单明了地总结了创新的原则和禁忌以及三个易被人忽视的"实现条件"，供我们在实践中参考。

德鲁克对有关企业家的浪漫故事显得有点儿无动于衷，他总结道："……创新者并不如同一般人的想象，是超人和圆桌骑士的混合化身……目标明确的创新源于周密的分析、严密的系统以及辛勤的工作，这可以说是创新实践的全部内容。我们之所以要将它展示出来，是因为它至少涵盖了 90％的有效创新。与其他领域一样，想成为一个杰出的创新实践者，只有经过某种训练，并将它完全掌握后，创新才会有效。"

另外，为了使本书对公司的管理者更具操作性，德鲁克在本书的第二部分和第三部分（将近全书的一半篇幅）讨论了企业家管理（内部政策）和企业家战略（对外政策）。正如德鲁克在序言中对本书的评价："这是一部实用性很强的书，但是它并不是告诉人们'如何做'的书，而是通过对政策与决策、机会与风险、结构与战略、人事任用与薪资奖励的叙述，来讨论'什么是创新与企业家精神'（what）、'何时（when）以及为什么（why）进行创新与企业家精神的实践'等诸多问题。"

曾经有人问德鲁克是否认为"同时存在着管理人员和企业家两种不同的人"，德鲁克的回答是："既是也不是。工作有企业家与管理者之分。如果你不懂管理，那么你就不可能成为一位成功的企业家；反过来，如果你只懂得管理而不具备企业家精神，那么，你就有可能变成一个官僚主义者。"管理者和企业家并非如大家所想象的那样相互对立，不可调和：管理者是拘泥于现状的奴隶，而企业家是新事物的创造者。在德鲁克看来，"创新和企业家精神应该是企业高层管理者工作的一部分"。所以，无论是新企业、公共服务机构还是一个企业巨头，只要实施"企业家的管理"，就可以将二者融合。

构建企业家社会

《创新与企业家精神》一书以企业家经济为起点，以企业家社会为结束。企业家社会是德鲁克留给人类社会的一剂良药。如果说熊彼特的"创新理论"是"经济发展理论"的核心，那么德鲁克的"企业家社会"则是经济与社会发展的核心。熊彼特把创新定义为企业家的职能，而德鲁克把创新从企业的层面扩大到非营利机构和政府。因此，企业家社会不但是企业家的社会，而且是任何具有创新能力的组织的社会。德鲁克在本书的最后一章，以其独特、博大和睿智的社会视角告诉我们，创新是人类社会得以延续和自我更新的特殊工具：所有人类思想、理论、机构、制度以及技术的产物都会陈腐、僵化和过时，因此，它们在实现目标或是不能完成目标之后，就应该退出历史舞台。这就好比生物体的新陈代谢，这样生物体才能得以自我更新和进化。但陈旧的事物是不会轻易退出这个历史舞台的。纵观历史，我们曾经惯用的手法就是革命，但是革命并不是解决问题的良药。而创新与企业家精神可以让任何社会、经济、产业、机构保持高度灵活性与自我更新能力。每一代人希望通过革命实现的目标，其实均可以通过创新与企业家精神实现。创新与企业家精神是有目的、有方向和有控制地实现目标，根本不会引起流血事件、内战、集中营或经济危机……这就是为什么我们这个时代和社会迫切需要创新与企业家精神。

在德鲁克看来，构建企业家社会是每一位社会公民的责任，每一个企业的责任，也是每一届政府的责任。我们需要的是一个企业家社会。在这个社会中，每一个公民、企业和政府会将创新与企业家精神视为一种平常、稳定和持续的活动，并养成永续学习的习惯。在这个社会中，历史可以得以延续，人们"渴望新事物"，不会再有流血、冲突和危机，社会得以发展进步……

如今，中国的产业和社会正处于变化之中，如何不断地以创新回应环境迅速变化的挑战，是大家共同关注的课题。时隔多年，《创新与企业家精神》仍然是我们当今社会和产业的即时良药，值得我们仔细阅读和思考。

蔡文燕

本书将创新与企业家精神视为一种实践、一门学科。它并没有涉及企业家的心理和个性特征，而是探讨了他们的行动和行为。书中列举了很多案例，主要是为了阐明某个观点、某项规则或某个警示，而非着重讲述他们成功的故事。所以，本书无论从写作意图还是写作手法上，与现今出版的许多有关创新与企业家精神的书籍和文章都有所不同。但是，它与其他出版物一样坚信创新与企业家精神的重要性。事实上，本书认为在过去的 10～15 年，美国出现的真正的企业家经济是现代经济和社会史上最具深远意义和最鼓舞人心的事件。尽管最近诸多讨论赋予企业家精神神秘的光环，认为那是天赋、才干、灵感或"灵光乍现"，但是本书将创新与企业家精神视为有组织——且需要加以组织，以及有目的的任务和系统化的工作。事实上，它将创新与企业家精神视为企业高层管理者工作的一部分。

这是一部实用性很强的书，但它并不是告诉人们"如何做"的书，而是通过对政策与决策、机会与风险、结构与战略、人事任用与薪资奖励的叙述，来讨论"什么是创新与企业家精神"（what）、"何时

（when）以及为什么（why）进行创新与企业家精神的实践"等诸多问题。

本书分三个主题来讨论创新与企业家精神：创新实践、企业家精神的实践以及企业家战略。每个主题都是创新与企业家精神的一个层面，而非一个阶段。

本书的第一部分论述了创新实践。创新是有目的性的，是一门学科。它首先向读者展示了企业家应该在哪里以及如何寻找创新机遇。随后，它又探讨了将创意发展为可行的事业或服务所需注意的原则和禁忌。

本书的第二部分为企业家精神的实践，重点讨论的对象是机构——创新的载体。它从现存企业、公共服务机构以及新企业三个方面来讨论企业家管理。什么样的政策和措施才能使一个机构（无论是企业还是公共服务机构）成功地孕育出企业家精神？一个具有企业家精神的机构应该如何组织和配备人员？会有哪些障碍、陷阱以及常见的错误？这一部分的最后会就企业家个人的角色和决策进行探讨。

本书的第三部分是企业家战略，讨论了如何成功地将一项创新引入市场。毕竟，创新是否成功不在于它是否新颖、巧妙或具有科学内涵，而在于它是否能够赢得市场。

这三部分与本书的引言与结论一起形成一个有机的整体。引言将创新和企业家精神与经济相联系，结论部分则将它们与社会联系在一起。

企业家精神既非科学又非艺术，而是一种实践。当然，它有它的知识基础，本书将以系统的方式将这一基础呈现给读者。但是，正如其他所有实践领域（例如医学、工程学）的知识一样，企业家精神的知识只是一种达到目的的手段而已。事实上，实践知识的内容组成主要是由目的来界定的，也就是由实践本身来界定的。所以，本书必须有多年的经验作为后盾。

我对创新与企业家精神的研究始于 30 年前，也就是 20 世纪 50 年代中期。那时，有两年时间，我在纽约大学研究生商学院主持一个研究小组，每周集会一次，就创新与企业家精神进行长时间的研讨。这个小组的成员包括一些刚刚开始创业的企业家，其中不乏成功人士，另外还包括现有机构（大部分规模较大）的中层管理人士。这些机构各不相同，其中包括两所大医院、IBM 公司、通用电气公司、一两家大银行、一家证券经纪公司、几家杂志和书籍出版公司、几家制药公司、一家全球性慈善组织、纽约天主教大主教管辖区以及长老会等。

在那两年的时间里，这个研讨会所发展出来的概念和思想，都已由研究小组成员每周用他们自己机构中的亲身经历加以验证。我在随后长达 20 多年的顾问生涯中，继续对这些概念和思想加以验证、确认、提炼和完善。同样，我的顾问工作也涉及许多不同机构。有来自企业的，包括制药和计算机等高科技公司、意外伤害保险等非科技公司、欧洲和美洲的全球性银行、个人创业公司、地方性建材批发公司以及日本的跨国公司等。另外，还有很多非营利组织，包括几家主要的工会组织、一些主要的社区组织 [例如美国女童子军以及国际救援与发展合作组织（C.A.R.E.）]、几家医院、大学、研究实验室以及各种宗教组织。

由于本书是多年观察、研究和实践的浓缩，所以我能够运用大量"微型案例"来阐明正反两方面的政策与措施。至于那些在书中所提及的机构，它们从来就不是我的客户（比如 IBM），有关这些机构的实例要么已经被公开报道，要么由机构本身披露。除此以外，同我所有的管理书籍所采取的方式相同，我在本书中不会公开与我有业务往来的机构的名字。但是，本书所选择的案例均为真实事件，讨论的也是真实存在的企业。

最近几年，管理学者们才开始关注创新与企业家精神，而我早在几十年前就开始在我所有的管理书籍中，一直探讨这方面的问题。但是，本书是我第一部以系统化的形式完整阐述这一课题的书籍。它应该是这一重要课题的开端，而不是最后一部书。我衷心希望本书能为广大读者所接受，并对未来产生重大影响。

彼得·德鲁克

1984 年圣诞节于加利福尼亚州克莱蒙特

企业家经济

I

　　20 世纪 70 年代中期以来，"经济零增长""美国限制工业化"及长期的"康德拉季耶夫经济停滞"[⊖]之类的说法被人奉为金科玉律，在美国十分盛行。然而，事实和数据却证明这些观点完全是无稽之谈，真正发生在美国的是完全不同的情况。在这一时期，美国的经济体系发生了深刻的变化，从

　　⊖　1926 年，苏联农业经济学家尼古拉·康德拉季耶夫（Nicholai Kondratieff）发表了一套类似的周期理论，他根据美国曾经出现 3 个通货膨胀及通货紧缩的经济周期波动，认为西方资本主义经济盛衰的长期循环，倾向于重复一种持续 50 ～ 60 年的扩张与紧缩的周期，自此以后经济学界一般称之为"长波理论"。事实上，从西方工业革命近 200 年来的经济盛衰周期看，可以发现它与科技发展兴衰相当吻合，一些研究周期的学者把这一现象区分为四个阶段，每个阶段大致为 54 ～ 60 年，分别是：1798 ～ 1853 年，棉花阶段；1853 ～ 1908 年，铁路阶段；1908 ～ 1959 年，汽车阶段；1959 ～ 2010 年，计算机信息阶段。另外，早在中美洲的玛雅文明及古以色列的历史文献中，都记载了灾难和恢复大约为 55 ～ 60 年周期。——译者注

"管理型"经济彻底转向了"企业家"经济。

从 1965 年至 1985 年这 20 年间，16 岁以上的美国人口（根据美国统计惯例，这些人能够被列入劳动力的范畴）增长了 2/5，从 1.29 亿人上升到 1.8 亿人。但是，美国的就业人口却在同期增长了 1/2，从 7100 万人上升到 1.06 亿人。就业人口在第二个 10 年间（即 1974～1984 年）增长得更快。在这段时间内，美国经济所提供的总就业岗位增加了 2400 万个。

因此，无论以百分比还是以绝对数字来衡量，美国在任何其他和平年代里都不曾创造出如此多的新工作岗位。然而，1973 年之后的那 10 年，是充满动荡的 10 年：首先开始的是该年秋季的"石油冲击"，美国社会从此经历了"能源危机"、濒临崩溃的"烟囱工业"以及两次相当严重的经济衰退。

美国的经济发展是很独特的，其他国家还从未出现过类似情况。在 1970～1984 年，西欧实际上丧失了三四百万个就业机会。在 1970 年时，西欧比美国还多出 2000 万个就业机会；而到 1984 年，它却比美国少了将近 1000 万个就业机会。就连日本在创造就业机会方面也远不如美国。1970～1982 年这 12 年间，日本的就业机会只增长了 10%，还不及美国同期增长率的一半。

但是美国在 20 世纪 70 年代和 80 年代初创造就业机会的表现，也与所有专家在 25 年前的预测不符。当时，大多数劳动力分析专家预测，美国经济即使以最快的速度增长，也无法提供足够的就业机会，以满足所有在 70 年代与 80 年代初期达到就业年龄的男青年，也就是在 1949 年和 1950 年第一批战后"婴儿潮"（生育高峰期）期间出生的婴儿。可事实上，美国经济不得不吸纳两倍于该数字的劳动大军，因为许多已婚妇女在 20 世纪 70 年代中期纷纷涌入就业市场（这在 70 年代是无人能想象的）。结果导致在 80 年代中期的今天，每两个已有孩子的女性中，就有一个在工作；而在 1970 年，这个比例只有 1/5。美国经济不仅为这些妇女提供了工作，而且大多数都强于以往她们从事的工作。

然而，每个人都知道 70 年代和 80 年代初是美国的"零增长"时期，是经济停滞和衰退期，也是"美国限制工业化"时期。原因就是每个人所关注的焦点，依然是第二次世界大战后的 25 年间（大约到 1970 年告一段落）飞速发展的领域。

在高增长期的最初几年，美国的经济动力集中在那些原先就很大，而且越变越庞大的机构上，包括《财富》500 强企业（也就是美国境内最大的企业）、政府机构（包括联邦、州以及当地政府机构）、大型与超大型大学、学生人数在 6000 人以上的大型联合高中以及大型且不断成长的医院。这些机构实际上创造了第二次世界大战后的 25 年里美国经济中所有的新工作岗位，而且，在该期间所遭遇的每一次经济衰退、工作减少和失业现象主要都是发生在小型机构，当然主要是小型企业身上。

但是，自 20 世纪 60 年代末以来，美国的就业岗位创造以及就业机会的增长转向了一个全新的领域。在最近 20 年间，那些往日提供就业机会的领域实际上在削减工作机会。自 1970 年以来，《财富》500 强企业所设的固定岗位工作（因经济衰退而造成的失业情况不列入计算范围之内）在逐年缩减。起初，工作机会削减得相当缓慢，但从 1977 年或 1978 年开始，便呈大幅下滑的趋势。到 1984 年，《财富》500 强企业至少削减了 400 万～600 万个工作岗位。就美国的政府机构而言，如今所雇用的工作人员，比起 10 年或 15 年以前要少得多。另外，由于 60 年代初人口出生率的下降，致使学校的招生人数锐减，大批教师失业。美国大学的发展到 1980 年也戛然而止，自此以后，大学的工作机会一直在不断减少。即使是医院，80 年代初所雇用的人数也停止了增长。因此事实上，我们所创造的新工作岗位不是3500 万个，而是 4000 万个或是更多，因为我们必须加上传统雇用机构削减的至少 500 万个固定工作岗位。其实所有这些新就业岗位，基本上都是由中小规模的机构提供的，大多数是中小型企业，它们在 20 年前甚至都还没有出现。根据《经济学人》的报道，目前美国每年新成立的公司多达 60 万家，大约是 20 世纪五六十年代经济繁荣时期的 7 倍。

II

为什么美国会出现这样的现象呢？也许每个读者都会马上联想起"高科技"。但是，事情并非如此简单。自 1965 年以来，经济所提供的 4000 多万个工作岗位中，高科技企业所提供的岗位还不足五六百万个，由此看来，它最多用来弥补"烟囱工业"的衰退所造成的就业岗位减少。其余的就业岗位其实都是由其他领域创造出来的。每年新成立的企业多达 10 000 家，即使我们给"高科技"一词下一个最宽松的定义，在这些新成立的企业中，每 100 家企业中也只有一两家与"高科技"沾边儿。

目前，我们的确处于重大技术变革的初期，其来势之强劲已经远远超过最为乐观的未来学家所能想象的程度，甚至比《大趋势》（Megatrends）⊖或《未来的冲击》（Future Shock）⊜所描述的更为强大。技术经历了 300 年的发展，到第二次世界大战后便告一段落。在这 300 年里，科技发展的模式是一种机械的过程：主要研究在恒星（如太阳）内部所发生的事件。1680 年，一位名不见经传的法国物理学家丹尼斯·帕潘（Denis Papin）⊜发明了蒸汽发动机，从而揭开了这一时期科技发展的序幕。当我们以核爆炸再现了恒星内部所发

⊖ 《大趋势》曾是风靡全球的畅销书之一，是著名的未来学家约翰·奈斯比特（John Naisbitt）1982 年的作品。——译者注
⊜ 《未来的冲击》为美国未来学家阿尔文·托夫勒（Alvin Toffler）在 1970 年风靡全球的著作。——译者注
⊜ 丹尼斯·帕潘（1647—1712），法国著名物理学家、工程师，是最先（从 1674 年开始）致力于蒸汽动力技术研究并把设想付诸实施的人。——译者注

生的情况时，也就宣告了这一时期的终结。就像科技在机械过程中所展现的那样，这300年间科技的进步意味着更快的速度、更高的温度以及更强的压力。然而，自第二次世界大战以后，科技发展的模式转变为一种生物的过程，主要研究在某个有机体内部所发生的情况。在一个有机体内，过程已经不再按照物理学家所解释的那样，围绕能量组织在一起，而是围绕信息组织在一起。

毋庸置疑，高科技无论是以计算机还是电信、工厂里的机器人还是办公自动化、生物遗传学还是生物工程学等形式出现，它都具有不可估量的重要性。它令人兴奋，是媒体关注的焦点，同时它也为人们开辟了企业家精神和创新的远景，并能够迅速为人们所接受。不少受过高等教育的年轻人情愿为不知名的小公司工作，而不在大银行或世界著名的电气设备制造公司工作，其原因就是源于"高科技"的神秘魅力——虽然绝大多数年轻人所服务的公司，其技术既枯燥乏味又无惊人之处。高科技可能也刺激了美国资本市场的惊人转变。风险投资在20世纪60年代中期还处于几乎短缺的状态，而到80年代中期，几乎达到了供过于求的地步。因此，高科技过去常被逻辑学家称为"认知的基础"（ratio cognoscendi），它是我们感知和理解某一现象的缘由，而不是用来解释这一现象出现和存在的起因。

就数量而言，前面已经提及，高科技提供的新工作岗位仍然很少，不超过总数的1/8。从产生新就业机会方面来看，高科技在最近的将来，仍不会有很好的表现。从现在到2000年这一期间内，美国经济所创造出来的新工作岗位中，由高科技提供的就业岗位恐怕不会超过1/6。事实上，如果高科技果真如同大多数人所想象的那样，是美国经济中创造就业的领域，那么我们现在就真的要面对经济"零增长"期，并陷入"康德拉季耶夫曲线"的低谷，面临经济长期停滞的状态了。

20世纪30年代中期，苏联经济学家尼古拉·康德拉季耶夫被处决，原因就是他的计量经济学模型预测了苏联的农业集体化将会导致农场生产量大幅下降。事实证明，他的预测完全正确。"康德拉季耶夫经济周期"（每50年为一个周期）理论是根据科技内在动力理论提出来的。康德拉季耶夫断言，每隔50年，科技发展的曲线将达到顶峰。在一个周期的前20年里，最新科技进步所带来的几种高成长产业似乎表现得异常出色，但是，这些产业所创造的空前巨额利润，其实只不过是对已经停止成长的产业所不再需要的资本加以回笼而已。这种高利润的情况从来不会持续20年以上，随之而来的就是突发的经济危机，通常会经由某种恐慌发出预兆，接下来就是长达20年的经济停滞现象，在这段时期里，刚出现的新科技还无法产生足够多的工作岗位，也无法促使经济再度增长，而且没有人能够扭转这种局势，政府尤其对此无能为力⊖。

第二次世界大战后，长期刺激经济发展的产业，像汽车、钢铁、橡胶、电气设备、消费电子产品、电话还有石油⊖，完全符合康德拉季耶夫周期理论。就技术层面而言，所有这些产业都可以追溯到19世纪最后的25年，或者更近一点，追溯到第一次世界大战之前的状况。自20世纪20年代以来，所有这些产业无论是在技术上还是在经营理念上都没有出现过重大的突破。第二次世界大战后，当经济开始成长时，它们都已经是完全成熟的产业了。它们无须增加什么新的投入，就能够扩展并创造新就业机会，这也解释了它们为什么能够在支付高涨的薪资和员工福利的同时，又能产生空前高额的利

⊖ 美籍奥地利经济学家约瑟夫·熊彼特通过其1939年出版的不朽巨著《经济周期循环论》一书，将康德拉季耶夫周期曲线传播到了西方。如今，麻省理工学院的科学家嘉·弗罗斯特是康德拉季耶夫周期理论最著名、最严谨，也是最权威的信徒，同时她也是"长期经济停滞"理论的最认真和最博学的倡导者。

⊖ 与我们普遍认为的正好相反，石油业是最先开始走下坡路的。事实上，石油业在1950年就已经停止增长了。自从那时起，不管是制造业、交通、取暖还是空调，在产出中每增加一个额外的单位所需要的汽油增量单位都一直在下降，一开始比较缓慢，但1973年以后，下滑幅度加剧。

润。但是，正如康德拉季耶夫所预言的，这些信号就像肺病患者红润的脸颊一样，只是经济健康强盛的假象。事实上，这些产业的内部已经开始腐蚀。它们并非发展停滞或缓慢衰退，相反，在遭受了 1973 年和 1979 年的"石油冲击"后，这些产业便迅速崩溃。在短短的几年时间内，它们就从高额利润的佳境坠落到濒临破产的境地。很快大势已定，它们将在很长一段时间内无法恢复到早期的劳动力雇用水平（如果它们还有可能恢复的话）。

同样，高科技产业也符合康德拉季耶夫周期理论。如康德拉季耶夫所预测的那样，迄今为止，它们所创造的新就业机会根本无法超过旧产业所丧失的就业机会。一切预测显示，在未来相当长的一段时间里——至少到 20 世纪末，高科技产业还不能提供更多的就业机会。举例来说，虽然计算机行业的发展突飞猛进，但是数据处理和信息处理部门（包括硬件和软件的设计、工程、生产、销售和服务等）在 20 世纪 80 年代末期和 90 年代初期所预计要增加的工作数量，仍然不足以弥补钢铁和汽车工业在同期（几乎能够确定）会减少的工作数量。

然而，康德拉季耶夫周期理论完全无法解释美国经济实际创造出来的 4000 万个工作岗位。迄今为止，西欧一直遵循着康德拉季耶夫的理论模式，但是美国没有，日本也应该没有。美国国内发生的某种事件，完全抵消了康德拉季耶夫"技术波动曲线"的负面影响，而且它与经济长期停滞的理论大相径庭。

有迹象表明，美国并不只是延长了康德拉季耶夫周期。因为，在未来的 20 年间，美国经济对新工作的需求，同过去的 20 年相比，将会大幅减少，所以，美国经济成长对新工作的依赖程度也会大幅降低。到 20 世纪末，更确切地说到 2010 年，加入美国就业大军的人数将比 1965 ～ 1980 年进入的人数减少 1/3。这是因为战后"婴儿潮"时期出生的人，在 1965 ～ 1980 年陆续长大成人，而美国自从 1960 年以来，进入了"生育低潮"期，生育率一直比"婴儿潮"时期低 30%。此外，目前 50 岁以下的人口中，女性加入到就业大军的人数与男性基本持平。因此，从现在起，职业女性的新增人数也将受到人口自然增长的限制，也就是说，她们的就业人数也将减少 30%。

至于传统的"烟囱工业"的未来发展趋势，我们即使不将康德拉季耶夫周期理论视为目前最合理的解释，也应该将它视为一种严谨的假设而加以接受。另外，就高科技产业无法抵消昔日高增长产业所带来的经济停滞现象而言，康德拉季耶夫理论也应当受到重视。虽然高科技产业在质的方面，具有远景开拓者和领路人的重要作用，但就数量而言，高科技产业代表的是明天，而非今天（尤其是在创造就业机会方面），它们是未来的开拓者，而非现在的开创者。

康德拉季耶夫理论虽然可以解释美国经济的行为，预测其发展方向，但是，它仍然有站不住脚的地方。比如，美国经济在"康德拉季耶夫长期停滞期"创造了 4000 万个新就业岗位，就无法用这一理论加以合理解释。

我无意暗示目前没有任何经济问题或危机存在。恰恰相反，我们在 20 世纪即将结束前的这 25 年内，经历了经济的技术基础发生的重大转变，这必将带来经济、社会和政治等诸多方面的问题。同时，我们还处于一场重大政治危机的动荡时期，这场危机源于 20 世纪的伟大成功——福利国家，它将伴随着难以控制（而且似乎是无法控制）、具有高度膨胀性的财政赤字。世界经济也是危机重重：一些快速工业化国家，例如巴西、墨西哥，在经济腾飞和灾难性破产之间飘摇不定，使得 1930 年的全球性经济萧条现象可能会再度出现，而且时间可能会拖得更久。另外，还有一个令人恐惧的幽灵——欲罢不能的军备竞赛。但是，对美国而言，我们至少可以将康德拉季耶夫经济停滞现象视为一种虚幻，而非事实。因为在美国，我们拥有一种崭新的经济，一种企业家经济。

目前要断言企业家经济是否只是美国独有的经济现象，或者是否这种经济也将出现在其他工业发达国家，恐怕还为时太早。我们至少有理由相信，这种现象正在日本的经济中有所显现——虽然它是以日本特有的方式出现的。但是目前为止，还没有人敢说企业家经济也将在西欧产生。从人口统计学的角度而言，西欧要比美国滞后 10 ～ 15 年之久，因为欧洲的"婴儿潮"和"生育低潮"都比美国来得要晚一些。同样，西欧采取延长学校教育年限的举措，也要比美国或日本晚 10 年左右；而在英国，此项举措几乎尚未开始。如果人口因素是企业家经济在美国出现的因素之一（事实上，很有可能如此），那么我们可以预计，到 1990 年或 1995 年，欧洲也将产生类似的发展。但这仅仅是猜测而已。迄今为止，企业家经济还纯粹是一种美国现象。

III

所有这些新就业机会究竟从何处而来？答案是可以来自任何地方，换句话说，其来源不止一个。

自 1982 年以来，波士顿出版的《公司》（Inc.）杂志，每年都会进行一次百家公司排名活动，榜上有名的是那些发展最快、公开上市且创立时间在 5 ～ 15 年的美国公司。由于局限在公开上市公司之中，使得排名明显偏向高科技产业。高科技公司很容易找到证券包销商，在股市中募集到资金，其股票也很容易在某家证券交易所上市销售或进行柜台交易，因为高科技是炙手可热的产业。相比较而言，其他新创立的公司必须经过多年的奋斗，再加上 5 年以上的盈利才有希望上市发行。即便如此，在该杂志年复一年的百家公司排名活动中，也只有 1/4 是属于高科技企业，其余的 3/4 则大多为低科技含量企业。

例如，在 1982 年的排行榜上，有 5 家餐厅连锁店、2 家女性服装制造公司以及 20 家提供医疗保健的服务机构，而高科技公司只有 20 ～ 30 家。

虽然在 1982 年，美国的报纸频频发表文章悲叹"美国的限制工业化"，但是在《公司》杂志的排行榜上，却有整整一半是制造型公司，只有 1/3 为服务型公司。虽然在 1982 年有文章称，美国北部霜冻地带（frost belt）的经济面临瓦解，而阳光地带（sun belt）将是唯一可能成长的区域，但是那年《公司》杂志排行榜上的 100 家公司，只有 1/3 来自阳光地带。此外，就这些成立不久、发展迅速且公开上市公司的数量而言，出自纽约州与加利福尼亚州以及得克萨斯州的公司是一样多的。另外，据推测，宾夕法尼亚州、新泽西州和马萨诸塞州的经济已濒于瓦解和死亡的边缘，其实这 3 个州所拥有的这类公司的数量与加利福尼亚州、得克萨斯州以及纽约州一样多，甚至连冰雪覆盖的明尼苏达州也有 7 家之多。《公司》杂志 1983 年及 1984 年的排行榜，在行业和地理分布上，也显示了类似的情况。

1983 年，《公司》杂志刊登了另外一份公司排名，罗列了成立不久、发展迅速且为私人拥有的 500 家公司。排名前两位的分别是位于太平洋西北沿岸的一家建筑承包商（在一个被建筑业认为是有史以来最不景气的年度里）以及加利福尼亚州的一家家用健身设备生产商。

对风险投资家所进行的所有调查结果都显示了一个模式：在他们的投资组合中，高科技通常是最不重要的投资对象。有一个非常成功的风险投资家，他的投资组合中确实包括了几家高科技公司：一家新成立的计算机软件制造商、一家从事医疗技术的新企业，诸如此类。但是该组合里利润最好的投资，以及在 1981 ～ 1983 年营业收入和盈利能力都成长最快的新公司，却是一家最为平庸、技术含量最低的公司——理发连锁店。在营业收入和利润增长方面，仅次于它的是牙医诊所连锁店，第三位是一家工具生产商，排行第四位的是一家向小企业出租机械的信贷公司。

据我所知，在众多企业中，在 1979 ～ 1984 年这 5 年期间创造了最多就业机会，同时在营业收入和利润方面成长最快的公司是一家金融服务公司。

在这 5 年中，这家公司创造了 2000 个新工作岗位，而且其中大多数工作的待遇都超过了市场平均水准。虽然它是纽约证券交易所的成员之一，但是股票交易只占其营业额的 1/8。其他业务包括年金、免税债券、货币市场基金和互助基金、抵押信托保证、避税项目合作，以及向该公司所称的"明智投资者"提供大量类似的投资项目。这类投资者被界定为手头宽裕但不十分富有的人士。他们通常是住在小城镇或郊区的专业人士、小商人或农场主，平日花费较少，因此想寻找一个合适的存钱场所。但是，他们也非常实际，并不期望通过投资变成巨富。

我发现，最能揭示有关美国经济增长点信息的，是一个针对 100 家成长最快的中型公司（即营业额为 0.25 亿～ 10 亿美元的公司）进行的研究，这项研究是美国商业联合会（American Business Conference）委托麦肯锡管理咨询公司（McKinsey & Company）[⊖]的两位高级合伙人进行的，时间是在 1981 ～ 1983 年。

这些中型成长性公司无论是在销售额还是在利润方面，其增长速度都是《财富》500 强企业的 3 倍。自 1970 年以来，《财富》500 强企业的工作数量一直在稳步下降，而在 1970 ～ 1983 年，这些中型成长性公司的就业机会却在不断增长，是整个美国经济工作增长速度的 3 倍。即使在 1981 ～ 1982 年经济萧条期，这 100 家中型成长性公司的雇用水平仍然增加了整整 1 个百分点，而同期美国工业的就业人数却下滑了近 2 个百分点。这些公司遍及美国经济的各个领域，当然，其中包括一些高科技公司，但同时还有金融服务公司——比如纽约的帝杰投资经纪公司（Donaldson，Lufkin & Jenrette）。在业绩最好的公司里，有生产和销售居室家具的公司、生产和销售多纳圈饼的公司、高级瓷器公司、书写用品公司、家用涂料公司、为纺织厂生产纱线的

⊖　该文题为"美国中型成长性企业留给我们的教训"，由理查德 E. 卡文纳和小唐纳德 K. 克里弗德撰稿，发表于 1983 年《麦肯锡季刊》杂志秋季刊上。

公司，其中一家公司的业务已从印刷及发行当地报纸，拓展到提供消费者经销服务，等等。尽管"每个人都知道"美国经济的增长只体现在服务业上，但是有一半以上的"中型成长性"公司是从事制造业的。

　　更令人迷惑不解的是，在过去 10 ~ 15 年，美国经济增长的领域中，还包括一大批迅速成长，却通常不被视为企业的机构，而且数目仍在增加（尽管其中一些机构正在被组建成营利机构），这些机构完全是非官方的组织。在这些机构中，最显而易见的当属医疗保健领域。虽然最传统的美国社区医院正举步维艰，但是快速成长且欣欣向荣的连锁医院也为数不少。这些连锁医院有些是营利机构，有些（且日渐增多）是非营利机构。此外，成长更快的是独立的保健机构，如提供临终关怀的收容所、医疗与诊断实验室、独立外科中心、独立妇产医院、无须预约的心理治疗诊所以及老年病诊断与治疗中心等。

　　如今，几乎每一个美国社区的公立学校都在萎缩。尽管 20 世纪 60 年代的"生育低潮"造成了学龄儿童总数的减少，但是一种全新的非营利性私立学校在蓬勃发展之中。在我所居住的加利福尼亚州的小城里，有一家托儿合作社，最初，它是由几个母亲为了照顾自己的孩子，于 1980 年前后成立的。到 1984 年，它已发展成一所学校，并拥有 200 个即将就读 4 年级的学生。此外，几年前由当地浸礼会教徒建立的一所教会学校，现在正着手从克莱蒙特市[⊖]政府手中接管一所中学，这所中学已有 15 年历史，但最近 5 年因为一直缺乏生源而任其荒废。但是，所有成人继续教育，无论是针对中层经理开设的行政管理课程，还是针对医生、工程师、律师和理疗医师等开设的进修课程，前景都很好，即使在 1982 ~ 1983 年经济严重衰退期间，这

　　⊖　克莱蒙特（Claremont）是美国加利福尼亚州的一个城市，在洛杉矶东北 50 千米处。德鲁克从 1971 年到 2005 年在此地工作和生活。这期间，他执教于克莱蒙特大学的彼得·德鲁克研究生院。——译者注

些课程也只经受了短暂的挫折。

另一个具有非常重要的企业家精神的领域就是方兴未艾、由公私合作形成的"第四部门"。在这一领域中，政府部门（州政府或者是市政府）确定业绩标准并提供资金，然后以竞标形式将某项服务，例如消防、垃圾清理或公交运输外包给私营企业经营，从而确保更优质的服务，并且大幅降低了成本。自海伦·布萨利斯（Helen Boosalis）于 1975 年首次当选内布拉斯加州林肯市市长以来，林肯市就一直是这方面的先锋。100 年以前，同样在林肯市，人民党人[⊖]和国会议员威廉·布赖恩（William Jennings Bryan）[⊜]开始领导我们走上市政府拥有公共服务所有权的道路。得克萨斯州在公私合作方面也是先驱，如在圣安东尼奥市和休斯敦市所做的就是这方面的例子。位于明尼阿波利斯市的明尼苏达大学的胡伯特·汉弗莱学院在这方面的表现尤为突出。同样，位于该市的数据控制公司（Control Data Corporation）是一家著名的计算机制造商，它在教育，甚至在罪犯管理和感化教育等方面，与政府建立的公私合作关系堪称这类合作的典范。如果有一项措施能够最终挽救邮政服务（当然，前提是公众愿意为这项日益萎缩的服务付出更多补贴和费率），那就是通过竞标，将它委托给"第四部门"，以获取一流的服务。（否则的话，10 年以后，还能留下什么东西呢！）

IV

这些成长性的机构除了自身不断快速增长和违反康德拉季耶夫经济停滞理论以外，还有什么共同之处呢？事实上，它们都是"新技术"的代表，都

　⊖ 人民党于 1891 年成立，是主张保护农民政策的政党党员。——译者注

　⊜ 威廉·布赖恩（1860—1925），美国国会议员，曾三次竞选总统，均告失败，后任国务卿（1913～1915），主张和平外交，因在第一次世界大战中严守中立遭反对而辞职。——译者注

是将知识全新地应用到人类工作中去的结果。这就是"技术"的定义。只是这种"技术"不是电子学、遗传学或是什么新材料。这种"新技术"就是企业家管理。

一旦弄清楚这一点以后，美国经济在过去 20 年间，尤其是最近 10 年中，就业机会的惊人增长就不足为奇了。它甚至可以与康德拉季耶夫理论相互调和。美国正在经历着一种所谓的"非典型的康德拉季耶夫经济周期"。日本的状况，从某种程度而言，也同样如此。

自从约瑟夫·熊彼特于 1939 年首次指出以来，我们就已经认识到，从 1873 年至第一次世界大战这 40 多年间，实际发生在美国和德国的状况与康德拉季耶夫周期理论并不吻合。第一个康德拉季耶夫周期始于铁路的繁荣发展，随着 1873 年维也纳股市的崩盘而结束。那次股市狂泻沉重地打击了全球的股票市场，并导致了严重的经济萧条。至此，英国和法国进入了漫长的工业停滞期。当时刚出现的新兴科技，诸如钢铁、化工、电气设备、电话以及后来出现的汽车产业，都无法创造出足够的就业机会来抵消由铁路建设、煤矿业及纺织业等旧工业的停滞所带来的负面影响。

但是这种情况并没有在美国和德国出现。虽然奥地利的政治也因维也纳股市的崩溃变得千疮百孔，根本还没有恢复过来，但上述经济停滞现象也没有在奥地利出现。一开始，这些国家也都受到了严重的打击，但是 5 年之后，它们就摆脱了困境，并再度迅速发展起来。从"科技"方面来看，这些国家与深受经济停滞之苦的英国和法国并无二致。唯一可以解释它们这种经济行为之所以会有所不同的就是企业家。以德国为例，在 1870～1914 年，德国最重要的经济事件就是世界银行（Universal Bank）的创立。首个世界银行当数德意志银行（Deutsche Bank），是由乔治·西门子（Georg Siemens）在 1870 年⊖创建的。它的特定任务就是发掘企业家，为他们融资，并迫使

⊖ 关于乔治·西门子和世界银行的故事，见第 9 章。

他们实施有组织、纪律严明的管理。在美国经济历史上，像纽约的摩根（J. P. Morgan）那样为企业家服务的银行家，也扮演了类似的角色。

今天，类似的情况似乎再度在美国出现，此外，这种现象可能多少也在日本出现。

事实上，高科技并不属于"企业家的管理"这类"新技术"的一部分。硅谷的高科技企业家至今还主要以 19 世纪的管理模式运行。他们仍然信奉本杰明·富兰克林（Benjamin Franklin）的名言："如果你发明了一个更好的捕鼠器，那全世界的人将会把你的门槛踏破。"可是，他未曾想过这样的问题：究竟什么样的捕鼠器才是"更好的"捕鼠器？而且，这种更好的捕鼠器要给谁使用？

当然，高科技公司中也有许多特例，就是那些了解如何管理企业家精神和创新的高科技公司。在 19 世纪也有类似的例外情况：德国人维尔纳·西门子（Werner Siemens）创立了一家迄今为止仍以他的名字命名的公司。另外，美国人乔治·威斯汀豪斯（George Westinghouse）不仅是位伟大的发明家，同时也是位成功的企业创建人，他给后人留下了两家以他的名字命名的公司，一家是运输行业的旗舰企业，另一家则是电气设备业的主力军。

但是，对于"高科技"创业家而言，托马斯·爱迪生（Thomas Edison）似乎是他们的典型代表。爱迪生是 19 世纪最伟大的发明家，他将发明转换为一门学科，我们如今称之为"研究"。然而，他真正的野心是创办一个企业，最终成为一名企业大亨。但是，他对于如何管理自己的企业根本一窍不通。结果，为了保全每一个企业，他自己不得不含恨下台。如今，仍然有许多（很可能是大多数）高科技公司，是以爱迪生的方式来管理企业的。更准确地说，就是这些公司管理不善。

这解释了高科技产业遵循着大起大落传统模式的原因。这种模式一开始的时候闪耀夺目，继而快速扩张，然后便是突然陨落。在 5 年之内，经历了

"从赤贫到巨富，然后又从巨富跌为赤贫"的过程。大多数硅谷公司，以及许多新兴的生物高科技公司，仍然只是发明家而非创新家，是投机家而非创业家。恐怕这也可以解释为什么迄今为止，高科技产业与康德拉季耶夫理论如此吻合，并且无法产生足够的就业机会来重振整个经济。

但是，有系统、有目的、以创业精神管理的"低科技"含量的机构却可以做到这一点。

<h1 style="text-align:center">V</h1>

在所有主要的现代经济学家中，只有熊彼特关注企业家及其对经济的影响力。每一个经济学家都知道企业家的重要性和影响力。但是，对经济学家而言，企业家精神是"经济以外的事物"（meta-economic），它对经济有着深刻的影响，并塑造着经济，但其本身不是经济的一部分。科技对经济学家而言也是如此。换言之，经济学家对于企业家精神的出现（它曾一度出现在19世纪末，而且似乎它又开始再度出现在现今社会）以及为什么它只局限于一个国家或一种文化等问题，没有做出任何解释。的确，解释为什么企业家精神会变得如此有效的诸多原因，可能并不属于经济范畴，其原因很可能存在于价值观、认知和态度的改变，也可能是由于人口的变化、机构（如在1870年左右创建于美国和德国的企业家银行）和教育的改变。

在过去20～25年的时间里，相当多的美国青年的态度、价值观和抱负都发生了改变。显然，这种现象不是任何观察20世纪60年代末美国青年的观察家所能预料到的。例如，突然间出现那么一大批人愿意长年卖命工作，而且他们宁愿选择高风险的小公司而不愿选择有保障的大公司，这一现象我们应该如何解释呢？那些享乐主义者、追名逐利者及"鹦鹉学舌者"和墨守成规者都到哪里去了呢？相反，那些15年前我们所认识的唾弃物质价值，视金钱、财产和世俗功名如粪土，并希望美国返璞归真的年轻人又到哪里去了呢？无论我们提出怎样的解释，都与过去 30 年里所有预言家对年轻一代所做的预测不相符合。如大卫·里斯曼（David Riesman）在《孤独的人群》（*The Lonely Crowd*）㊀中对青年人所做的预测；又如威廉 H. 怀特（William H. Whyte）在《组织人》（*The Organization Man*）㊁一书中以及查尔斯·雷奇（Charles Reich）在《绿化美国》（*The Greening of America*）㊂一书中所分别谈及的情况；还有赫伯特·马尔库塞（Herbert Marcuse）㊃所提出的预测。的确，企业家经济的出现不仅是一种经济和技术问题，而且是一种文化和心理问题。然而，不管原因如何，其结果最终还是属于经济范畴。

　　这种使态度、价值观以及最终的行为发生深远改变的媒介就是一种"技术"，我们称之为"管理"。正是管理的新应用促成了美国企业家经济的出现，这表现在以下几个方面。

- 管理在新建机构中的应用，无论它是营利还是非营利机构。大多数人迄今为止仍然认为，管理只适用于业已存在的机构中。
- 管理在小型机构中的应用。仅仅几年以前，大多数人还一口咬定管理只适用于大型机构。
- 管理在非企业机构中（如医疗保健、教育等）的应用。大多数人遇到"管理"一词时，脑子里想到的仍然是"企业"。
- 管理应用于根本不被视为"机构"的经济活动中，如地区性餐厅。

㊀ 大卫·里斯曼，美国社会学家，《孤独的人群》为其在 20 世纪 50 年代中期所著。——译者注
㊁ 威廉 H. 怀特，《财富》杂志编辑，在其 1956 年所著的《组织人》一书中，首次提到了"组织人"这一说法。"组织人"就是指那些经过组织洗脑并被塑造成同一形态，从而成为大机器中的一个小齿轮的人，而且他们都身着法兰绒上衣。——译者注
㊂ 查尔斯·雷奇，于 1970 年著《绿化美国》。——译者注
㊃ 赫伯特·马尔库塞（1898—1979），生于柏林，当代美籍德国著名哲学家。——译者注

● 最重要的是，管理应用于系统化的创新上，运用到为满足人类需求，而对新机遇进行的研究发展上。

管理作为一种"有用的知识"，一种技术，与构成当今高科技产业基础的其他主要知识，如电子学、固态物理学、遗传学以及免疫学，有着同样悠久的历史。管理的起源，大概可以追溯到第一次世界大战前后，在 20 世纪 20 年代中期得以发展。但是，作为一种"实用性的知识"（这一点，管理和工程、医学是一样的），管理在成为一门学科之前，必须首先通过实践不断地得以完善。到了 20 世纪 30 年代后期，美国出现了几家实施管理的大型组织（绝大多数是大型企业），如杜邦公司（DuPont Company）、通用汽车公司（General Motors），还有大型零售商西尔斯公司（Sears, Roebuck）。而在大西洋的彼岸，有德国的西门子公司以及英国的玛莎百货连锁公司（Marks and Spencer）。但是管理发展成一门学科，则是在第二次世界大战期间和战后的那几年⊖。

大约从 1955 年开始，所有发达国家都经历了一次"管理繁荣期"。大约 40 年前，我们称为"管理"的社会技术，首度展现在一般大众（包括管理者自己）眼前。从此，管理迅速成为一门学科，而不再是只有少数信仰者的漫无目标的实践活动。这 40 年来，管理与同时期所发生的所有"科学新突破"一样，产生了同样的影响力，或许管理所造成的影响可能更大一些。第二次世界大战后，每个发达国家都成为"组织的社会"（society of organization），而管理可能算不上是促成这一事实的唯一因素，甚至也不是一个主要因素。今天，发达国家中的大多数人，以及绝大多数受过教育的

⊖　事实上，首次将管理作为一种系统知识（即作为一门学科）介绍给读者的，是我最初的两部管理著作：《公司的概念》（*Concept of the Corporation*）（1946 年著，是研究通用汽车公司的）以及《管理的实践》（*The Practice of Management*）（1954 年著）。这两本书的中文版已由机械工业出版社出版。

人，都在组织中工作，其中也包括老板自己。这些人逐渐倾向于成为"职业经理人"，即是受雇者而非组织的所有者，而管理可能也不是造成这一事实的唯一因素，甚至也不是一个主要因素。但是，有一点可以肯定：如果管理没有成为一门系统化的学科，我们就不可能实现目前每个发达国家的社会现状，即"组织的社会"和"雇员的社会"。

诚然，对于管理，我们仍有许多东西要学习，尤其是对知识员工的管理最为迫切。但是，一些基本的管理原理到目前为止，已经得到适度的传播。40 年前，即使是大公司的高级管理者，大部分人也没有认识到他们所做的就是管理工作。因为在当时，管理还是一件神秘的事情，而今天它已经变为寻常之事了。

但是，就整体而言，迄今为止，管理仍被认为仅仅适用于营利机构，且仅仅适用于那些"大机构"。20 世纪 70 年代初，美国管理协会（American Management Association）曾邀请小型机构负责人前去参加它举办的"总裁管理课程"，当时得到的多数回答是："管理？这不关我的事——那是给大公司的人听的。"直到 1970 年或 1975 年，美国医院的管理人员仍然排斥所有带有"管理"标签的事物。他们声称："我们是医务人员，不是商人。"（在大学里，教职员工至今仍会说类似的话，尽管他们同时也会抱怨他们的学校如何"管理不善"。）事实上，从第二次世界大战结束到 1970 年这段漫长的岁月里，"进步"意味着建立更大的机构。

这 25 年来，社会的各个领域（企业、工会、医院、学校、大学等）都倾向于建立更大型的组织，造成这种局面的原因很多。但是其中的主要因素是，我们相信我们能够管理大型机构，但不知道如何管理小型机构。这种想法与当初社会成立大型联合高中的热潮有很大的关系。人们曾声称："教育需要专业化的管理，机构只有做大才能发挥作用，小机构则办不到这一点。"

在最近 10 年或 15 年里，这种趋势才得以逆转。事实上，美国现在的发展趋势可能是"限制机构化",而非"限制工业化"。自 20 世纪 30 年代以来,在近 50 年的时间里,美国及西欧普遍存在着这样一个观念:医院对身体不适者来说是最佳场所,对重症患者更是如此。"患者越早来医院就诊,我们对他的照顾就越好"的观念普遍为医生与患者所接受。但最近几年,这种观念也得以扭转。现在,我们逐渐相信,患者能够远离医院的时间越长越好,患者能够出院的时间越短越好。当然,这种转变与医疗保健或管理都没有什么关系,它是人们对集权、对"计划"以及对政府崇拜的一种逆反心理——无论这种现象是永久的还是暂时的。这种崇拜始于 20 世纪二三十年代,在 60 年代肯尼迪和约翰逊执政时期达到了顶峰。然而,如果我们没有信心和能力来管理好小型机构以及诸如医疗保健机构这样的非营利组织,那么我们就无法沉溺于这种医疗保健领域的"限制机构化"趋势之中。

总之,我们逐渐认识到,同"管理良好"的大型机构相比,小型机构更需要管理,而且管理对它们的影响也会更大。最重要的是,无论是对新建的企业家型机构,还是对业已存在的注重管理、不断发展的机构而言,管理都会做出同样大的贡献。

举个具体的例子:从 19 世纪开始,汉堡包售货亭就在美国出现了。第二次世界大战后,它们更是如雨后春笋般出现在大城市的街头巷尾。但是,作为近 25 年来最为成功的企业之一,麦当劳汉堡包连锁店将管理应用到了昔日毫无规划的夫妻小店的经营模式中。首先,麦当劳设计了最终产品;随后,它重新设计了产品的整个制作工序;接着,它重新设计(或发明)了操作工具,使得每一块肉、每一片洋葱、每一个圆面包、每一根炸薯条的大小都是一模一样的,结果产生了一个时间精准且完全自动化的制作流程。最后,麦当劳着手研究顾客所看重的"价值",并将其定义为产品的品质和可预知性、快捷的服务、绝对的干净以及亲切。麦当劳根据这些要求制定出相应的标准,按照标准进行员工培训,同时将员工的工资收入与这些标准挂钩。

所有这些举措都是管理，而且是相当先进的管理。

管理是引导美国经济迈向企业家经济的一种新技术（而不是特定的某个科学或发明），它也将促使美国走向企业家社会。事实上，在美国和所有发达国家中，在教育、医疗保健、政府和政治等方面，进行社会创新的天地远比企业和经济领域要大得多。在我们这个社会中，引进企业家精神（如今我们正迫切需要）的一个首要前提是，将管理的基本概念和基本技巧应用到新问题和新机遇上。

这意味着，现在我们必须将30年来我们为管理的发展所做出的努力，投入到企业家精神和创新的发展上来，那就是：发展原理、不断实践、成立学科。

1

第一部分

创新实践

INNOVATION AND
ENTREPRENEURSHIP

创新是企业家特有的工具。凭借创新，他们将变化看作开创另一个企业或服务的机遇。创新可以成为一门学科，供人学习和实践。企业家必须有目的地寻找创新的来源，寻找预示成功创新机会的变化和征兆。他们还应该了解成功创新的原理，并加以应用。

系统化的企业家精神

I

"企业家",法国经济学家萨伊在 1800 年前后曾经这样说过:"企业家将资源从生产力和产出较低的领域转移到生产力和产出较高的领域。"⊖但是萨伊的定义并没有告诉我们这个"企业家"是谁,而且由于萨伊杜撰这个词的时间已经距今 200 多年了,因此"企业家"和"企业家精神"这两个词的

⊖ "企业家"(entrepreneur)一词源于法文 entreprendre,意思是"敢于承担一切风险和责任而开创并领导一项事业的人",带有冒险家的意思。这个单词最早见于 16 世纪的法语文献。1800 年前后,法国经济学家、作家萨伊将"企业家"一词推广使用。当时,萨伊作为新闻记者经常访问英国,在那里他熟悉了经济学家亚当·斯密和托马斯·马尔萨斯的作品。在亚当·斯密的著作《国富论》中,没有对资本的所有者和对企业进行组织和经营的管理者或"承办者"进行正式的划分。萨伊注意到资本家和"承办者"的作用与职责是不同的,即使在这两种角色集于一身的情况下也是如此。萨伊不满意以前使用的"承办者"(undertaker)和"促进者"(promoter)这样的词语,于是创造了一个新的表达方式"企业家"(entrepreneur)。这个词从此进入国际管理词汇中。——译者注

定义完全令人混淆不清。

例如，在美国，企业家往往被定义为创办自己的全新小型企业的人。最近盛行于美国商学院的"企业家精神"课程，实际上就是从30年前的"如何建立自己的小企业"的课程发展过来的。在许多方面，两者并无显著的差别。

但是，并不是每一个新办小企业都是一种企业家行为，或者代表着企业家精神。

一对夫妇在美国某市郊开了一家熟食店或墨西哥餐馆，他们的确是冒了一点风险。不过，他们是企业家吗？他们所做的事情，只不过是以前被重复了多次的老套而已。他们把赌注压在该地区外出就餐的人口会日渐增多这一点上，但是他们既没有创造出一种新的满足，也没有创造出新的消费诉求。从这一点看，即使他们创办的是新企业，他们也算不上企业家。

然而，麦当劳所表现出来的却是企业家精神。确切地说，麦当劳并没有发明任何新东西，任何一家不错的美国餐厅都生产它所供应的最终产品了。但是，凭借着应用管理概念和技巧（即研究顾客所注重的"价值"），它们将"产品"标准化，设计制作流程和工具，并基于工作分析设定标准，根据标准培训人员。麦当劳不仅大幅度提高了资源的产出，而且开创了新市场和新顾客群。这就是企业家精神。

几年前，美国中西部的一对夫妇创建了一家欣欣向荣的铸造厂，同样是具有企业家精神的事例。该铸造厂对铸铁进行热处理，以达到高性能规格，例如用于制造大型推土机所用的车轴（这种推土机用于阿拉斯加天然气管道的建设）。这种作业所需要的技术背景广为人知，的确，这家公司所做的工作很少有别人没有做过的。但是，其不同之处在于：第一，它将技术信息系统化，这样就可以将性能规格输入计算机，又能立刻从计算机中打印出所需的处理方案。第二，它将工序系统化。一般来说，尺寸相同、金属成分相同、质量相同、性能规格相同的铸件订单数不会超过 6 件。但是，该厂的铸件实际上是以流水线的方式制造的，而非分批生产，所有设备都由计算机控制，加热炉可以自动调节。

这种精密铸件以往的次品率高达 30% ~ 40%，但在这家新铸造厂里，从生产线下来的产品无瑕疵率却高达 90% 以上。此外，虽然该厂要支付美国工会所规定的员工工资和福利，但是与行业中价格最低廉的竞争者——一家韩国造船厂相比，前者的成本只是后者成本的 2/3（可能还要低）左右。由此可见，这家工厂之所以是企业家企业，并不在于它是一个全新的小企业（虽然发展迅速），而是在于它了解到这种铸铁的与众不同，市场对其的需求已经大到足以创造出一个"利基市场"；另外，还在于它将技术，特别是计算机技术应用到了传统的工艺之中，并将这种工艺转化成了一套科学流程。

无可否认，所有新创小企业都有许多共同点。但是，若要成为企业家企业，那么除了具备小和新的特点以外，还必须具备其他特性。事实上，在所有的新创企业当中，企业家企业只占少数。它们创造出了新颖而与众不同的东西，它们改变了价值观。

并非只有新成立的小型企业才能成为企业家企业。事实上，许多大型（而且往往是历史悠久的）企业也正在实践企业家精神。例如，通用电气公司是全球最大的企业之一，有 100 多年的历史，长久以来，它一直善于从零开始建立一家家的企业家企业，并将它们发展成具有相当规模的企业。而且，通用电气公司并没有将这种企业家精神仅仅局限于制造业中。它财政上的左右手——通用电气信贷公司（G. E. Credit Corporation）曾经掀起一场很大的变革，改变了美国的金融体系，而且，这场革命如今正迅速扩展到英国和西欧。20 世纪 60 年代，当通用电气信贷公司发现商业票据可以用于金融业时，便绕过了金融界的马其诺防线（Maginot line），打破了传统银行对商业信贷的垄断。

英国的大型零售商玛莎百货连锁公司在最近 50 年中的表现，可能比西欧任何一家企业都更具有企业家精神和创新性。它对英国经济，乃至对英国社会的影响，可能比英国的任何一个变革领导者，甚至可能比政府或法律产生的影响还要大。

同样，通用电气公司和玛莎公司与其他完全没有企业家精神的大型企业有许多共通之处，而使它们具有企业家精神的因素，并不在于它们的规模或增长，而是其他的特性。

此外，企业家精神并不仅仅局限于经济性机构当中。

关于企业家精神的发展史，没有比现代大学（尤其是美国现代大学）的创建和发展史更好的教材了。众所周知，现代大学是德国外交官、公务员威廉·冯·洪堡（Wilhelm von Humboldt）⊖的发明。1809 年，洪堡构思并创办了柏林大学（University of Berlin）。当时他的目标非常明确，一是让德国人取代法国人，获得学术和科学的领导地位；二是吸收法国大革命所散发出来的活力，并用来对抗法国人自己，特别是拿破仑。60 年以后，1870 年左右，当德国大学的声望如日中天时，洪堡将大学视为变革领导者的想法越过大西洋，为美国人所采纳。美国南北战争结束时，殖民时期所创办的旧式学院因老迈腐朽而濒临瓦解。1870 年时，美国学院的学生人数还不足 1830 年的一半，而这段时间的人口几乎增加了 3 倍。但在接下来的 30 年里，一大批杰出的美国大学校长创建了全新的美国大学——既特别新颖又特别美国化的大学。第一次世界大战后，这些大学为美国赢得了学术和研究领域的世界领导地位，就如同一个世纪以前，洪堡所成立的柏林大学为德国赢得了学术

⊖ 威廉·冯·洪堡（1767—1835），德国人，柏林大学的创始者，也是著名的教育改革者、语言学者及外交官。洪堡重新改革了普鲁士引以为傲的义务教育制度，让所有阶层的子女都有相同的机会接受教育。他另外一个更大的贡献，则是依照自己"研究教学合一"的理念，于 1809 年创办了柏林大学。——译者注

和研究领域的世界领导地位一样。

第二次世界大战以后，新一代美国学术界的企业家又再度创新，建立起了一批新式"私立""大都市"大学：纽约地区就有佩斯大学（Pace University）、菲尔莱－狄更斯大学（Fairleigh-Dickinson University）和纽约理工学院（New York Institute of Technology）；波士顿有东北大学（Northeastern University）；西海岸有圣塔克拉拉大学（Santa Clara University）和金门大学（Golden Gate University），等等。它们构成了最近这 30 年来美国高等教育的主要增长点。在课程设置上，大多数新式学校似乎与历史悠久的学校并没有什么不同。但是，它们是针对一个不同的新"市场"而精心设计的。它们的招生对象是那些有工作基础的人士，而非刚从高中毕业的应届生；是那些整天往返于大学和住处之间的大城市学生，而非每周 5 天、每天从上午 9 点到下午 5 点都在上课的住校学生；是那些背景差异较大的学生，而非传统概念上的高中刚毕业的学生。它们是因应市场的重大转变而出现的，这个转变就是：大学文凭的地位从"高级"变成了"中级"，另外，"上大学"的意义也发生了重大转变。这些大学就是企业家精神的代表。

同样，你也可以根据医院的发展历史，写出一本有关企业家精神案例分析的书来。18 世纪末，现代医院首度在爱丁堡和维也纳出现。到了 19 世纪，各种形式的社区医院出现在美国。20 世纪初，大型专业化中心开始出现，像梅奥诊所（Mayo Clinic）或门宁格基金会（Menninger Foundation）都是那个时期的产物。第二次世界大战后，又出现了医疗保健中心。而如今，新一代的企业家又在致力于将医院改变成专业化的治疗中心，包括流动的外科诊所、独立的妇产中心和心理治疗中心。与传统医院不同，它们的工作重点将不再是对病人的护理，而是针对病人的专门需求。

同样，并不是每一个非商业性服务机构都具有企业家精神，还差得相当远呢。现在，这些少数具有企业家精神的机构同样保留了传统服务性机构的所有特征、所有问题以及所有识别性标志。使这些服务性机构具有企业家精神的，是一些与众不同而又独特的因素。

　　虽然英语系国家的人误以为企业家精神就是创立新的小企业，但相比之下，德国人将它与权利和财产等同起来，就更显得令人费解。德语的unternehmer［就是萨伊的"企业家"（entrepreneur）的德译词］主要是指那些拥有并自己经营企业的人（英文对应可译为"owner-manager"）。该词主要用来区分自己拥有企业的"老板"与"职业经理人"以及"雇员"。

　　但是，建立系统化的企业家精神最初尝试的目的，并非着眼于所有权。1857年，法国的皮埃尔兄弟（the Brothers Pereire）建立了企业家性质的工业信贷银行（Crédit Mobilier）⊖。1870年，这种做法越过了莱茵河，在德国人乔治·西门子建立的德意志银行中，这种做法得到了发展和完善。同一时期，年轻的J. P. 摩根⊖也将这种做法引入了大西洋彼岸的纽约。身为企业家的银行家，其任务就是调动他人的资金，使之分配到生产力较高以及产出较多的领域。早期的银行家都已经变成了企业所有者，如罗斯柴尔德家族（the Rothschilds）。他们每次修建铁路时，动用的都是自己的资金。企业家型的银行家则与之截然不同，他们从来不想成为所有者。这些银行家为筹建的企业融资，并通过向公众出售企业的股票来赚钱。然后，他们又为自己下一个

⊖　19世纪60年代，企业家银行在法国和德国的作用开始变得举足轻重。它们投资兴建铁路，贷款给大工厂发展重工业。这类银行中最著名的就是巴黎工业信贷银行，其创建者是来自波尔多（Bordeaux）的两位年轻的犹太新闻记者，艾萨克·皮埃尔（Isaac Pereire）和埃米尔·皮埃尔（Emile Pereire）。——译者注

⊖　银行家J. P. 摩根（1837—1913）由于其对资源近乎无限的掌控能力，成为历史上最重要的银行家之一。摩根参与了很多大型企业的创建，其中包括通用电气、美国钢铁以及AT&T等。在金融危机中，他扮演了中央银行的角色，两次力挽狂澜。摩根的影响力如此之大，以至于官员们认为美国必须建立央行而不能过度依赖某个个人。摩根去世一年后，美联储成立。——译者注

投机行为向公众筹措资金。

虽然企业家需要资本去从事所有经济（和大多数非经济）活动，但他们并不是资本家，也不是投资家。他们的确要承担风险，但是，这是任何从事经济活动的人都要面临的事情。经济活动的本质在于以现在的资源，实现对未来的期望，这就意味着不确定性和风险。企业家也不是雇主，但他可以是，也往往是雇员，或者是一个单打独斗的人。

因此，无论对个人还是对机构而言，企业家精神都是一种独特的特性，但它并不是人格特征。30年来，我见过许许多多个性不同、气质迥异的人，他们在各种企业家挑战中都表现得非常出色。诚然，追求确定性的人往往不能成为优秀的企业家。其实，这些人即使在其他许多领域中，也不会有什么上佳表现。例如政界要员、部队指挥官或是远洋轮船船长，大凡在这些位置上的人，制定决策是不可避免的，而任何决策的实质都是不确定性。

任何有勇气面对决策的人，都能够通过学习成为一名企业家，并表现出企业家精神。因此，企业家精神是一种行动，而不是人格特征。它的基础在于观念和理论，而非直觉。

II

每一种实践都是以理论为基础的，即使实践者本人从未意识到这一点。企业家精神是以经济和社会理论为依据的，该理论视变化为常规。它认为，在社会中，特别是在经济中，最主要的任务是做与众不同的事，而非将已经做过的事情做得更好。这就是萨伊在200多年前，在创造"企业家"一词时，所要表达的基本意思。它原本是用来作为一种不满的宣言和声明：企业家颠覆现状，推陈出新。正如熊彼特所阐明的：企业家所从事的工作就是"创造性破坏"。

　　萨伊是亚当·斯密[⊖]的忠实崇拜者。他将斯密的《国富论》（1776 年）翻译成法文，并终生不倦地宣扬斯密的思想和政策。但是，他本人对经济思想的贡献，也就是企业家和企业家精神的观念，却是与古典经济学的理论格格不入的。古典经济学讲求将已然存在的事物予以最优化，这与目前经济理论的主流思想（包括凯恩斯主义[⊜]、弗里德曼货币学派[⊜]以及供给学派[⊛]）是一致的。它注重使现存的资源发挥最大的作用，并力求均衡的建立。由于它无法解释"企业家"这一现象，因此将"企业家"归入"外部力量"，与气候和天气、政府和政治、瘟疫和战争以及科技等归为一类。当然，传统的经济学家（无论他们属于何种学派或何种"主义"）并不否认这些外部力量的存在，且承认其重要性。但是，这些外部力量并不是他们所研究的世界的一部分，不能以他们的模型、方程式或预测加以解释与说明。

　　约瑟夫·熊彼特是第一位回归萨伊观点的主要经济学家。在他 1911 年

　　⊖　亚当·斯密（Adam Smith，1723—1790）是英国古典政治经济学的主要代表人物之一。他的代表作《国富论》（全称《国民财富的性质和原因的研究》）早已被翻译成十几种文字，全球发行。他本人也因此被奉为现代西方经济学的鼻祖。《国富论》是一部划时代的巨著，它概括了古典政治经济学在形成阶段的理论成就，最早系统地阐述了政治经济学的各个主要学说，它标志着自由资本主义时代的到来。——译者注

　　⊜　凯恩斯主义经济学或凯恩斯主义（Keynesians）是以约翰·梅纳德·凯恩斯（John Maynard Keynes）的著作《就业、利息和货币通论》（1936 年）为思想基础的经济理论，主张国家采用扩张性的经济政策，通过增加需求促进经济增长。凯恩斯的思想后来形成了资本主义改良性质的主要思想体系，即凯恩斯主义及其流派凯恩斯学派。其追随者随后也被称为凯恩斯主义者。——译者注

　　⊜　弗里德曼货币学派（Friedmanites）是 20 世纪五六十年代在美国出现的一个经济学流派，其创始人为美国芝加哥大学教授、1976 年诺贝尔经济学奖得主米尔顿·弗里德曼（Milton Friedman）。货币学派在理论和政策主张方面，强调货币供应量的变动是引起经济活动和物价水平发生变动的根本和起支配作用的原因。——译者注

　　⊛　供给学派（supply-siders）是 20 世纪 70 年代在美国兴起的一个经济学流派。该学派强调经济的供给方面，认为需求会自动适应供给的变化，因而得名。——译者注

发表的经典之作《经济发展理论》（*The Theory of Economic Dynamics*）[⊖]中，熊彼特与传统经济学决裂。他的这一举动，远比 20 年后凯恩斯的所作所为更为激进。他主张，由创新的企业家所引发的动态失衡是健康经济的常态，这也是经济理论与实践的精髓所在，而非古典经济学家所主张的均衡和资源的最佳配置。

萨伊关注的重点是经济领域，但是他的定义只要求资源属于"经济的"范畴。事实上，这些资源不一定是用于传统上被认为属于"经济的"东西。教育通常不被认为属于"经济的"范畴，而且经济标准当然也根本不适合来决定教育的"产出"（虽然没有人知道哪种标准比较适合）。但是，教育的资源一定是经济资源。事实上，它们与用于最明确经济目的（如生产和销售肥皂）的资源是相同的。用于人类所有社会活动的资源都是相同的，都是"经济的"资源，例如资本（即抑制现在的消费，以换取未来期望的资源）、物质资源（无论是土地、玉米种子、铜、教室还是病床）、劳动力、管理和时间等。因此，尽管企业家精神一词源于经济层面，但它绝不仅仅局限于经济范畴。除了那些称之为"存在主义"和"社交"的行为外，它适合于人类的所有行为。我们目前已然了解，无论是在哪个领域，企业家精神的差异都是微乎其微的。教育领域的企业家和医疗保健领域的企业家，在这两大领域都已是硕果累累，他们与身处企业界或工会的企业家所做的事情基本相同，使用的工具基本相同，遇到的问题也基本相同。

企业家视变化为健康的标准。通常，他们自己并不引发变化。但企业家总是寻找变化（这一点也定义了企业家和企业家精神），对其做出反应，并将其视为机遇而加以利用。

⊖ 约瑟夫·熊彼特（1883—1950），美籍奥地利经济学家，1937 ～ 1941 年担任美国经济计量学会会长，1948 ～ 1949 年任美国经济学会主席。《经济发展理论》一书是他早期成名之作。熊彼特在这本著作里首先提出的"创新理论"（innovation theory），当时曾轰动西方经济学界，并且一直享有盛名。——译者注

III

人们普遍认为，企业家精神充满了巨大的风险。确实，那些非常引人注目的创新领域，如微型计算机或生物遗传等高科技领域中，企业的失败率非常高，而成功的概率甚至幸存的概率却似乎相当低。

情况为什么会这样呢？从定义来看，企业家将资源从生产力和产出较低的领域转移到生产力和产出较高的领域，其中必然存在着失败的风险。但是，即使他们只获得勉强的成功，其回报也足以抵消在这一过程中可能遇到的风险。因此，我们对企业家精神所预期的风险，应该比最优化的风险还要低。事实上，当创新是正确而有利可图的时候，即创新的机遇已经存在的时候，再没有比采取资源最优化更有风险的了。从理论上说，企业家精神应该是风险最低，而非风险最高的方式。

事实上，许多企业家型组织的平均成功率相当高，足以驳倒企业家精神与创新的风险极高的普遍论调。

例如，美国的贝尔实验室（Bell Lab）是贝尔电话公司（Bell Telephone System）的创新部门。从 1911 年设计第一个电话自动交换台开始，到 1980 年设计出光纤电缆，其中还包括晶体管和半导体的发明以及运用于计算机上的理论和工程工作，贝尔实验室在这近 70 年的时间里，创造了一个又一个成功。贝尔的记录显示，即使是在高科技领域，企业家精神和创新也可以是低风险的。

IBM 在一个快速发展的高科技领域——计算机行业中，与电力和电子行业的"老手"竞争，但迄今为止，尚未遭遇重大挫败。虽然是在一个较为平凡的行业中，全球主要零售商中最具有企业家精神的大公司——英国玛莎百货连锁公司，也从未尝过败绩。全球最大的消费品生产厂商宝洁公司（Procter & Gamble）同样拥有近乎完美的成功创新纪录。位于明尼苏达州圣保罗市的"中等技术含量"公司 3M 公司，在过去的 60 年中，创立了近 100 家新企业或全新的主要产品生产线。在这些企业所进行的创新里，有 4/5 均取得了成功。这只是企业家以低风险从事创新活动的小范例。当然，以低风险从事企业家活动的成功个案中，有许多是纯属侥幸，或是天公作美、歪打正着，或者只是运气好。

此外，还有很多个体企业家创办新企业，也显示出很高的平均成功率，这也足以反驳企业家精神具有高风险的论调。

企业家精神之所以具有风险，主要是因为在所谓的企业家中，只有少数几个人知道他们在做些什么。大多数人缺乏方法论，违背了基本且众所周知的法则。高科技领域的企业家尤为如此。确切地说（第 9 章将会讨论），从本质而言，高科技领域的企业家精神和创新，比其他创新 [基于经济理论和市场结构的创新、基于人口统计特征的创新，甚至基于看起来有点儿虚无缥缈的认知和态度（如世界观）上的创新] 更加困难，且风险更大。但是，即使是高科技领域的企业家精神也不一定具有"高风险"性，贝尔实验室和 IBM 已经证实了这一点。然而，它的确需要加以系统化，也需要加以管理。最重要的是，它应该以有目的的创新为基础。

有目的的创新和创新
机遇的七个来源

　　企业家从事创新，而创新是展现企业家精神的特殊手段。创新活动赋予资源一种新的能力，使它能创造财富。事实上，创新活动本身就创造了资源。人类在发现自然界中某种物质的用途，并赋予它经济价值之前，"资源"这种东西是根本不存在的。那时，每一种植物皆为杂草，每一种矿物皆为岩石而已。100 年前，从地下渗出的石油以及铝土矿（即铝的原材料）都还不是资源，当时，它们只是令人讨厌的东西，因为它们让土壤贫瘠。过去，青霉菌也是一种有害的细菌，而不是一种资源。当时的细菌学家在做细菌培养的时候，必须费很大工夫才能保护培养菌免受它的侵害。到了 20 世纪 20 年代，伦敦的一名医生——亚历山大·弗莱明（Alexander Fleming）⊖发现，这种"有害的细菌"就是细菌学家苦苦寻找的细菌杀手。从此，青霉菌才成

　　⊖ 亚历山大·弗莱明（1881—1955），英国细菌学家、药学家。他因在 1928 年从青霉菌中提取出了抗生素青霉素（又名盘尼西林）而闻名，并因此获得了 1945 年的诺贝尔医学奖。——译者注

为一种有价值的资源。

社会和经济领域的情况亦是如此。在经济领域中,没有比"购买力"(purchasing power)更重要的资源了,而购买力则是创新企业家的创举。

19 世纪早期,美国的农民实际上没有什么购买能力,因而也无力购买农业机械。当时,虽然市场上已有各式各样的收割机,但是无论农民多么需要,也无钱购买。于是,收割机发明者之一的赛勒斯·麦考密克(Cyrus McCormick)⊖发明了分期付款购买方式。这种方式使农民能够以未来的收入支付购买收割机的费用,而不必仅仅依靠过去菲薄的积蓄。于是,突然之间,农民就有了购买农业机械的能力。

同样,凡是能使现有资源的财富生产潜力发生改变的事物都足以构成创新。

将卡车车身从轮子上卸下来,放置于货运轮船上的想法没有包含多少新的技术。集装箱这个"创新"并不源于科技,而是来自将"货轮"视为一种物料运输设备而不是一艘船的新认知,这意味着真正重要的是尽量缩短货轮在港口停泊的时间。但是这项平凡的创新使远洋货船的运载能力大约提高了4 倍,而且可能因此而拯救了船舶运输业。如果没有它,世界贸易近 40 年来的巨幅增长就不可能发生。(在这段时间里,所有主要经济活动的发展都是有史以来最快的。)

真正使学校教育遍及世界各地的,不是对教育价值的普遍承诺,也不是对在校教师进行的系统化培训或灌输的教育理论,而是一项不起眼的创新:教科书。教科书很可能是捷克伟大的教育改革家约翰·阿莫斯·夸美纽斯(Johann Amos Comenius)⊖的发明。夸美纽斯在 17 世纪中叶,设计并使

⊖ 赛勒斯·麦考密克(1809—1884),美国工业家、发明家,人称企业界全才。1831 年发明收割机,因建厂生产收割机而致富,后组建世界上最大的国际收割机公司(1902 年)。——译者注

⊖ 约翰·阿莫斯·夸美纽斯(1592—1670),17 世纪杰出的捷克教育家、近代教育学的奠基人之一。其代表作为《大教学论》,集中反映了夸美纽斯的教育思想与教育主张。——译者注

用了第一套拉丁文入门教材。如果没有教科书，那么即使是一个非常优秀的教师，一次也只能教一两个学生；但有了教科书以后，即使是一个平庸的教师，也能够将一些知识灌输到三四十个学生的头脑中。

上述事例说明，创新不一定必须与技术有关，甚至根本就不需要是一个"实物"。从造成的影响来看，几乎没有什么技术性创新能与报纸或保险之类的社会创新相比。分期付款方式完全改变了经济，任何地方只要引进了分期付款制度，就能将当地的经济从供给驱动型转变为需求驱动型，而无须顾及当地的生产力水平如何。现代的医院起源于 18 世纪欧洲启蒙运动时期所发生的社会创新，它对医疗保健的影响，远远大于其他许多医学上的进步。管理（即一种"有用的知识"）首次使得拥有不同技艺和知识的人能够在一个"组织"里一起工作，这是 20 世纪的创新。它将现代社会转变为一个既没有政治理论也没有社会理论可加以诠释的崭新体系：一个组织的社会。

在经济史文献中，奥古斯特·博尔西希（August Borsig）[⊖]被认为是德国制造蒸汽火车头的第一人。但更重要的是，他是在同业公会、教师和政府官员的强烈反对下进行的创新。直到今天，他的这项创新仍然是德国工厂的组织系统以及德国工业实力的基础。博尔西希还发明了"师傅"（master，拥有高超技术、受人尊敬，并能以相当大的自主权经营工厂的高级工人）和"学徒制"（apprenticeship system，这项制度将在职训练与课堂教学有机地结合起来）。马基雅维利（Machiavelli）[⊜]在 1532 年出版的《君主论》（*The*

　⊖　奥古斯特·博尔西希的第一个蒸汽火车头在柏林生产，于 1841 年 7 月完工。——译者注
　⊜　尼科洛·马基雅维利（1469—1527）是意大利文艺复兴时期的政治思想家和历史学家，是中世纪晚期意大利新兴资产阶级的代表，主张结束意大利在政治上的分裂状态，建立强大的中央集权国家。他在其代表作《君主论》中认为共和政体是最好的国家形式，但又认为共和制度无力消除意大利四分五裂的局面，只有建立拥有无限权力的君主政体才能使臣民服从，抵御强敌入侵。他强调为达目的不择手段的权术政治、残暴、伪善、谎言和背信弃义等，只要有助于君主统治就都是正当的。这一思想被后人称为"马基雅维利主义"。——译者注

Prince）一书中提出"现代政府"，60 年后，其思想的早期追随者让·博丹
（Jean Bodin）⊖主张"现代民族国家"，这两项密切相关的社会创新，显然比
大多数技术的发明有更持久的影响力。

我们能从现代日本身上，看到社会创新及其重要性的有趣例子。

日本自 1867 年向现代世界开放门户以来，尽管它在 1905 年打败了俄
国，尽管发生了珍珠港事件，尽管在 20 世纪七八十年代，它一跃成为超级
经济强国，成为国际市场中最难对付的竞争对手，但它还是一直受到西方人
士的低估。造成这种现象的最主要原因，可能是人们普遍认为创新必须与
"实物"有关，必须以科技为基础。于是，日本人被公认为并非创新者，而
是模仿者（不仅西方人这样认为，日本人自己也这样认为）。因为就整体而
言，日本人并没有产生令人瞩目的技术或科学创新，他们的成功源于社会
创新。

自 1867 年日本开始实行明治维新以来，日本人极不情愿地向世界敞开
了它的国门。此举完全是为了避免重蹈印度的覆辙。日本的基本目标则是，
以纯粹柔道的方式，运用西方的武器将西方人抵御在国门之外，以此来保持
日本的传统。

这意味着社会创新远比蒸汽火车头或电报更重要。而且，从学校、公
职部门、银行以及劳资关系等机构的发展中，我们可以看出，社会创新的
实现远比制造火车头和发明电报要困难得多。一个可以将火车车厢从伦敦
拖到利物浦的火车头，不需加以调整或改变，就可以将火车从东京拖到大
阪。但是，日本的社会体制必须是纯粹"日本式"的，而且必须非常"现
代化"。它们必须由日本人经营，同时又必须适应高度技术性的西方经济体
系。科技能够以较低的成本从国外引进，并且不会带来多少文化风险；而体

⊖ 让·博丹（1530—1596），近代西方最著名的宪政专家，1576 年他发表的《共和六书》被誉
为西方关于国家主权学说的最重要论著。——译者注

制相反，需要有文化的基底才能茁壮成长。100年以前，日本人经过慎重考虑，决定将他们的资源投注于社会创新，而对技术创新加以模仿、引进并改造，结果他们取得了举世瞩目的成功。事实上，即使是现在，这一政策依然很适合他们。如同在第17章将要谈到的，尽管人们有时半开玩笑地称其为"创造性模仿"，但这其实是一种备受推崇，而且往往是非常奏效的企业家战略。

即使日本人现在必须超越简单模仿的阶段，不仅仅是引进和适应他人的技术，还要学会实施真正的技术自主创新，但需要谨慎的是，不应低估他们的能力。科学研究本身就是相当新的社会创新。历史告诉我们，只要形势需要，日本人就会表现出巨大的社会创新能力。最重要的是，他们已经向世人展现出他们具有超凡的运用企业家战略的能力。

因此，"创新"是一个经济或社会术语，而非科技术语。我们可以用萨伊定义企业家精神的方式来对它下一个定义：创新就是改变资源的产出。或者，我们可以按照现代经济学家的习惯，用需求术语而非供给术语对它加以定义：创新就是通过改变产品和服务，为客户提供价值和满意度。

我认为，上述两种定义究竟哪一个更合适，应该根据具体情况而定，而不能根据理论生搬硬套。钢铁厂从一体化的综合炼钢厂转变成迷你钢铁厂（这种工厂以碎钢为原料，而不是铁矿石；生产出来的是最终产品，如横梁和连杆，而不是需要再加工的粗钢），用供给术语加以描述和分析最为合适。尽管二者的最终产品、最终用途以及客户都没有改变，但迷你钢铁厂的成本大幅度降低了。同样，供给定义可能也适用于解释集装箱的发明。虽然录音带或录像带也都同属于技术创新，可能其中的技术含量并不比钢铁制造高，但是，用消费者价值和满意度来对它们加以描述和分析则更加合适。此外，像亨利·卢斯（Henry Luce）[⊖]于 20 世纪 20 年代创办的《时代》（*Time*）、《生活》（*Life*）和《财富》（*Fortune*）等新闻杂志，以及 20 世纪 70 年代末和 80 年代初创建的货币市场基金等，这些社会创新也同样适合用这个定义加以分析。

然而，我们尚未发展出一套创新理论。但是我们的知识已经足以说明一个人何时、何地以及如何系统地寻找创新机遇，如何判断成功的机遇或失败的风险，而且我们的知识也足以发展出创新的实践，虽然还相当粗略。

19 世纪最伟大的成就之一是"发明中的发明"（invention of invention）。对科技史学家而言，这句话几乎已成为他们的老生常谈。大约在 1880 年以前，发明带有浓厚的神秘色彩，19 世纪早期的书籍不断地谈到"灵光乍现"（flash of genius）。发明者本人则是一个既浪漫又荒谬的人物，独自在孤寂的阁楼里冥思苦想。到 1914 年第一次世界大战爆发时，"发明"已逐渐变成了"研究"，成为一种系统化的、有目的的活动，这种活动经过精心策划与组织，无论是在所达到的目标还是在可获得的成果方面都有高度的可预测性。

现在，我们必须将诸如此类的活动诉诸创新之中，而企业家必须学习如何进行系统化的创新。

⊖ 亨利·卢斯（1898—1967），20 世纪美国新闻史上的巨头。他作为最伟大的发行人名载史册，与此同时，人们奉送他的称号还有"教育家""宣传家""虔诚的基督教徒""意识形态专家""西方理论家""保守人士"……《美国新闻百科全书》称赞卢斯是"真正的知识分子""他的《时代》周刊所创造的词语已成为当今美国英语的一部分"。芝加哥大学前校长赫钦斯说"他的杂志的影响力远远超过整个美国教育制度的总和"。亨利·卢斯一生都在从事新闻出版工作，他留给世界最大的财富就是对杂志新闻事业的革命。他首创新闻杂志的形式，创办了《时代》《生活》《财富》等著名刊物，30 岁成为美国百万富翁，进入上流社会。美国杂志品牌的经营与延伸，对创意的推崇，对人力资源的重视等杂志经营理念都是由他而始的。他成立了当时美国最大的杂志出版公司——时代公司，这一公司的主体后来辗转成为当今全球最大的传媒集团"美国在线 - 时代华纳"。——译者注

成功的企业家不会坐等"缪斯垂青"[⊖]并赐予他们一个"好主意";相反,他们努力实干。总而言之,他们不求惊天动地,诸如,他们的创新将掀起一场产业革命,或创造一个亿万资产的生意,或一夜之间成为巨富。有这种夸张而空泛、急于求成想法的企业家几乎注定要失败,他们几乎注定会干错事、走错路。一个看似伟大的创新,结果可能除了技术精湛以外什么也不是;而一个普通智慧的创新,例如麦当劳所做的创新活动,反而可能演变成惊人且获利颇丰的事业。同样,这一道理也适用于非商业性机构和公共服务领域的创新。

无论出于何种个人动机——追逐金钱、权力还是猎奇,或是追求名誉、希望博得他人的认同,成功的企业家都会试图去创造价值,做出贡献。他们的目标非常高,绝不会仅仅满足于对现有事物加以改进或修正,他们试图创造出全新且与众不同的价值和满意度,试图将一种"物质"转换成一种"资源",试图将现有的资源结合在一种新型的、更具生产力的结构里。

变化(changes)为新颖且与众不同的事物的产生提供了机会。因此,系统的创新存在于有目的、有组织地寻找变化中,存在于对这些变化本身可能提供的经济或社会创新的机遇进行系统化的分析中。

通常来说,这些变化都是已经发生过的或者正在进行之中的。绝大多数成功的创新都是利用变化来达成的。确切地说,许多创新本身就蕴涵着重大变化,莱特兄弟发明飞机这一类的科技创新就是例证。但是这些是例外,而且是相当不寻常的例外。大多数成功的创新都很平凡,它们只是利用了变化而已。因此,创新的训练(它是企业家精神的知识基础)是一种具有诊断性的训练:是对提供企业家机遇的变化领域进行系统化的检查。

具体而言,系统化的创新就是指关注创新机遇的七大来源。

⊖　"缪斯垂青"(the Muse kisses them):缪斯(Muse)是希腊神话中的九位女神之一,她专管诗歌、舞蹈、历史及其他文艺科目。缪斯女神很挑剔,她不会轻易地吻一个人。——译者注

前四大来源存在于机构内部，不论它是商业性机构还是公共服务机构，或是存在于某个产业或服务领域内部。因此，能够看到它们的人，主要是那个产业或服务领域内部的人。它们基本上是一些征兆，但却是那些已然发生，或者只需少许努力就能发生的变化的极为可靠的信号。这四个来源是：

- 意料之外的事件——意外的成功、意外的失败、意外的外部事件；
- 不协调的事件——现实状况与设想或推测的状况不一致的事件；
- 基于程序需要的创新；
- 每个人都未曾注意到的产业结构或市场结构的变化。

第二组创新机遇的来源（后三种来源）涉及机构或产业以外的变化：

- 人口统计数据（人口变化）；
- 认知、意义及情绪上的变化；
- 新知识，包括科学和非科学的新知识。

这七个创新机遇来源的界限相当模糊，彼此之间有相当大的重叠部分。它们好比是七扇位于同一建筑物不同方向的窗户，每一扇窗户所展现的某些景致，也可以从邻近窗户看到，但是，每一扇窗户的中心所呈现的景色是截然不同的。

由于每一个来源都有自己的独特属性，因此，这七个来源都需要个别分析。然而，从本质上而言，没有哪一个来源比其他来源更重要或更具生产力。重大创新可能来自对变化征兆（诸如产品或定价上不经意的变化所造成的意外成功）进行的分析，也可能来自重大的科学突破所带来的新知识的广泛应用。

但是，这些来源的讨论顺序并不是随心所欲的，它们是按照可靠性和可预测性的递减顺序依次排列的。与人们普遍的认识相反，新知识，特别是科学新知识，并不是成功创新最可靠或最可预测的来源。尽管基于科学的创新非常引人注目、富有魅力且相当重要，但它实际上是最不可靠和最不可预测的来源。相反，对根本变化征兆（如意外成功或意外失败）所进行的平庸、乏味的分析，其风险性和不确定性却是相当低的。一般来说，基于意外成功或意外失败所产生的创新，从新企业创立到可预见结果（无论成功还是失败），所需要的时间最短。

创新机遇来源一：
意外事件

I

意外的成功

没有哪一种来源能比意外的成功提供更多成功创新的机遇了，而且，它所提供的创新机遇风险最小，整个过程也最不艰辛。但是，意外的成功几乎完全受到忽视，更糟糕的是，管理人员往往主动将它拒之门外。

以下就是一个典型的例子。

30多年前，纽约最大的百货公司梅西公司的董事长 R. H. 梅西（R. H. Macy）告诉我："我们不知道如何才能使家电的销售增长势头停下来。"

"你为什么要让这种势头停下来呢？"我疑惑地问，"难道你们这方面生意赔钱了吗？"

"正好相反，"这位董事长说道，"家电的利润额竟高于时装，没有人退货，而且根本没有出现顺手牵羊的现象。"

"是不是这些购买家电的顾客挤走了时装顾客呢？"我问道。

"哦，不是，"他答道，"以前，我们主要向进来买时装的顾客推销家电产品，现在我们反而向进来买家电产品的顾客推销时装。但是，"他继续说道，"像我们这种商店，时装的销售额应达到70%才算正常和健康。现在，家电产品增长的速度过快，已经占到销售总额的3/5，这太反常了。我们已经尝试过我们所知道的一切方法，让时装的销售额恢复到正常的比例，但是没有任何效果。目前唯一的办法就是抑制家电产品的销售，让它回到自己应有的销售水平。"

在这番对话过后的近20年时间里，纽约梅西公司每况愈下。对于梅西公司为何无法有效利用它在纽约零售市场中的主导地位，出现了许多种不同的解释：市区的衰落、规模过大而造成的浪费，等等。实际上，1970年，新的管理层入主梅西公司，改变了经营重点，并接受家电产品的销售额比重较大的现实以后，梅西公司马上就再度繁荣起来，虽然市区依然衰落，梅西公司的人力成本依然很高，它的规模依然过大。

在梅西公司拒绝意外成功的同时，另一家纽约零售商店布鲁明戴尔（Bloomingdale's）却利用同样的意外成功，登上了纽约市场的第二把交椅。在此之前，布鲁明戴尔公司顶多排行第四，与梅西公司相比，它更是一家以销售时装为主的公司。但是，当家电产品的销售在20世纪50年代初开始攀升时，布鲁明戴尔公司抓住了这个机会。它意识到某种意料之外的事件正在发生，并对它加以分析。然后，它再造了自己的"家庭器皿部"，在市场上以新的定位出现；同时，重新调整了时装、服饰的销售重点，以迎合一个新的顾客群体，而电器销售量的剧增也正是这类顾客出现的一种征兆。尽管在纽约市场的销量上，梅西公司仍然处于第一位，但是布鲁明戴尔公司已经成为"纽约最时髦的商店"。而30年前那些角逐这一头衔的许多商店，像贝斯特（Best）那样 20 世纪 50 年代的时装先驱、昔日排行第二的百货公司均已消失得无影无踪了（第 15 章将会有更多例子）。

梅西公司的故事可能会被认为是一种极端情况。但是事实上，这个故事中唯一不寻常的地方就是该公司的董事长有意识地做他正在做的事情。大多数管理者对自己的愚蠢浑然不知，仍然会按照梅西公司的处理方式行事。因此，要让管理层接受意外的成功绝非易事，它需要决心、具体的政策、面对现实的意愿以及足够的谦逊来说"我们错了"。

管理层不愿意接受意外成功的原因之一是，人们往往相信：凡是能够持续相当长时间的事物，就一定是"正常的"而且是"永恒的"。因此，任何与我们所认定的所谓自然法则相抵触的事物，必将被视为不合理、不健康，而且显然是反常的现象。

这解释了 1970 年左右，美国某家主要的钢铁公司拒绝迷你钢铁厂[⊖]的原因。管理层知道，他们的钢铁厂很快就会被淘汰，但是如果要使它现代化，则需要投入天文数字般的资金，而且他们也知道自己根本无法获得这笔资金。因此，只有新型的迷你钢铁厂才是合理的解决之道。

几乎是在意外的情况下，该公司收购了这么一个迷你钢铁厂。不久以后，它就开始迅速发展，并产生现金和利润。该公司一些较年轻的人士于是建议，将手头的投资基金用于再收购几家迷你钢铁厂以及建造一些全新的迷你钢铁厂。这样一来，在几年内，这些迷你钢铁厂将以高科技含量、低人工成本和明确的目标客户为基础，给公司带来数百万吨的钢产量。然而，最高管理层愤怒地否决了这项提议。实际上，在后来几年内，所有参与这项提议的相关人士都陆续遭到了解雇。"一体化炼钢工序是唯一正确的程序，"最高管理层声称，"其他东西都是骗人的把戏，是一时的狂热、不健康的现象，

⊖ 关于"迷你钢铁厂"，请见第 4 章。

而且不会持久。"不用说，10 年后，美国钢铁工业里，唯一仍然健康发展且相当繁荣的就是迷你钢铁厂。

对于一个为一体化炼钢工序的完善付出毕生精力的人、一个以大型钢铁厂为家的人、一个可能身为钢铁工人后代的人（许多美国钢铁公司的高级管理人员都属于这种情况）而言，大型钢铁厂以外的任何东西都是诡异而陌生的，更确切地说，就是一种威胁。要在这种"敌对状态"之下，发现自己的最佳机遇，着实需要付出相当多的努力。

无论机构的规模是大还是小，是公共服务机构还是企业，大多数机构中的高层管理人员，通常都是在某个职能或某个领域成长起来的人才。对于他们而言，那里才是使他们感到最为得心应手的地方。例如，当我与梅西公司的董事长交谈时得知，在公司的高层管理人员中，除了一位人事副总裁之外，其他人都是从时装产品采购开始干起的，并凭借自己在这方面的表现挣得今天的地位。对于这些人而言，家电产品和他们不相干。

意外的成功有时是相当令人烦恼的。有一家公司，整天煞费苦心地改进和完善一项老产品，这项产品多年以来，一直是该公司的旗舰产品，象征着公司的品质。与此同时，在极不情愿的情况下，公司当局又同意对一个又老又旧、面临淘汰且质量低劣的产品进行改进，公司内人人都知道这样做毫无意义。该公司之所以这样做，只是因为公司的某个销售高手从中游说，或因为公司某个关系良好的客户提出了这么一个要求，使公司当局不便拒绝。但是没有人看好它的销售，事实上，根本没有人想推销这种产品。结果这个万人嫌的产品却轻而易举地赢得了市场，甚至还超过了系出名门、品质卓越的产品的预期销售额。难怪每个人都感到吃惊，并且认为这一成功是"不速之客"（这个词我已经不止一次听说过）。每个人的反应很可能与梅西公司董事长在看到自己不喜欢的家电产品超过自己所钟爱的时装时的反应完全一样，因为时装才是他投入自己全部工作和毕生精力之所在。

　　意外的成功是对管理层判断力的一种挑战。那家大型钢铁公司的董事长在拒绝迷你钢铁厂提议时曾这样说过："如果迷你钢铁厂真是一个机遇的话，我们自己应该能够看出来。"管理者是凭借自己的判断力拿薪水的，但这并不意味着他们被聘来就永远不会犯错误。实际上，公司聘用他们是希望他们能够认识并勇敢地承认自己所犯的错误，特别是当他们所承认的错误为公司提供了一个新的机遇时尤为如此。但是，这种现象并不普遍。

　　一家瑞士制药公司在兽药制造领域处于当今世界领先地位，但是它自己从未研制过任何一种兽药。它之所以能如此，是因为那些研制药物的公司拒绝将产品供应给兽药市场。当然，这些药物（主要是抗生素）是为了治疗人类疾病而研制开发的。当兽医发现这些药物用在动物身上同样有疗效并开始下订单时，那些医药厂商却大为不快。很多公司拒绝向兽医供货；还有许多公司不愿意为动物重新调配药方，不愿意为此重新更换药物包装，等等。1953 年左右，一家主要医药公司的药品主管曾反对将一种新的抗生素应用于动物治疗，认为这是对高贵药品的滥用。因此，当瑞士人与这家公司和其他几家厂商接洽时，毫不费力地以低廉的价格获得了将这些药物用于动物的许可证。一些厂商甚至还对能够摆脱这种令人尴尬的成功，感到沾沾自喜。

　　此后，人类服用的药物受到的价格压力越来越大，而且还受到监管当局的严格管制，这使得兽药成为医药工业中最有利可图的领域，但是那些最早开发出兽药的公司未能因此而获利。

　　在很多时候，意外的成功根本就没有被发现。无人注意到它，更无人会对它加以利用，不可避免的结果是，竞争对手往往有机可乘，坐收渔利。

　　有一家大型医疗设备供应商引进了一批新的生物和临床测试仪器。新产品相当不错，很快，订单从工业界和大学实验室纷至沓来。但是，设备供应商没有被告知这种情况，也没有注意到这种情况，更没有意识到这一点。纯粹出乎意料，这家公司所开发的产品除了针对原先预期的市场以外，还吸引了更多、更好的其他客户。但是公司并没有因此派出任何销售人员去拜访这些新客户，也没有建立起应有的服务支持。5～8年后，另外一家公司占领了这些新市场。由于这些市场所产生的交易量足够大，因此新公司能以比原先的市场领导者更低廉的价格和更优质的服务很快进入医院市场。

对意外的成功茫然无知的原因之一，在于我们现有的报告体系通常不会对它加以报告，更不用说引起管理层的注意了。

实际上，每一家公司以及每一家公共服务性机构都有月度或季度报告，但是报告的第一页所罗列的，通常是绩效表现低于预期的地方：所有的问题和业绩下滑的原因。在管理层和董事会的月度会议上，每个人都会将注意力集中在产生问题的地方，没有人会注意到那些业绩比预期目标好的地方。而且，如果意外的成功在质不在量——如上文提到的医疗设备的例子里，除了公司的传统市场之外，又开辟了另一个新市场，这时，数字通常无法显示意外的成功。

要利用意外的成功所带来的创新机遇，我们必须要进行分析。意外的成功只是一个征兆，但它是什么征兆呢？表面征兆往往是我们的认知、知识和理解力不够造成的。以那家制药公司为例，它拒绝接受其药品在动物医疗市场获得的意外成功，就是一种征兆，表明它不了解全球牲畜市场的巨大和重要性，未能看到第二次世界大战后全球对动物蛋白质的需求急剧上升，也不知道全球农民在知识、经验和管理能力上的巨大变化。

梅西公司在家电产品上的意外成功是一种征兆，它代表着一大批消费者在行为、期望和价值观上发生了根本改变。布鲁明戴尔公司的人明确地认识到这一点。一直到第二次世界大战前，美国百货公司的消费者主要是根据社会经济地位，即按收入层次来进行购物的。第二次世界大战后，市场逐渐地按照我们现在所称的"生活方式"（lifestyles）来划分。布鲁明戴尔是第一家，特别是美国东海岸第一家意识到这种情况并对其加以利用，且创立了全新零售形象的百货公司。

为医院设计的测试仪器，却在工业和大学实验室获得意外的成功，这又是一种征兆，它代表着各种科学仪器用户之间的差异逐渐消失了。在过去的一个世纪里，这种差异产生了迥然不同的市场，迥然不同的最终用途、规格和期望。这一现象并不仅仅代表着某个产品拥有了原先未曾想到的用途，还象征着这家公司在医院市场中所享有的特定细分市场的终结，而该公司却从未意识到这一点。因此，虽然三四十年来，该公司一直成功地将自己定义为医院实验室设备的设计者、制造者和经销者，但到头来，它还是不得不重新将自己界定为实验室设备的制造者，并发展出与原先领域相去甚远的设计、制造、分销和服务能力。然而，等到一切就绪，它已经丧失了大部分市场。

由此可见，意外的成功不仅仅是创新的机遇，同时还需要有所创新。它迫使我们自问，就公司的业务范围而言，目前有哪些基本变化最适合它？就它的技术而言呢？就它的市场而言呢？如果能够正视这些问题，那么意外的成功可能会带来回报最高、风险最小的创新机遇。

世界上最大的两家企业——杜邦（全球最大的化学公司）和IBM（计算机行业的巨子），将其卓越成就归功于把意外的成功视为创新机遇并主动加以利用。

在长达130年的时间里，杜邦公司把自己的业务局限于军火和炸药制造领域。在20世纪20年代中期，它首次组织研究力量延伸到其他领域，其中之一就是全新的聚合物化学（polymer chemistry）。第一次世界大战期间，德国人在这方面一直居于领先地位。杜邦的研究进行了好几年，但都没有任何进展。1928年，一位研究助理回家前忘了将炉子关掉，炉火烧了整整一个周末。到了星期一早晨，公司负责研究的化学家华莱士 H. 卡罗瑟斯

（Wallace H. Carothers）[⊖]发现，壶里的东西已经凝结成纤维。随后，杜邦公司又花了 10 年时间，才发现了制造尼龙的方法。这个故事的要点在于，同样的意外在德国大型化学公司的实验室里也发生过好几次，而且发生的时间要早得多。那时，德国人正在寻找聚合纤维，他们本可以得到它，而且比杜邦公司早十年制造出尼龙，并因此获得全球化学工业领域里的领导地位。但是，由于德国人没有计划这项实验，所以他们放弃了这个实验结果，将意外产生的纤维倒掉，随后又从头开始。

IBM 公司的历史同样表明，只要对意外的成功加以重视，就能产生效果。IBM 之所以有今天的辉煌，在很大程度上是两度（而非一次）利用意外成功的结果。20 世纪 30 年代初期，IBM 几乎要倒闭了，它倾其所有资金设计了第一台银行专用的电动机械记账机，但是在 30 年代初的大萧条时期，美国银行并不想添置任何新设备。即使在那时，IBM 也不曾实施减员政策，于是它继续制造这种机器，并将成品囤积在仓库里。

就在 IBM 处于低谷时，故事就这么展开了。一天，IBM 的创始人老托马斯·沃森（Thomas Watson）参加一个晚宴，碰巧坐在一位女士旁边。当她得知他的名字时，说道：“你就是 IBM 的沃森先生吗？你的销售经理为何拒绝向我展示你们的机器呢？”一位女士要记账机做什么？老沃森有点丈二和尚摸不着头脑。当她告诉老沃森自己是纽约公共图书馆馆长时，他仍旧迷

⊖ 华莱士 H. 卡罗瑟斯（1896—1937），美国化学家。1928 年杜邦公司在特拉华州威尔明顿的总部所在地成立了基础化学研究所，年仅 32 岁的卡罗瑟斯博士受聘担任该所有机化学部的负责人，在美国杜邦公司任职 9 年，领导基础有机化学的研究工作。他主持了一系列用聚合方法获得高分子量物质的研究。其中，聚己二酰己二胺（耐纶 66）就是他所研究的许多缩聚产物中的一个（最后定名为“尼龙”）。尼龙的合成奠定了合成纤维工业的基础，尼龙的出现使纺织品的面貌焕然一新。用这种纤维织成的尼龙丝袜既透明又比普通丝袜耐穿，1939 年 10 月 24 日，杜邦公司在总部所在地公开销售尼龙长丝袜时引起轰动，被视为珍奇之物争相抢购，人们曾用“像蛛丝一样细，像钢丝一样强，像绢丝一样美”的词句来赞誉这种纤维，到 1940 年 5 月，尼龙纤维织品的销售遍及美国各地。卡罗瑟斯 1936 年当选为美国科学院院士，他是第一个从产业部门选为该院院士的有机化学家。——译者注

惑不解，因为他从未去过公共图书馆。但是第二天早上，图书馆一开门，他就出现在那里。

当时，图书馆拥有数目相当可观的政府拨款。两个小时后，当沃森走出图书馆时，手中拿着一份足够支付下个月工资的订单。后来，他只要谈起这个故事，就会笑着补充一句："我当场创建了一项新政策：先交款，后送货。"

15 年后，IBM 研制出一台早期的计算机。与其他早期的美国计算机一样，IBM 的计算机是专为科学研究而设计的。事实上，IBM 之所以会进入计算机行业，很大程度上是由于老沃森对天文学的兴趣。当 IBM 的计算机首次在麦迪逊大街的 IBM 展示橱窗亮相时，吸引了一大批人围观。这台计算机通过编程，计算出了月亮在过去、现在和未来所有的圆缺。

紧接着，企业开始购买这朵"科技奇葩"，用于处理普通的事务，如薪资计算等。优尼瓦克（Univac）公司虽然拥有当时最先进、最适合企业使用的计算机，但它不想供应给企业，怕辱没了自己的科技奇迹。IBM 虽然同样惊讶于企业界对计算机的强烈需求，但它立即就做出了反应。它宁愿放弃自己的计算机设计，而使用竞争对手优尼瓦克公司的产品设计，因为 IBM 的设计并不特别适合于会计工作。于是，在短短 4 年之内，IBM 就获得了计算机市场的领导地位，尽管在以后的 10 年里，它的计算机在技术上仍略逊于优尼瓦克公司生产的计算机。IBM 还愿意站在企业的立场上，来满足它们的需求。例如，它还为企业界培训编程人员。

同样，日本的龙头电气公司，松下电器产业株式会社（以"Panasonic"和"National"两个品牌闻名于世）也将其崛起归功于它愿意利用意外的成功。

20 世纪 50 年代早期，松下还是一家不起眼的小公司，在任何方面都远远落后于历史悠久且实力雄厚的行业巨头，如东芝、日立公司。如同当时日本其他家电厂商一样，松下知道电视在日本无法迅速成长。东芝公司的总裁

1954 年（或 1955 年）在纽约的一次会议上这样说道："日本还很穷，无力购买这样的奢侈品。"但是松下相当聪明，它知道日本农民很显然并不知道自己很穷、买不起电视这样的事实。这些农民所了解的是，电视第一次让他们得以接近大千世界。他们虽然无力购买电视机，但不管怎样，他们还是愿意购买的。当时，东芝和日立所生产的电视机质量比较好，但它们只将电视机放在东京的银座和大城市的百货公司里展示，很明显地透露出不欢迎农民到这样高雅的环境里来参观的信息。松下却来到农村，挨家挨户推销电视机。在当时的日本，这种推销方式还没有被用于比棉布裤或围裙更贵重的产品推销上。

当然，光凭意外事件是不够的，苦等邻座的女士对一个濒临失败的产品表现出意外的兴趣，也不是办法。因此，寻找意外的成功必须有组织地进行。

首先，就是要确保意外的成功能够被发现，要确保它能引起有关人士的注意。它必须以特写的形式登载于管理层所获得并加以研究的信息中。（有关如何做到这一点，将在第 13 章中详细描述。）

管理层必须带着问题来看待每一次意外的成功，这些问题包括：①如果我们对它加以利用，它对我们会有什么意义？②它会带领我们走向何方？③我们要如何做才能将它转换成机会？④我们如何着手进行？这意味着，首先，管理层必须拨出特定的时间，对意外的成功加以讨论；其次，要指派专人研究意外的成功，并考虑如何对它加以利用。

管理者还需了解意外的成功向他们提出的要求。这一点，最好用一个具体的例子加以说明。

20 世纪 50 年代初，美国东海岸有一所著名大学为成年人开设了"继续教育"（continuing education）的夜间课程，计划将正常大学课程提供给拥有高中学历的成年人，并向他们颁发大学学位。

教职员工中，没有一个人相信这种课程会成功。开设这类课程的唯一原因是，有一小部分从第二次世界大战归来的退伍军人未能获得大学学位就被迫参加工作了，于是他们吵嚷着要求给他们一个机会来取得他们没能拿到的学位。但是，出人意料的是，这种课程非常成功，许多够资格的学生都前来报名，事实上，参加这种课程的学生比普通大学生的表现更为出色，这种情况反而使大学陷入了一种窘境：若要利用这个意外的成功，校方就必须配备一支一流的师资队伍。但是这样做又会削弱它在主要教学领域的师资力量，至少会使校方的注意力不能集中于其主要任务——培养大学生。另一方案就是停办这个新课程。两种方案都是负责任的决定。然而，校方却决定选用低薪的临时人员，大部分是正在攻读更高学位的助教，来充当该课程的教员。结果，这种做法在几年之内就摧毁了整个课程，更糟糕的是，学校的声誉也因此受到了严重损害。

意外的成功是一种机遇，但它也提出了要求。它要求人们慎重地对待它；它要求配备最优秀的、最有能力的人员，而不是我们随随便便可以抽调的人员；它要求管理层给予和机遇大小相匹配的关注度和支持，机遇是值得加以慎重考虑的。

II

意外的失败

失败与成功不同，人们无法拒绝它，而且几乎不可能不注意它，但它们很少被视为机遇的征兆。当然，许多失败不过是错误、贪婪、愚昧、盲目追风或者设计和执行不力的结果。但是，如果经过精心设计、细心规划以及小心执行后仍然失败，那么这种失败常常预示着根本的变化，以及随之而来的机遇。

也许是产品或服务的设计或营销战略所依据的假设不再符合现实状况；也许是客户已经改变了他们的价值观和认知，尽管他们仍然购买同一种"东西"，但他们实际所购买的是截然不同的"价值"；也许是原本的同一市场或同一最终用途，现在分裂成了两个或更多的市场，而且每一个市场所要求的东西都全然不同了。任何诸如此类的变化都是创新的机遇。

60 年前，我从高中毕业，刚刚开始我的工作生涯。那时，我平生第一次经历了意外的失败。我的第一份工作是在一家历史悠久的出口公司当实习生，这家公司向英属印度出口五金产品已有 100 多年的历史了。一直以来，它最畅销的产品是一种便宜的挂锁，每个月都要出口一整船这样的锁。这种挂锁不太牢靠，用一枚别针就可以轻易地将它打开。在 20 世纪 20 年代，印度人的收入不断增加，而这种挂锁的销售却开始急剧下降，而且速度惊人。于是我的老板采取了一项顺理成章的行动：他重新设计了挂锁，使它更牢靠，即使它的质量更好一些。这种改变所增加的成本微不足道，而质量随即大为改观。但是改良后的挂锁依然卖不出去，四年以后，这家公司就被停业清算，宣告破产了。挂锁生意在印度市场的失利是造成它破产的主要原因。

我所服务的这家公司在印度出口生意上，曾有过一家规模很小的竞争对手，规模不到该公司的 1/10，当时几乎无法继续生存。这家小公司意识到，这个意外的失败其实是一种根本变化的征兆。对于居住在乡村的大多数印度人来说，挂锁是（据我所知，到目前还是）一种神秘的象征，没有小偷胆敢开启这种锁，因此，钥匙从未派上过用场，而且常常丢失。如此一来，得到一把没有钥匙就很难轻易打开的挂锁（就像我的老板辛勤工作，没花多少成本改良出来的那种锁），实在是一种灾难而不是恩赐。

但是，居住在城市、为数不多但发展迅速的中产阶级需要真正的锁。老式挂锁不够牢靠，是它开始失去客户和市场的主要原因。而重新设计改进后的锁，对他们而言，仍然不太适用。

于是老板的竞争对手将挂锁划分成两种不同的产品：其中一种没有锁头和钥匙，只有一个简单的拉栓，其售价只有老式挂锁的 1/3，但利润是后者的两倍；另外一种非常牢固，配有 3 把钥匙，其售价是老式挂锁的 2 倍，而且利润也远远大于后者。这两种产品马上就为市场所接受。在短短两年之内，这家竞争对手就成为向印度出口五金产品的最大的欧洲公司。它维持这一地位长达 10 年之久，直到第二次世界大战爆发，才终止了对印度出口。

有人可能会说，这是年代久远的奇闻趣事罢了。当然，在这个计算机时代，在一个有市场调查和 MBA 商学院的时代，人们会逐渐变得更为精明老练。

但是，下面这个例子发生在半个世纪以后，而且来自一个非常"老练"的行业，它却给我们提供了完全相同的教训。

当第二次世界大战后第一批"婴儿潮"出生的孩子长到 20 多岁时，即到了成家立业和购买他们第一栋房子的年龄时，出现了 1973 ～ 1974 年的经济衰退。通货膨胀异常严重，尤其是房价，比其他任何东西都涨得快。与此同时，房屋抵押贷款利息也直线飙升。于是，面向大众市场的美国建筑商开始设计并提供所谓的"基础房屋"（basic house），这种房屋比标准房屋要小，较为简单，而且相对便宜。

尽管这种"基础房屋"有如此"良好的价值"，而且也在第一次购房者的财力承受范围之内，但它还是惨重地失败了。建筑商试图通过降低贷款利率、延长贷款期限以及大幅度削减价格来挽回败局，但仍然没有什么起色。

大多数建筑商所采取的行动，和一般商人在遇到意外的失败时所采取的行动一模一样：他们怪罪于"不理智的顾客"，称他们是老怪物。然而，又是一家很小的建筑商决定出去瞧瞧究竟。他发现美国的年轻夫妇对第一栋房子的要求有所改变。与他们的祖父母辈不同，第一栋房屋对他们而言，已经不再代表着永久的家庭住房，20 世纪 70 年代的年轻夫妇在购买第一栋房子时，所购买的不是一种，而是两种不同的"价值"：他们先买下一个栖身之所，以度过短暂的岁月；同时他们也买下了几年以后购置"真正住房"的选择权，这将是一所环境幽雅、孩子上学方便、宽敞、豪华的住房。为了支付这栋价格昂贵的永久住房的首期付款，他们需要把在第一栋房子上得到的资产净值投入到首期付款中。这些年轻人非常清楚，尽管他们有能力购买，但"基础房屋"并不是他们以及他们同时代的人所需要的理想住房。因此，他们担心（这完全合乎情理）到"基础房屋"脱手时，无法卖到一个好价钱。所以"基础房屋"非但不会成为他们日后购置"真正房屋"的选择权，反而会成为实现他们真正住房夙愿的严重障碍。

总的来说，1950 年的多数年轻夫妇仍然认为自己是劳动阶级。在西方，处于劳动阶级的人在结束学徒生涯、得到第一份正式工作以后，并不奢望他们的收入和生活水平会有显著提高。对他们而言，资历意味着更大的工作保障而非更高的收入（日本除外）。但是传统上，中产阶级家庭在一家之主的年龄达到 45 岁或 48 岁以前，其收入都会稳步提高。从 1950 年到 1975 年，美国年轻人的现实状况及自我形象——他们的教育、期望、工作，都从劳动阶级转变到了中产阶级。伴随这种变化的，是年轻人"第一个家"所代表的意义及其相关"价值"的剧烈转变。

一旦了解了这一点（只要花上几个周末的时间，去倾听潜在购房者的心声就够了），成功的创新很容易产生。房子本身几乎不用改动，只需要将厨房重新设计一下，使它变得宽敞一些。除此以外，这种房屋与其他建筑商一直没有销路的"基础房屋"没有什么区别。但是，房屋并不是以"你的房屋"这种形式推出，而是以"你的第一栋住房""构筑你理想住房的基石"的方式出售。确切地说，这意味着展示在年轻夫妇面前的，是一栋现时现地能够见到的房子，即"基础房屋"，而且还有这栋房子未来扩建的样式，如增加一个卫生间，增加一两个或更多卧室，或加盖一个地下家庭娱乐室。事实上，该建筑商在将"基础房屋"改造成"永久居住房"方面，已经获得了必要的城建许可证。而且，建筑商还保证给予第一栋住房一个固定的出让价格，折入年轻夫妇在 5 ～ 7 年之内向该公司购买第二栋更大的永久性住房的已付房款之中。"这样做实际上没有什么风险，"该公司解释道，"毕竟，人口统计数据保证了到 20 世纪 80 年代末或 90 年代，市场对'第一栋住房'的需求会稳步上升。在这段时间内，正好是 1961 年生育低潮期出生的婴儿长到 25 岁，开始成家立业的时候。"

在这家建筑商将失败转变成创新机遇之前，其业务范围仅限于某个大城市，而且市场占有量很少。5 年以后，这家公司的业务辐射到 7 个大城市，而且在每一个城市里，它都是数一数二的强者。即使在 1981 ～ 1982 年建筑业萧条时期（这次衰退非常严重，甚至美国一些大型建筑商在整整一季的时间里都没有售出一栋新房子），这家创新的建筑商也仍然在增长。"理由之一是，"该公司的创始人解释道，"当我决定向第一次购房者提供房屋转售价格保证时，我压根没有想到，这个办法使我们能够源源不断地获得建筑良好，而且还相当新的房子，我们只需稍做修整，就能够以相当可观的利润脱手卖给下一批第一次购房者。"

面对意外的失败时，高层管理者，特别是大型组织中的高层管理者往往会做更多研究和分析。但是，正如挂锁和"基础房屋"的故事所显现的那样，这是一种错误的反应。意外的失败要求你走出去，用眼看，用心听。失败应该被当作创新机遇的征兆，并认真对待。

从供应商的角度观察意外事件，与从客户角度来观察是同等重要的。例如，麦当劳的创立完全是因为其创始人雷·克罗克注意到了他的一个客户的意外成功。当时，克罗克正在向汉堡包店推销冰激凌制造机，他注意到在他的客户中，有一个远在加利福尼亚州的某小镇经营汉堡包的店铺，购买了几倍于其店铺规模所需要的冰激凌制造机。他通过调查发现，原来，有位老人通过将快餐业加以系统化而革新了快餐业的经营模式。于是，克罗克买下了他的快餐店，并在原先业主意外成功的基础上，将它发展成数十亿美元的企业。

竞争对手的意外成功或失败也同样非常重要。在任何一种情况下，人们都应该将这类事件看作创新机遇的征兆而加以慎重对待。对它不仅要进行分析，还要走到外面进行调查。

创新——这是本书的一个主题，是一种有组织、有系统、理性化的工作，但它也是感性的。确切地说，创新者的所见所闻必须经过严格的逻辑分析，仅凭直觉行事也是不够的。事实上，若直觉就意味着"我觉得"，那么直觉根本没有什么好处。因为那通常只不过是"我希望它怎样"的另一种说法，而非"我认识到它会怎样"。分析虽然严谨——它需要进行测试、试验和评估，但必须建立在对变化、机遇和新情况的认知上，还要敏锐地察觉到大多数人仍然十分确信的所谓现实与实际现实之间不一致的地方。这需要人们愿意承认："我所知道的仍然不足以进行分析，但我会去发掘。我将走出办公室，四处观察，提出问题，并用心聆听。"

意外事件能使我们跳出先入为主的观念、假设以及原先确定之事，所以它是创新取之不尽的源泉。

事实上，企业家无须了解情况为何会有所改变。在上述两个案例中，我们很容易就能了解发生了什么事情以及发生的原因。但是，在一般情况下，我们虽然发现了所发生的事情，却找不到任何线索来解释它。即使在这种情况下，我们仍然能够成功地进行创新。

这里有一个例子。

1957 年，福特汽车公司推出的"埃德赛"（Edsel）汽车遭到彻底失败，这已经成为美国家喻户晓的故事。甚至在"埃德赛"汽车失败后出生的人也听说过这个故事，至少在美国是如此。人们普遍认为推出"埃德赛"汽车是一种轻率的赌博，其实，这种看法是完全错误的。

很少有产品像"埃德赛"汽车那样，经过精心的设计、用心良苦的推出和巧妙的营销。"埃德赛"汽车的推出，原本是美国商业史上规划最为周密的商业策略的最后决定性一步：经过 10 年的努力，福特汽车公司于第二次世界大战后，把自己从一家濒临破产的公司，扭转为汽车工业中一个强劲的竞争者，获得了美国市场上排名第二的实力；数年之后，它又在迅速发展的欧洲汽车市场上，成为争夺霸主地位的强有力的角逐者。

到 1957 年为止，福特已经成功地在美国四大汽车市场中的三大市场重新树立了自己强有力的竞争地位：在"标准"汽车市场，有"福特"（Ford）；在"中低端"汽车市场，有"水星"（Mercury）；在"高端"汽车市场，有"大陆"（Continental）。"埃德赛"汽车是专门为打入剩下的一个市场领域——"中上层"市场而设计的。在这个市场中，有福特的头号劲敌——通用汽车生产的"别克"（Buick）和"奥兹莫比尔"（Oldsmobile）。第二次世界大战后，"中上层"市场是汽车市场成长发展最快的领域，而且排名第三的汽车公司克莱斯勒（Chrysler）在这一领域还涉足不深，使得市场向福特公司敞开了大门。

福特公司不遗余力地规划和设计"埃德赛"汽车。在它的设计里，融入了市场调查所得到的最新信息，包括顾客对汽车外观和款式方面的偏好，以及最高标准的质量控制。

但是，"埃德赛"汽车一上市就完全失败了。

福特汽车对失败的反应却发人深省。它并未怪罪于"不理智的顾客"，相反，它认为现实中一定发生了某些事情，与汽车从业者对消费者行为的假设不相符合——而长久以来，它却把这些假设当作毋庸置疑的公理。

福特公司的人员决定走出办公室，对失败进行调查。此举是美国汽车史

上，继阿尔弗雷德·斯隆（Alfred P. Sloan）[⊖]之后的又一创举。斯隆在 20
世纪 20 年代，依据社会经济地位将美国汽车市场划分成低端、中低、中上
和高端四大部分，在此基础上他建立了通用汽车公司。当福特公司的人员走
出去后，他们发现这种划分方式正在被另一种方式所取代，或至少是并驾
齐驱。这种划分方式，就是我们现在称之为"生活方式"的分割法。于是，
在"埃德赛"汽车失败后不久，福特又推出了"雷鸟"（Thunderbird），它成
为自亨利·福特一世（Henry Ford，Sr.）[⊖]于 1908 年推出 T 型轿车以来最成
功的美国汽车。"雷鸟"再度将福特塑造成有自身实力的大型汽车生产厂商，
而不再是通用汽车永远长不大的小兄弟或永久的模仿者。

时至今日，我们仍然不清楚这种变化产生的真正原因。那些我们通常用
来解释变化发生原因的事件，诸如，由于战后"婴儿潮"使得人口结构的重
心向青少年转移，高等教育迅速普及，或两性关系的变化等，都发生在这种
变化之后。同时，我们也并不真正理解"生活方式"的含义。迄今为止，所
有试图对其加以解释的尝试都是徒劳无益的。我们所知道的只是发生了某些

⊖ 阿尔弗雷德·斯隆（1875—1966），20 世纪 20 年代通用汽车（GM）的董事长。通用汽车公
司成立于 1908 年。斯隆出任通用汽车公司副总时，该公司还是一家小型汽车制造公司。斯
隆运用其卓越的管理才华、高度的组织能力、容人的雅量、杰出的洞察力，一举将通用塑造
为全球汽车行业的龙头。此外，斯隆在组织管理上的诸多创举，如设立协调委员会、制定标
准成本分析法等，都为商业史提供了创新的典范。斯隆担任通用汽车公司总裁 23 年，短短 3
年内就让濒临破产的通用汽车反败为胜。《福布斯》杂志 2005 年 7 月公布的"有史以来最有
影响力的 20 位企业家"中，斯隆榜上有名，《福布斯》称他是将汽车工业带入现代体系，更
为企业组织管理立下世纪典范的第一人。美国《商业周刊》75 周年时，斯隆也被选为过去 75
年来最伟大的创新者之一。——译者注

⊖ 亨利·福特一世（1863—1947），福特汽车公司创始人。从一个乡间少年成长为世界上第一
位亿万富翁，这些全部都建筑在他的一个简单想法上：制造一种为普通人设计的、买得起而
又可靠的汽车。经过长期不懈努力，他不仅成功地生产出自己梦想的汽车——T 型车，改变
了人们的生活方式、思维方式和娱乐方式，将人类带入汽车新时代，而且还创造了大规模生
产方式的流水装配线，为整个工业界带来了伟大的变革。此外，亨利·福特在自己的公司实
行了最低日工资 5 美元的薪酬制度，这个报酬是当时技术工人正常工资的两倍，从而培养出
了大批美国中产阶级人士，对整个美国乃至世界经济产生了深远的影响。——译者注

事情。

但是，这就足以将意外事件——无论是失败还是成功，转变成有效而有目的的创新机遇。

Ⅲ

意外的外部事件

到目前为止，我们所讨论的意外的成功和意外的失败均发生在某个企业或某个行业内部。但是外部事件，即没有反映在管理者所采用的信息和数字资料上的事件，也同样重要。事实上，它们往往更为重要。

以下列举了一些典型的意外的外部事件，并借此说明它们也能够被视为成功创新的重大机遇而加以利用。

其中之一与 IBM 和个人电脑有关。

不管 IBM 内部的高层管理者和工程师彼此的意见分歧有多大，进入 20 世纪 70 年代后，他们有一个看法是完全一致的，即未来属于集中化的主机（main-frame）计算机，它将拥有更大的内存和更快的计算能力。每一个 IBM 的工程师都能提供有力的证据证明，其他任何产品不是比它更昂贵，就是令人混淆不清，或是运行能力极为有限。于是，IBM 将所有力量和资源投注于保持其在主机市场的领导地位。

到了 1975 年或 1976 年左右，令人大为吃惊的是，10 岁和 11 岁的小孩竟然玩起了电脑游戏。他们的父亲则想要配置一台自己的办公电脑或个人电脑，即一种分开的、独立的小机器，其容量无须太大，甚至比最小的主机还小都没有关系。IBM 所预测到的全部可怕的事情终于发生了。这些独立机器的成本比插入式终端贵许多倍，而且容量大为减小。这种机器和程序如雨后春笋般大量涌现，而且彼此之间很少真正兼容，于是整个计算机领域开始混乱起来，正常的服务和维修也无法跟上。但是这似乎并不影响顾客的购买欲望。相反，在短短的 5 年间（1979 ～ 1984 年），美国的个人电脑市场所创下的年销售总额是主机市场 30 年来的总和，即 150 亿～ 160 亿美元。

IBM 大可忽略这一发展趋势，然而，它不但没有这么做，而且早在 1977 年，当全球个人电脑的销售额还不足 2 亿美元时（而同年主机计算机的销售额为 70 亿美元），它就成立了相互竞争的任务攻关小组来开发个人电脑。1980 年，IBM 生产出了自己的个人电脑，正好赶上这一市场开始蓬勃发展的时期。3 年以后，即 1983 年，IBM 就夺得了个人电脑的世界领导权，如同它在主机领域所取得的成就一样。同年，IBM 又推出了自己的微型家用电脑（home computer）——"花生"（Peanut）。

每当与 IBM 的人员讨论起他们这段经历时，我总是询问同样的问题："当时，IBM 的每一个人都非常肯定这种事情不可能发生而且毫无意义，但又是什么原因使你们 IBM 的人将这种变化视为一种机遇呢？"我得到的答案总是相同的："就是因为我们知道这种事情根本不可能发生，而且毫无意义，所以，当这种变化真正来临的时候，才使我们大为震惊。我们认识到，我们从前所做的假设以及我们十分确信无疑的每一件事情突然间被全盘否定了。因此，我们必须走出去，重新组织自己，充分利用我们以前确信不会发生，却实实在在发生的变化。"

第二个案例较为平淡。虽然缺乏诱人之处，但是它同样具有启发性。

美国从来就不是一个购书习惯相当普及的国家，部分原因是免费的公共图书馆遍布全国。20 世纪 50 年代初，电视出现以后，越来越多的美国人把时间消磨在电视机前——特别是正处于重要读书阶段的高中生和大学生。当时，"每一个人都知道"书籍的销售将会大幅度下滑。于是，出版商开始慌乱地向高科技媒体经营转移，例如教学片或电脑程序（大多数均以失败告终）。然而，书籍的销售自电视首次出现以来，不但没有暴跌，反而猛增，其增幅比用任何一项指标（无论是家庭收入、处于最佳读书年龄段的总人数，还是拥有较高学位的人数）所预测的增长速度都要快好几倍。

没有人知道为什么会发生这种情况。事实上，没有人真正了解究竟发生了什么事情。在典型的美国家庭里，藏书量同从前一样稀少。这些书都到哪里去了呢？我们虽然无法解答这个问题，但是这并不能改变图书销量正日益上升的事实。

当然，所有出版商和书店都知道图书的销量与日俱增，但它们都对此毫无反应。反而一些大型零售商，如明尼阿波利斯和洛杉矶的一些百货公司对这起意外事件加以利用。这些人以前从未涉足过图书领域，但是他们了解零售业。他们建立了形式与美国早期书店截然不同的连锁书店。从本质上而言，这些书店都是超市。他们并不把书籍视为文学作品，而是把它当成大众商品，而且他们专营畅销书籍，以确保每一单位的价位能够获得最大的销售额。这些连锁书店通常位于租金昂贵但客流量大的购物中心里，而一般从事图书生意的人都认为，书店应该位于租金低廉、最好离大学较近的地方。传统的书商本人就是书卷气较浓的人，也喜欢雇用一些爱书人士。而新式书店的经理都是化妆品推销员出身，在他们之间流传着这么一则笑话：任何一个除了书的标价以外，还想看书的内容的人，都是无可救药、不合格的推销员。

10年来，这些新式连锁书店跻身于美国零售业最成功和成长最快的领域，同时也是美国发展最快的新兴行业。

上述案例都代表着真正的创新，但没有一个代表着多元化。

IBM一直在计算机行业中发展；而连锁书店是由熟悉零售行业、购物中心或时装店的人经营的。

要想成功地利用意外的外部事件有一个前提，即它必须和所在行业的知识与技巧相吻合。许多没有零售专业知识的公司，甚至是大公司，贸然进入新的书籍市场或大众商品市场，无一不以失败而告终。

因此，最重要的是，意外的外部事件只是一种将既有的专业知识应用到新事物上的机会，但是这种应用不会改变我们所从事行业的本质。与其说它是多元化，不如说是一种延伸。然而，正如上述案例所显示的那样，它也要求我们在产品，而且常常要求在服务以及分销渠道等方面进行创新。

这些案例的第二个特点是，它们都是大公司的例子。和许多其他管理书籍一样，本书列举的许多案例都是大公司的个案。一般而言，大公司的案例是我们唯一较易获得的，也是唯一能够在出版物上找到的资料，还是唯一可以在报纸杂志的商业版上公开讨论的案例。小公司的案例则不易获得，而且通常很难在不泄露商业机密的情况下加以讨论。

但是，利用意外的外部事件似乎特别适用于现有的企业，尤其是在行业中具有相当规模的公司。据我所知，能够成功利用意外的外部事件的小公司少之又少，而且参加我的"创新与企业家精神"研讨班的学生也都有同感。这也许是一种巧合，但也有可能是现有的大企业往往更能看到经济发展的大趋势。

美国的大型零售商习惯于看数据，这些数据显示了消费者消费的方向和方式。大型零售商还对购物中心的位置以及如何才能得到一个好位置了如指掌。一个小公司能否像 IBM 那样，大手笔地派遣四组一流的设计人员和工程师组成一个特别攻关小组来开发新产品线呢？对于处在快速发展行业里的小型高科技公司而言，即使对现有工作，它们都感到人手不足，更不必说开发新产品了。

也许，意外的外部事件是提供给大型企业最大且风险最低的创新领域；也许是特别适合于大型和现有企业从事创新的领域；也许是专业知识最具影响力，并且迅速调动大量资源的能力会产生最大差异的领域。

但是，正如这些例子所显示的那样，创业时间久、规模大并不能保证企业就能够认识到意外事件并成功地加以利用。IBM 的美国竞争对手都是销售额以十亿计数的大公司，但是没有一家公司开发了个人电脑——它们都忙于与 IBM 对抗了。此外，美国的旧式大型连锁书店，如纽约的布伦塔诺（Brentano's），也没有开发新的图书市场。

换言之，机遇就在那里。重大机遇总是经常出现，一旦出现，就提供给我们无限的前景，对那些现有的大型企业尤其如此。但是这些机遇所需要的并不只是运气或直觉，它们还需要企业去寻求创新，积极加以组织和加强管理，以便利用这些大好机会。

创新机遇来源二：
不协调的事件

所谓的"不协调"（incongruity），是指现状与事实"理应如此"之间，或客观现实与个人主观想象之间的差异。我们可能并不了解其产生的原因，事实上，我们可能不理解它的本质，但不协调仍然是创新机遇的一个征兆。套用地质学家的术语来说，它表示其中有一个根本的断层，这种断层提供了创新的机遇。它产生了一种不稳定性，在不稳定之中，只要稍做努力，即可产生巨大效应，促成经济或社会结构的重新调整。但是，不协调的状况通常不会在管理人员收到和加以研究的数据或报告中显露出来，因为它们是定性的而非定量的。

与意外的成功或者失败一样，不协调也是变化的征兆，无论这种变化是已然发生的还是可以被促成发生的。而且，就像隐藏在意外事件下面的变化一样，隐藏在不协调下面的变化也是发生在一个产业、市场或程序内部的变化。因此，对于接近或处于该产业、市场或程序的人来说，不协调事件是<u>显而易见的</u>，就在他们的眼皮底下。但是它往往被业内人士当作理所当然的事情而忽略了——他们会说"它一直都是这样的"，即使"一直"可能只是最近发生的事情。

不协调的状况有以下几种：

- 某个产业（或公共服务领域）中经济现状之间的不协调。
- 某个产业（或公共服务领域）中认知和实际现实状况之间的不协调。
- 某个产业（或公共服务领域）中认知的与实际的客户价值和期望之间的不协调。
- 程序的节奏或逻辑的内部不协调。

I

不协调的经济现状

如果某个产品或服务的需求稳步增长，那么其经济效益也应该稳步提高。在一个需求稳步上升的产业里，获得利润是轻而易举的事情，此乃大势所趋。如果在这样一个产业里得不到利润，则说明经济现状之间存在着不协调。

一般而言，这种不协调都是宏观现象，发生在整个产业或整个公共服务领域内部。但是，其中存在的重大创新机遇，通常只适合小型且资源高度集中的新企业、新程序或新服务。通常，在现有的企业或供应商察觉到它们又有了危险的新竞争对手之前，利用这种不协调的创新者会有一段相当长的时间可以不受干扰地发愤图强。因为前者忙于弥补不断增长的需求与滞后的效益之间的差距，所以它们甚至无暇顾及有人正在做不同的事情——一些能够产生成果、对不断增长的需求加以利用的事情。

　　有时，我们理解所发生的事情，但是有时我们根本无法弄明白为什么需求的增长并不能带来更高的效益。因此，创新者不必一味企图弄清楚为什么事情没有按照它们原本应有的模式发展，而是要问以下问题："如何才能利用这种不协调？如何将它转化成机遇？我们能做些什么？"经济现状之间的不协调是一种要求采取行动的信号。有时候，尽管问题本身不太明朗，但是所要采取的行动相当明确；而有的时候，虽然我们对问题完全理解，却想不出该对它采取什么行动。

　　迷你钢铁厂就是一个极好的例子，它成功地利用不协调进行创新。

　　第一次世界大战结束 50 多年以来，发达国家的大型综合性钢铁厂只在战时出现过辉煌。在和平岁月中，尽管钢铁的需求量持续上扬（至少在 1973 年以前是如此），但这些工厂的表现一直差强人意。

　　其实，造成这种不协调的原因，早已是众所周知了。即使是小幅度提高钢铁产量以满足额外增加的需求，大型综合钢铁厂也必须进行巨额投资，并大幅扩充产能。因此，如果要扩建现有钢铁厂的规模，很可能会造成钢铁厂在相当长的一段时间里使用率过低，直到需求水平达到新的产能水平为止。然而，除了在战争时期外，其他时期的需求总是少量地、缓慢地增加。如果面对需求不断增加却不进行扩产，就意味着永久地丧失市场份额。没有哪家公司敢冒这种风险。因此，整个产业只在短暂的几年时间里是有利可图的，即从每家公司开始扩建新产能起，到所有这些新扩充的产能满负荷运转为止。

　　此外，19 世纪 70 年代发明的炼钢过程根本不经济，这一点早就为世人所知。它试图公然挑战物理学法则，而这意味着它违背了经济学原理。在物理学中，除了克服重力和惯性，再也没有比制造温度更费劲的了（无论是制热还是制冷），而大型综合炼钢过程要求四次产生相当高的温度，目的是将钢铁淬火变冷，而且大量灼热的物质被高高举起，还要移动相当长的距离。

多年以来，大家都十分清楚，一个能在炼钢过程中减少这些固有缺陷的创新，就能大幅降低成本。这正是迷你钢铁厂所做的事情。迷你钢铁厂并非一座小型工厂，其最低的经济规模大约是 1 亿美元的销售额。但是，这仍然只是最小经济规模的综合钢铁厂的 1/10 ～ 1/6。因此，建立迷你钢铁厂来满足市场上额外增加的钢铁需求非常经济。迷你钢铁厂在整个炼钢过程中，只产生一次高温，且不必淬火，而是将温度沿用到剩下的过程中。它以碎钢为原料，而不是铁矿石，只集中生产一种最终产品，如钢板、横梁或连杆。综合钢铁厂是高度劳动密集型企业，而迷你钢铁厂则是自动化控制的，因此，它的成本还不到传统炼钢过程的一半。

政府、工会以及综合钢铁公司始终一步步地与迷你钢铁厂相抗争，但它依然顽强地稳步发展。预计到 2000 年左右，美国所使用的钢材，将有 50% 以上来自迷你钢铁厂，而大型综合钢铁厂将不可逆转地走向衰落。

这里还有一个意想不到而且非常重要的意外复杂情况。在造纸业中，需求与制造过程的经济现状之间，同样也存在着这种不协调现象。但在这方面，我们仍然不知道如何将其转化为创新机遇。

虽然所有发达国家和大多数发展中国家的政府不断努力，希望增加市场对纸张的需求——或许这是所有国家的政府唯一意见一致的目标，但是造纸业的表现仍然令人失望。这个行业通常是 3 年的"空前利润"，紧接着必定跟着 5 年的生产过剩和亏损。但是迄今为止，我们还想不出类似迷你钢铁厂的方案来解决造纸业的问题。八九十年以来，我们已经知道木质纤维是一种单体（monomer），也许有人会说，寻找一种塑化剂，将它转化成聚合体应该并不困难。这种创新能使造纸业从原先效率低下、浪费严重的机械作业转变成效率较高的化学作业。事实上，大约在 100 年前，人们就用这种方法成功地从木浆中提炼出纺织纤维，比如人造丝的制造过程，其时间可追溯到 19 世纪 80 年代。但尽管造纸研究花去了大笔资金，但迄今为止，仍没有人发现能用化学作业造纸的新技术。

正如上述案例所示，在不协调情况中，创新解决方案必须清晰地加以界定，依赖现有的、广为熟悉的技术就可以实现，而且所需要的资源也必须容易获得。当然，它需要艰苦的开发工作。但是，如果它仍需要大量的研究和新知识，那么它就不能为企业家所运用，即尚未"成熟"。成功利用经济现状之间的不协调的创新必须是简单的，而非复杂的；必须是显而易见的，而非浮夸不实的。

在公共服务领域里，我们同样也能够发现经济现状之间的重大不协调。

发达国家的医疗保健就是一例。即使在 1929 年，医疗保健在所有发达国家国民支出中所占的比重仍然很少，不足国民生产总值或消费者支出的1%。半个世纪以后的今天，医疗保健，尤其是医院，占国民生产总值的比例已达 7% ～ 11%。但是，这一领域的经济效益没有增长，反而走下坡路。成本增加的速度快于业务增长的速度——可能快三四倍之多。在今后的 30年中，随着发达国家老年人口的稳步增长，医疗保健服务的需求也将继续稳定增长；而成本也会随之上扬，因为它与人口的年龄结构密切相关。

我们并不了解这种现象⊖，但是，简单、对象明确且专注于特定目标的成功创新已经在英国和美国出现了。这些创新彼此差异很大，其原因是英美两国的体制有相当大的差别。但是，它们都利用了本国医疗体制的特定薄弱环节，并将其转变成了机遇。

在英国，革命性的创新是私人健康保险。目前，它已经成为成长最快、最普遍的员工福利。它所承诺的保障是让投保人能够立即接受专家的诊断，而不必排长队；万一需要进行选择性外科手术（elective surgery）⊜

⊖　1984 年 4 月 29 日的《经济学人》杂志发表过一篇文章，是迄今为止对医疗保健问题最好的论述，也是唯一一篇以超越国家的视角探讨医疗保健问题的文章。

⊜　有些疾病必须进行手术，不进行手术，病人的疾病不会得到改善，但这些疾病也并非危及生命，例如白内障、髋关节移植以及一般意义上的整形外科手术，或者是子宫下垂等疾病。

时，也不需要苦苦等候。英国的制度试图通过治疗类选法（triage）来降低医疗保健成本，实际上这种方法就是将紧急治疗留给常规性疾病以及危及生命的疾病，而延迟其他疾病——特别是进行选择性外科手术的治疗时间，目前等待治疗的时间已经有超过一年的（如治疗因关节炎而受损的髋关节）。但是，私人健康保险的投保人则可以立即接受手术。

与英国不同的是，美国试图不惜成本来满足所有类型的医疗保健需求，结果美国的医院成本暴涨。这种现象创造了一个与英国不同的创新机遇——剥离（unbundle），即将一大堆医院不需要的高成本设备，诸如治疗癌症的钴放射线或身体扫描机、配备齐全的自动化医疗实验室或康复治疗等业务，从医院剥离出来，成为独立的机构。这些创新机构一般都比较小而且专门化，比如，为母亲和新生儿提供汽车旅馆设施的独立妇产中心；专门进行不需要住院和术后护理的手术的独立流动外科手术中心；心理诊断和咨询中心；类似性质的老年病治疗中心，等等。

这些新机构并未取代医院的地位，它们所起的作用实际上是迫使美国医院担负起英国人赋予医院的角色：成为救治急诊病人、治疗危及生命的疾病以及提供细致护理的场所。但是，与英国一样，这些创新主要出现在以营利为目的的医院里，它们将不断增长的医疗保健需求与不断下滑的医疗保健效益这两种经济现状之间的不协调转化成了创新机遇。

这些都是来自主要行业和公共服务领域中比较"大"的创新实例。但是，也正是基于这个原因，我们才得以接近、发现并了解它们。最重要的是，这些例子揭示出为什么经济现状之间的不协调能够提供如此巨大的创新机遇。在这些行业或公共服务领域工作的人们，都十分清楚这中间存在的基本缺陷，但是他们几乎不得不忽略它们，而忙于"头痛医头，脚痛医脚"和"拆东墙补西墙"的救火工作。如此一来，他们就无法认真地对待创新，更不用说投入创新竞争了。一般而言，只有等到创新机构成长壮大，发展到侵犯他们的行业或服务时，他们才会注意到它，但到了那个时候，一切早已回天乏术了。这时，创新者已经有了自己的一席之地。

II

认知和实际现实状况之间的不协调

处于某个行业或服务领域的人一旦对现状产生错误的看法，并由此做出错误的假设时，他们的努力就会被误导。他们将会专注于不会产生任何结果的领域。于是，现实与行动之间就产生了不协调，只要有人能认识到这种不协调并对其加以利用，它就会提供成功的创新机遇。

昔日国际贸易的运输工具——通用远洋货轮，就是一个简单的例子。

在35年前的20世纪50年代早期，人们就认为远洋货运即将成为历史。人们预测，除了大宗货物以外，它将被航空货运所取代。当时，海上货运的成本急速上升。同时，由于许多港口接二连三地变得拥挤不堪，货轮运送货物的时间也变得越来越长。此外，因轮船无法进港，越来越多的货物只能堆积在港口等待装船，偷窃现象也日趋猖獗起来。

造成这种局面的根本原因在于，多年以来，船运业一直将努力错误地投入不会产生任何结果的领域里。它试图设计并建造速度更快、燃料更省和配备人员更少的轮船，它专注于船只在海上及各港口之间的运输经济性上。

但是，轮船是资本设备。对于所有资本设备而言，最大的成本就是闲置成本。因为设备一旦闲置，它就无法赚钱来支付利息。当然，船运界的人都知道，一艘船的主要费用就是投资的利息支出。然而，业界还是继续将工作重点放在原已相当低的成本上——船只在海上及运输中所发生的成本。

解决方案其实非常简单：将装货与装船分开，在陆地上装货，因为陆地上有足够的空间，而且能够在轮船进港之前预先完成。这样一来，船只进港后要做的工作只是将事先装好的货物装卸船而已。换言之，就是将工作重点放在解决闲置成本上，而非工作中的成本。解决问题的方法就是，研制滚装滚卸货轮以及集装箱货轮。

这些简单的创新带来的结果是惊人的。在过去 30 年中，轮船货运量上升了 5 倍，而总成本则下降了 60%。在大多数情况下，轮船在港口的停留时间缩减了 3/4，港口的拥挤和偷窃现象也因此大为改善。

认知和实际现实状况之间的不协调往往显而易见。如果认真而专注地努力工作非但没能使情况好转，反而使它更恶化（如更快的船速只会造成更严重的港口拥挤和更长的货运时间），那努力的方向就很可能搞错了。只要将注意力重新放在会产生结果的领域，十之八九就能够轻易且快速地产生高额回报。

事实上，认知和实际现实状况之间的不协调，很少需要"伟大"的创新。将装货从装船作业中分离出来，其实只需将铁路和卡车运输中早就研制出的方法加以改进，使之适用于远洋运输业而已。

认知和实际现实状况之间的不一致，一般出现在整个产业或服务领域里。但是，解决方案仍然应该保持简单、小规模化、有重点而且高度专业化的特性。

III

认知的与实际的客户价值和期望之间的不协调

在第 3 章中，我曾提及电视机在日本的实例，并将它作为意外成功的一个例子。其实，它也是认知与实际客户价值和期望之间不协调的极好例子。早在那位日本实业家告诉他的美国听众，日本的穷人不会买电视机，因为他们根本买不起这样奢侈的消费品这番话之前，美国和欧洲的穷人就已经表现出电视机能够满足他们的某些期望，而这些期望与传统的经济没有多大关系。但是，这位非常聪明的日本人就是无法理解：对客户而言，尤其是穷客户，电视机并不仅仅是一件东西，它代表着通往一个全新的世界，很可能还是一种全新的生活。

同样，赫鲁晓夫也无法理解汽车不只是一件东西，他于1956年访美时说："苏联人绝不会想要拥有汽车，便宜的出租车会更实际一些。"不过，任何一个青少年都会告诉他，四轮汽车并不仅仅是交通工具，它还代表着自由、移动性、权力和浪漫情调。赫鲁晓夫的错误认知，却创造了一个最狂热的企业家机遇：苏联汽车的短缺，造就了一个最大、最有生机的汽车黑市。

有人会说这又是些大而空泛的例子，对商人或医院、大学或贸易协会的管理人员没有什么适用性。但是，这些例子都是具有普遍性的。以下是一个完全不同的例子，尽管也有些大而空泛，但绝对具有操作上的重要性。

在过去几年间，美国成长速度最快的金融机构之一是一家位于中西部城市郊区（而不是纽约）的证券公司。如今，它在全美拥有2000个分支机构，它将自己的成功和发展归功于有效地利用了某种不协调。

那些大型的金融机构，如美林（Merrill Lynches）、添惠（Dean Witters）以及哈顿（E. F. Huttons）都以为它们的客户与它们自己有着相同的价值观。在它们看来，人们投资就是为了发财，这是不言自明的公理。而这就是激励纽约股票交易所成员的动力所在，也是衡量它们所认为的成功的标准。但是，这种假设只符合一部分投资大众的心态，而且还不是大多数人。因为这些人不是金融人员，他们知道想要通过投资发财，必须在资金管理上投入全部的时间，而且还需要拥有丰富的金融知识。然而，当地的专业人士、小商人以及富裕农民既没有时间又缺乏这方面的知识，他们忙于赚钱，而无暇管理自己的资金。

这正是这家中西部证券公司所利用的不协调。从表面上来看，它与其他证券公司没有什么两样。它是纽约股票交易所的成员之一，但是，它业务中只有很少的一部分，大约只有 1/8 来自股票交易业务。它避开了华尔街那些大型交易所极力推崇的项目，诸如期权交易、期货交易等，而吸引被它称为"明智投资者"的人。它并不向客户承诺会因此而发大财——这是美国金融服务机构的一大创新，它甚至不想要那些做大买卖的客户，它想要的客户是那些收入多过支出的人，例如成功的专业人士、殷实的农民或小镇的商人。它之所以选择这些人，倒不是因为他们的收入较高，而是因为他们消费比较适度。它利用这些人想要保护自己钱财的心理，投其所好。这家公司出售的是保持个人储蓄不贬值的机会——手段是通过投资债券和股票，当然还有递延年金、避税项目合作、房地产信托等。该公司提供的是与众不同的产品，是华尔街的券商从未出售过的产品，那就是"平和的心灵"，而这正代表了"明智投资者"真正的"价值"。

华尔街的大型证券商甚至无法想象竟会有这样的客户存在，因为他们的出现否定了这些证券商以往一直深信不疑、奉为真理的每一件事情。如今，这家成功的公司已经被传媒广泛加以宣传，在每一份成长的大型证券交易公司的名单上，都会出现它的名字。但是，那些大型证券公司的高层人士甚至不愿承认这个竞争者的存在，更不用说认可它的成功了。

隐藏在现实与认知之间的不协调背后的，往往是智者的傲慢、强硬和武断。"了解日本穷人能买得起什么东西的是我，而不是他们。"那位日本实业家事实上是如此断言的。这解释了为什么不协调能够如此轻易地被创新者利用：没有人打扰他们，他们可以专心致志，埋头苦干。

在所有不协调中，认知和现实之间的不协调最为普遍。生产商和供应商几乎总是对顾客真正要购买的东西产生误解。它们总是假设对它们自己有价值的东西，对顾客也会具有同样的价值。当然，要想成功地做一件事情，一个人就必须相信这件事情并认真去做。化妆品制造商必须相信自己的产品，否则这些产品就会变成劣等产品，然后很快失去顾客。经营医院的人也必须相信医疗保健是一种地地道道的好产品，否则医疗和护理的质量就会迅速下降。然而，没有一个顾客会认为，他所购买的价值就是生产商或供应商所提供的价值，他们的期望和价值观总是不同的。

于是，生产商和供应商对此的典型反应，就是抱怨顾客"不理性"或"不愿为品质付出代价"。只要听到这种抱怨，我们就有理由相信，生产商或供应商所保持的价值和期望与顾客真正的价值和期望不协调。这时，我们就有理由去寻找一种极为特定，且成功概率相当高的创新机遇。

IV

程序的节奏或逻辑的内部不协调

大约 25 年前，也就是 20 世纪 50 年代后期，某家制药公司的一名推销员决定自行创业。于是，他开始在医疗操作程序上寻找不协调，而且很快就找到了一处。在外科手术里，最普遍的手术之一就是老年人的白内障手术。多年以来，该手术程序上的每一个步骤都已经十分精细化、程式化和仪器化，能以相当完美的节奏进行，而且整个过程完全可以掌控。但是，在这个手术里，仍有一个不那么完善、和谐的地方：在手术的某个阶段，眼科大夫必须切断病人眼部的韧带，扎紧血管。在这一过程中，极有可能会出现患者眼睛流血的现象，进而损坏眼睛。虽然该步骤的成功率超过 99%，事实上完成该步骤也不困难，但是它会干扰眼科大夫，迫使他们改变节奏，引起他们的顾虑。每一位眼科大夫，无论做过多少次这种手术，都对这一瞬间环节感到担心和恐惧。

这名制药公司的推销员就是威廉·康纳（William Connor），他并未做多少研究就发现，19 世纪 90 年代成功分离出来的一种酶，能够立即溶解眼睛里那条特殊的韧带。只是当时（即 60 年前）没有人能够保存这种酶，即使放在冷冻状态下，它也只能保存短短几个小时。但自 1890 年开始，贮藏技术有了很大的进步。因此，科纳在短短几个月的时间内，通过反复试验，发现了一种贮藏方法，可以给予这种酶相当长的存活时间，又不破坏酶的效力。于是，在短短几年之内，全球每一位眼科大夫都用上了科纳的专利化合物。20 年后，他将自己的公司——爱尔康实验室（Alcon Laboratories）以高价卖给了一家跨国公司。

下面还有一个例子。

斯科特公司（O. M. Scott & Co）是美国最大的草坪护理产品生产商，其主要产品是草籽、肥料和杀虫剂等。虽然该公司目前是一家大型公司 ITT 的下属子公司，但当它还是一家独立的小公司时，就与规模比它大好几倍的公司（从西尔斯公司到陶氏化学公司）进行激烈的竞争，并取得了业界的领导地位。它的产品相当好，但那些竞争对手的产品也不逊色。它能取得市场主导地位，完全是靠一种被称为"撒播者"（Spreader）的简易轻便的小独轮手推车。这种车上有一些小孔，可以让斯科特的产品（草籽、肥料和杀虫剂等）适量、均匀地通过这个小孔撒播在地上。草坪护理产品一向都被称为是"科学的"，而且是在大量试验的基础上合成的。所有公司都会对在一定土壤条件和温度下的使用量加以详细说明，它们都试图向消费者传达这样一个信息：种植草坪是一项即使不算科学，也是相当精确、需要控制的作业。但是在斯科特公司的"撒播者"问世以前，没有任何一家厂商向顾客提供这样一种工具来控制整个作业流程。缺少这样一种工具，整个程序的逻辑就存在着一种内部的不协调，就会使顾客感到困扰和失望。

　　这种流程内部的不协调是否要依赖直觉或偶然事件才能发现呢？它能否加以组织或系统化呢？

　　据说，威廉·康纳是经由询问外科大夫对工作的哪些地方感到不顺手而开始创新的。而斯科特公司之所以能够从一个地方性种子零售商发展成一家具有相当规模的全国性公司，是由于它经常向批发商和顾客了解，在现有的产品里他们觉得还缺少些什么。然后，它围绕着"撒播者"，开始设计自己的配套产品。

　　存在于某个程序内部的不协调，无论是程序的节奏还是逻辑，并不是难以琢磨的，产品的使用者总能够意识到它。每一位眼科大夫都非常清楚自己在切割患者眼部韧带时所感到的不顺手，并经常谈论它。每一个五金商店的店员都相当了解购买草坪护理产品的顾客的困扰，并经常谈论它。但是，真正缺乏的，是有人愿意倾听，愿意将每个人都挂在嘴边的信念——"产品或服务的目的是满足顾客的需求"真正当作一回事。如果这一信念被人接受并付诸实行的话，那么将不协调当作创新的机遇加以利用，将会变得相当容易，而且十分有成效。

　　但是，这其中有一个严格的限定，即这种不协调通常只有某个产业或服务领域内部的人才能知道。外界的人往往不太可能发现、了解它，也无法对它加以利用。

创新机遇来源三：
程序需要

前面几章的主题都是：机遇是创新的源泉。有一则古老的谚语是这么说的："需要乃是创新之母。"所以，本章所讨论的，就是将"需要"当作创新的一个来源，事实上，是将它视为一个重要的创新机遇。

我们在此要讨论的作为创新机遇来源之一的"需要"，是一种非常特别的需要，我称之为"程序的需要"。这种需要既不含糊，也不笼统，而是非常具体的。与意外事件或不协调一样，它也存在于某个企业、产业或某个服务领域的程序内部。基于程序的创新，有些需要利用的是不协调，有些需要利用人口统计资料。事实上，程序的需要与其他创新来源不同，它并不始于环境内部或者外部的某一事件，而是始于有待完成的某项工作。它是以任务为中心，而不是以形势为中心。它使一个业已存在的程序更趋完善，替换薄弱的环节，同时，用新知识重新设计一个既有的旧程序。有时，它通过提供"欠缺的环节"（missing link）而使某个程序成为可能。

在基于程序需要的创新中，组织中的每个成员都知道这一需要确实存在。但是，通常情况下，没有人对此采取行动。而一旦出现创新，它立刻就会被视为理所当然的事物而被人们接受，并很快就会成为"标准"。

在第 4 章我提到过一个例子。威廉·康纳将教科书上的一个新鲜玩意儿——酶，转化为白内障眼科手术中用来分解韧带的必不可少的产品。白内障手术程序本身历史相当悠久，而使该程序得以完善的酶也早在几十年前就已为人所知。这里的创新，仅仅在于酶的保存方式，能够在冷冻状态下保持酶的活力。一旦这一程序需要得以满足，就再也没有一位眼科大夫能够想象得出，没有康纳的产品做白内障手术是什么样的情形了。

在基于程序需要的创新里，很少有像上述例子中那样，命中率如此之高的：在发现需要以后，马上就产生了所需的解决方案。但是大多数（如果不是全部的话）基于程序需要的创新，就其本质而言，都具有一些共性。

以下是另一个基于程序需要创新的例子。

1885 年，奥特玛·默根特勒（Ottmar Mergenthaler）[⊖]发明了莱诺铸排机。在此之前的几十年间，随着识字人口的增长和交通、通信的发展，各种印刷品（杂志、报纸和书籍）都呈指数增长，印刷程序的所有其他要素均已得到改善。例如，当时已经有高速印刷机和高速造纸机。唯有排字这一道工序，自古登堡[⊜]时代以来 400 多年间没有多少改变，它仍然是缓慢昂贵的手工作业，需要熟练的技术和长年的学徒期。默根特勒像康纳一样，先是界

　⊖　美籍德国人奥特玛·默根特勒是一家机械工厂的工人，研发机械式排版机，终于在 1885 年发明了世界上第一部"风箱式"铸字排版机，也就是现在通称的莱诺行式铸排机，使检排作业进入完全的自动化时代，不再采用手工作业。——译者注

　⊜　古登堡（Johann Gutenberg，1397—1468），德国人，本是个金银匠，谙熟金属工艺。经过多年坚持不懈的研制，发明了包括铸字盒、冲压字模、铸字用的铅合金、印刷机以及印刷油墨在内的一整套铅活字印刷技术。古登堡的发明比起中国宋代毕昇的泥活字印刷术要晚得多（中国在 11 世纪已采用胶泥活字印刷，但是否及如何介绍到欧洲，众说纷纭），但古登堡最先使用印刷机，成为近代机械化印刷技术的先驱。他的发明在欧洲产生了划时代的影响。在此之前，书籍多半是靠修道院的僧侣手抄，数量稀少，价格昂贵，一般人只能望"书"兴叹。有了铅活字印刷术，书籍在欧洲大量印行，配合文艺复兴的热潮，使欧洲摆脱了中世纪的愚昧黑暗，促进了科学和文化的发展。——译者注

定了需求：一个能通过机械操作，就可以从字组里选出正确字母的键盘；一种能够组合字母并在一条直线上进行调整的机械装置，以及一个（顺便说一下，这是最难的一步）能使每个字母正确地回到存放容器中，以供今后再次使用的机械装置。上述每个步骤都需要多年的辛勤工作和足够的聪明才智，但没有一个步骤需要新知识，更不必说新科技了。不到五年的时间，默根特勒就制成了莱诺铸排机，并成为业界认可的"标准"，尽管它当初遭到老排字工的强烈抵制。

在上述两个案例中（康纳的酶和默根特勒的莱诺铸排机），都是以程序中的不协调作为程序需要的基础。此外，人口统计资料也常常是程序需要的强大来源，同时也是程序创新的机遇所在。

1909 年左右，贝尔电话系统公司（Bell Telephone System）的一名统计员勾画出了未来 15 年的两条发展曲线：一条是美国人口增长曲线，另一条是为处理日益增加的电话通话量所需配置的电话中心接线员人数的曲线。这些曲线显示，如果人工处理电话系统继续存在的话，那么到 1925 年或 1930 年，每一位 17 ～ 60 岁的美国妇女都不得不从事电话接线员的工作。两年以后，贝尔公司的工程师设计出了第一台自动交换机，并将它投入使用。

同样，目前机器人的研究热潮也主要是人口因素所引发的程序需求的结果。有关机器人的知识大都早已为人熟知，但是在工业化国家里，特别是在美国和日本，直到"生育低潮"的后果明明白白地摆在主要制造商面前时，它们才感到有必要用机器来代替半熟练的装配线工人。日本人在机器人领域的领先并不是因为他们的技术高人一筹，他们的技术事实上大多来自美国。但是日本的"生育低潮"比美国早四五年，比德国早了近 10 年。日本人花了 10 年时间（与德国和美国所花的时间同样长），才认识到他们正面临着劳动力短缺的问题。但是，日本起始研究的时间要比美国早很多，至于德国，在我写这本书时，它的 10 年还没有结束呢。

默根特勒的莱诺铸排机在很大程度上也是人口压力的结果。随着印刷品需求的激增，使得需要 6 ～ 8 年才能供应一个排字工的学徒制很快变得不合时宜了，而排字工的薪水高得惊人。因此，印刷商开始对这个薄弱环节警觉起来，而且也愿意支付一大笔钱来购买设备，并以一名半技术性的机器操作员来取代五名高薪技术工人。

不协调和人口统计资料也许是程序需求最普遍的来源。然而，还存在着另外一类更困难、风险更大，但常常更重要的来源，就是现在所谓的"项目研究"（program research，与传统的纯科学研究相对应）。事实上，确实有一种薄弱环节存在着。我们可以对它加以界定，清楚地看见它，并能够强烈地感受到它的存在。但是，若要满足这种程序需要，则必须先有大量新知识作为基础。

几乎没有哪一种发明创造能够比摄影技术取得的成功来得更快了。自问世以来的 20 年间，摄影在世界各地流行起来。也就是在大约 20 年的时间内，几乎每一个国家都出现了伟大的摄影家，像马修·布雷迪（Mathew Brady）⊖ 在美国南北战争时期的摄影作品直到现在仍无人能比。到了 1860 年，每一位新娘都会照相留念。摄影是最先进入日本的西方技术，那是远在明治维新以前，当时的日本对外国人和外国的思想仍然十分排斥。

到了 1870 年，业余摄影师纷纷出现。但是，对他们而言，当时的技术使用起来非常困难。摄影需要厚重而易碎的玻璃板，这种东西必须随身携带

⊖ 美国摄影家马修·布雷迪（1823—1896）曾跟随塞缪尔·莫尔斯（Samuel F. B. Morse）学习达盖尔摄影术。布雷迪早期一直在拍摄当时所有的名人。林肯曾经说过："是布雷迪的照片与库伯学院演说使我当上了美国总统。"南北战争爆发后，布雷迪用他个人所有的筹款资源来记录南北战争。布雷迪和他的助手们的照片是在战场上拍摄与冲洗的，他们用写实主义的方式拍摄南北战争。从 1861 年到 1865 年，布雷迪和 20 位摄影组成员拍摄的历史性照片，让民众得以随着战事的展开目击南北冲突，从而体认战争的毁灭性。这些照片出现在全国性的报纸与杂志上。布雷迪以客观、不带个人情绪的风格所纪实的军队、战场和被战火摧毁的城市，是早期纪实摄影的典范。——译者注

而且小心照顾。另外，还需要一部同样笨重的照相机，在照相之前有长时间的准备工作，还要精心布置背景等。每一个人都知道这些。事实上，当时的摄影杂志（也是第一批发行的专业性大众杂志）充斥着对照相过于困难的抱怨和改进的建议。但是，1870 年的科技水平还不能解决这些问题。

然而，到 19 世纪 80 年代中期，新知识就已经出现了。柯达公司的创始人乔治·伊斯门（George Eastman）⊖研制出了重量很轻的纤维素胶卷以取代厚重的玻璃板，这种胶卷不必小心操作，一般不会损坏。同时，伊斯门还根据这种胶卷，设计了一种轻便的照相机。10 年内，柯达公司在摄影领域中取得了世界领导地位，而且一直维持至今。

将一个潜在的程序转变成现实，往往需要进行项目研究。当然，需要本身必须能够被感知到，而且必须能够清楚地指出具体需要为何物，接下来才会产生新知识。爱迪生就是基于这种程序需要的典型创新者（请参阅第 9 章）。20 多年来，每个人都知道将会出现一种电力行业。在电力行业出现前的五六年里，情况已经变得越来越明朗了，所欠缺的环节是电灯泡，没有它，就不可能有电力行业。爱迪生界定了将这种潜在电力行业转变成现实所需要的新知识，然后进行研究，并在两年之内发明了电灯泡。

将潜能转化成现实的计划性研究，已经成为一流工业研究实验室的主要方法，当然它也是国防技术、农业技术、医疗技术和环境保护技术研究的主要方法。

项目研究听起来规模相当庞大。在大多数人的眼中，它意味着把人送上

⊖ 乔治·伊斯门（1854—1932），柯达公司的创始人。100 多年前，他提出了"you press the button，we do the rest"（你按快门，其他的由我们来做）的口号。他发明了新型感光材料——胶卷，并将第一部易用相机交到用户手中。经过他的不懈努力，拍摄照片已经变得越来越容易，成为几乎每个人都可以学会的技术。直至现在，柯达始终保持着这一传统，并因其丰富的新产品和工艺，成为业界的领导者，同时使摄影变得更简单、更实用并且令使用者能够享受更多乐趣。这一发明，为相机的小型化和民用化掀开了新的篇章。——译者注

月球或者是研发小儿麻痹症疫苗这类庞大的项目。但是，它最成功的应用，是在非常具体的小型项目上——项目越小越专，效果就越好。事实上，最好的例子（或许也是基于程序需求的成功创新的最佳例子）是一个非常小的项目，也就是将日本的汽车事故减少了近 2/3 的公路反射镜。

直到 1965 年，日本大城市以外的地区几乎没有铺设什么公路。但是，整个国家却迅速进入了汽车时代。于是，日本政府开始大肆铺设公路。现在，汽车可以高速行驶了（它们也确实如此），但是所铺的道路仍然是老式道路——还是那种 10 世纪时按照牛车宽度所铺设的公路，几乎只能容两辆车擦身而过，而且，到处是死角和不易看清的入口。每隔几公里，就有多条马路以不同角度相交，形成了错综复杂的交叉路口。因此，意外事故以惊人的速度上升，尤其是夜间的意外事故。新闻、广播和电视媒体以及议会中的反对党很快就大声疾呼，要求政府采取措施。如果重建道路，问题当然可以迎刃而解，但是，那至少得花 20 年时间才能完成。大肆提倡驾车人小心驾驶的宣传活动所产生的效果，也与以往此类活动的结果相似，并没有产生任何明显效果。

一个名叫岩佐多门（Tamon Iwasa）的日本年轻人抓住了这个危机，将它当作一个创新机遇。他重新设计了传统的公路反射镜，使得这块小玻璃镜片可以任意调整，反射出从任何方向驶来的汽车前灯。日本政府马上安装了大量岩佐多门设计的反射镜，交通事故的发生率因此大幅下降。

再举一个例子。

第一次世界大战在美国创造出一大批对国内和国际新闻感兴趣的美国大众。每个人都注意到了这种情况。事实上，在战争后的最初几年里，报刊就一直在探讨如何满足这种需求，但是地方性报刊无法胜任此项工作。几家主要的出版商，其中包括《纽约时报》（*The New York Times*），也进行过这方面的尝试，但都没有成功。后来，亨利·卢斯认识到了这一程序需要，并确定了能满足它的东西：它不能是一种地方性刊物，而必须是全国性的，否则就无法吸引足够多的读者和广告客户；而且，它不能是每日都出版，因为一天之内通常没有那么多有趣的新闻来吸引广大读者。这些要求就大体界定了整个刊物的编辑风格。《时代》杂志作为全球第一本新闻性杂志一经问世，就立刻大获成功。

这些事例，特别是岩佐多门的故事表明，基于程序需要的成功创新，必须拥有 5 项基本要素。

- 一个不受外界影响的程序。
- 一个"薄弱"或"欠缺"的环节。
- 一个清晰、明确的目标。
- 解决方案的详细规范可以清晰地加以界定。
- 大众对"应该有更好的方法"的共识，即对此信念的接受度很高。

此外，还应该注意以下几点。

1. 必须对该项需要有深入的理解，只是感知到需要是远远不够的；否则，就无法确定解决方案的详细规范。

例如，几百年来，我们都知道数学一直是学校里一门有问题的学科。有一小部分学生（当然不会超过 1/5）似乎学习数学没有什么困难，而且还学得很轻松。而其余的学生，却根本没有真正学会它。当然，做大量的练习来通过数学考试是可能的。日本人就是通过再三强调数学这门学科来做到这一点的，但是，这并不意味着日本孩子都学会了数学。他们只是学会了如何通过考试，然后又立即将数学忘得一干二净。10 年后，等到这些孩子长到将近 30 岁时，他们在数学考试方面的表现就和西方人一样差了。然而，在每一个年代中，总会出现天才数学老师，他甚至能使毫无天赋的学生学会数学，至少学得比较好一些。但是，其他数学老师不能重复这位天才老师所做的事情。人们很切实地感受到了这种需求，但是我们不理解出现的问题。是不是缺乏天生的能力？是否我们使用的方法不得当？还是因为存在心理上和情感上的问题？没有人知道答案。因为不了解这个问题，我们也就无从找到任何解决方案。

2. 我们也许了解了某个程序，但是仍然缺乏解决问题所需要的知识。第4章提及造纸业中存在着众所周知的明显的不协调，所以我们要找到一种比现有的造纸程序更节约、更经济的程序。100多年来，才能出众的人士一直致力于解决这个问题。我们确确实实地知道所需要的东西：聚合木质素分子（lignin molecule）。这应该是相当容易得到的，因为我们已经聚合过许多类似的分子。不过，尽管100年来训练有素的人在这方面进行了坚持不懈的努力，但是我们仍然缺乏进行这项工作的知识。我们只能说："让我们再试试别的方法吧。"

3. 这个解决方案必须符合人们的工作方式，并使人们愿意按照这个方案去做。业余摄影师对早期摄影程序的复杂技术没有任何心理上的准备。他们想要的只是得到一张优雅的照片，而且越简单越好，因此他们愿意接受不包含劳动与技术的摄影程序。同样，眼科大夫只对一个完美、合乎逻辑和不流血的程序感兴趣，因此一种提供这种效用的酶就能满足他们的期望和价值。

但是，下面还有另外一个例子，它也是基于一个清晰且实际的程序需要的创新，它显然不符合人们的要求，因而尚未被接受。

多年以来，许多专业人士，例如律师、会计师、工程师、医生，所需要的信息量已大大超过了他们寻找信息的能力。这些人士一直抱怨，他们不得不把越来越多的时间花在图书馆，通过翻阅手册、教科书以及活页簿服务栏，来寻找所需要的信息。于是人们预计数据库（databank）的建立将会立即获得成功。这个数据库通过电脑程序和显示器终端向专业人士提供快捷的信息：向律师提供法庭裁决信息，向会计师提供税务制度信息，向医生提供药物及药物毒性的信息。但是，这些服务很难吸引足够的客户，来维持经营的收支平衡。在某些实例中，如为律师提供服务的雷克西斯公司（Lexis），花了 10 多年的时间及巨额投资才找到足够的客户。之所以产生这种情况，可能是因为数据库使信息的获得变得过于容易。而专业人士以他们的记忆力（即以他们能够记住他们所需要的信息，或者知道在哪里找到信息的能力）为傲。"你必须记住你所需要的法庭裁决，并牢记在哪里可以找到它们。"这句话仍然是资深律师给新手的忠告。所以，虽然数据库对专业人士的工作帮助很大，它能大大节省工作的时间和金钱，但是它与专业人士的价值观背道而驰。曾有一位病人询问一位著名的医生，为什么不使用能够核实其诊断的信息，再确定一个特定病例的最佳治疗方法。这位医生是这样回答的："如果它能够用来检查和诊断，那你还需要我做什么？"

　　基于程序需要的创新机遇可以用系统的方法加以寻找。爱迪生在电子学和电力学领域做出的贡献就是采用了这种方法；这也正是卢斯还是一名耶鲁大学在读生的时候所使用的方法，康纳也不例外。事实上，这种来源本身就有助于系统化的研究和分析。

　　但是，一旦找到了某个程序需要，它必须通过上述 5 个基本要素的检测，最后，还要看它是否符合 3 个限制条件：我们理解所需要的是什么吗？我们有解决问题可利用的知识吗？或者，它可以依靠最新的技术解决吗？这一解决方案是符合还是违背了预期用户的习惯和价值观？

创新机遇来源四：产业和市场结构

有时候，产业和市场结构会延续很多年，而且似乎非常稳定。例如，一个多世纪以来，世界制铝工业一直由总部位于匹兹堡的美国铝业公司（Aluminum Company of America，该公司握有原始专利权）及其在加拿大蒙特利尔的子公司加拿大铝业集团（ALCAN）所领导。自20世纪20年代以来，世界烟草工业也只增添了一个主要新成员——南非伦勃朗集团（The South African Rembrandt）。而整整一个世纪，全球只有两名新成员成为世界领先的电器制造公司：它们分别是荷兰的飞利浦公司和日本的日立公司。同样，自20世纪20年代初期，西尔斯公司从邮购业进入零售业开始，到60年代中期，历史悠久的折扣连锁店克雷斯基（Kresge）创办了凯玛特（K-Mart）折扣商店为止，在这40年间，美国的零售连锁业并没有出现什么举足轻重的重要新成员。的确，产业和市场结构看起来如此牢固，以致业内的人们往往会认为这是早就注定的，是自然秩序的一部分，而且必然会永远持续下去。

实际上，市场和产业结构相当脆弱。一个小小的冲击，就会使它们瓦解，而且速度往往很快。一旦发生这种情况，产业内的每个成员都必须采取应对措施。沿袭以前的做事方式注定会给公司带来灾难，甚至可能导致一个公司的灭亡。至少，这家公司将会丧失它的领导地位；而这种地位一旦丧失，很难东山再起。但是，市场和产业结构的变化同样也是一个重要的创新机遇。

一个产业结构发生变化，要求该产业中的每个成员都具有企业家精神。它需要每个人重新问这样的问题："我们的业务是什么？"（What is our business？）当然，每个成员的回答都会有所不同，而最重要的是，答案都是全新的。

I

汽车的故事

20 世纪初，汽车工业发展迅速，使得汽车市场也发生了重大变化。业界对这种变化采取了四种不同的应对措施，均取得了成功。1900 年左右的早期汽车工业，只不过是向富人提供奢侈消费产品的供应商。但是，当时的汽车销售量以每三年翻一番的速度增长，已然超出了这个狭窄的市场。然而，当时的汽车制造公司仍然将注意力集中在"上流社会"。

成立于 1904 年的一家英国公司——劳斯莱斯汽车公司（Rolls-Royce），采取了自己的应对措施。该公司的创始人意识到，随着汽车数量的迅猛增长，汽车势必平民化。于是，他决定生产并销售带有"皇家气质"的汽车——如同该公司早期的一份创立计划书所写的。他们刻意采用早期、过时的制造方法：每一辆车都由一名熟练的机械工进行机械加工，并用手工工具完成装配。他们承诺：车子将永不磨损。他们规定，这种汽车只能由经劳斯莱斯汽车公司培训的专业司机驾驶。他们对客户的资格加以严格限制——当然，最好是有头衔的人。为了确保没有"平庸之辈"购买他们的汽车，他们将劳斯莱斯汽车的价格定得与一艘小游艇不相上下，大约是一个熟练的技师或富裕的商人年收入的 40 倍。

若干年以后，年轻的亨利·福特在底特律也注意到了市场结构正在发生变化。在美国，汽车已不再是有钱人的玩具。他对此做出的反应是，设计一辆主要是由半熟练的工人装配的、可以完全批量生产的汽车，一辆能够由车主本人驾驶和修理的汽车。但与传说相反的是，1908 年生产的 T 型轿车根本不便宜：它的价格比当时全球工资收入最高的美国熟练技师的年收入还要高一点（目前，美国市场上最便宜的新车价格大约是非技术型装配线工人年薪与福利总和的 1/10）。不过，T 型轿车的价格是当时最便宜型号汽车的 1/5，而且更容易驾驶和保养。

另一个美国人——威廉·杜兰特（William Crapo Durant），则将市场结构的变化视为成立一家专业管理型大型公司的大好时机。他预计将会出现一个巨大的"全方位"（universal）市场，并打算向市场的各个阶层提供汽车。1905 年，他创立了通用汽车公司，并开始收购一些当时现有的汽车公司，把它们整合成一家大型的现代化企业。

早些时候，在 1899 年，年轻的意大利人乔瓦尼·阿涅利（Giovanni Agnelli）认为汽车将会成为军需品，特别是可以成为军官的指挥车。于是，他在都灵创立了菲亚特（FIAT）汽车公司，在短短的几年之内，该公司就成为向意大利、俄国和奥匈帝国军队提供军事指挥车的主要供应厂商。

在 1960 ～ 1980 年，全球汽车工业市场的结构再度发生变化。第一次世界大战后 40 年间，各国的汽车市场都由本国的汽车厂商所主宰。人们在意大利的公路和停车场所看到的汽车大部分是菲亚特，还有一小部分是阿尔

法 - 罗密欧（Alfa-Romeo）和蓝旗亚（Lancia），而在意大利以外的国家，这些牌子的汽车则很少能看到。在法国，有雷诺（Renault）、标致（Peugeot）和雪铁龙（Citroën）汽车；在德国，有梅赛德斯（Mercedes）、欧宝（Opels）和德国福特汽车；在美国，则到处是通用、福特和克莱斯勒汽车。然而到了1960 年左右，汽车工业突然变成了一个全球性产业。

不同的公司对此所做出的反应迥然不同。当时仍然相当封闭而且几乎没有出口过汽车的日本，决定要成为世界级汽车输出国。20 世纪 60 年代末，日本在美国市场的首次尝试以失败而告终。随后，他们重新部署，反复斟酌他们应该采取的策略，对汽车进行重新界定，使之更符合美国人的口味，供应带有美式款型、美式舒适感和美式操作特性的汽车。日本车车身较小、耗油量低、质量控制更为严格，更重要的是，能提供更好的售后服务。在1979 年的石油危机中，日本人抓住了这第二次机会，获得了非凡的成功。20 世纪 60 年代中期，福特公司也决定通过"欧洲战略"向全球市场进军。10 年后，即 70 年代中期，福特公司成为欧洲汽车市场冠军宝座强有力的竞争者。

菲亚特决定成为一家欧洲公司，而不仅仅是一家意大利公司。它的目标是在保持自己在本国市场的主导地位的同时，打入欧洲几个主要国家的市场，成为这些国家强劲的第二大汽车厂商。通用公司起初决定继续留守美国市场，保持它在美国 50% 的市场占有率，进而获得北美汽车销售所产生的全部利润的 70%。结果，它获得了成功。10 年后，也就是到了 70 年代中期，通用公司改变了初衷，决定在欧洲市场与福特和菲亚特一决雌雄，它再次获得了成功。在 1983 ～ 1984 年，通用公司终于决定要成为一个真正的全球化公司，并与一些日本公司结为盟友，一开始是两家规模较小的公司，最后是丰田公司。德国的梅赛德斯公司却采取了另一种策略——也是全球性战略，它将自己定位在全球市场上的几个狭小的领域中，即把重点放在豪华轿车、出租车和公共汽车上。

　　所有这些战略都相当成功。事实上，我们很难评判哪一种战略的效果更好。但是，那些拒绝做出艰难抉择，或者拒绝承认发生了改变的公司，境况都很糟糕。如果它们有幸能够存活下来，也只是因为它们的政府不愿让它们就此倒闭。

　　克莱斯勒就是其中的一个例子。该公司的人都知道发生了什么事情——业界所有的人都清楚。但是，他们却以逃避代替决策。克莱斯勒完全可以选择"美国本土战略"，集中资源来巩固它在美国的市场地位，因为美国仍然是世界上最大的汽车市场；或者，它可以选择与某家强劲的欧洲公司合并，然后瞄准全球最重要的汽车市场——美国和欧洲的第三把交椅。众所周知，梅赛德斯公司曾对这个目标极感兴趣，但克莱斯勒并非如此。相反，它将资源一点一滴地浪费在伪装上：为了使自己更像一家跨国公司，它收购了一些在欧洲市场上遭到失败的公司。但是这么做并没有增强克莱斯勒的实力，反而耗尽了它的资源，使它资金短缺，无法对美国市场的机会进行投资。在1979年石油冲击后的决算日来临时，克莱斯勒在欧洲市场一无所获，在美国市场上也所剩无几，只得靠美国政府出面拯救它。

　　英国利兰（Leyland）汽车公司的遭遇与克莱斯勒大同小异，它曾一度是英国最大的汽车公司，是欧洲市场领导权的有力竞争者。同样，法国标致汽车公司的情况也是如此。这两家公司都拒绝面对必须做出抉择这一事实。结果，它们迅速失去了市场地位和获利能力。如今，这3家公司——美国的克莱斯勒、英国的利兰和法国的标致，大概都变成了收支勉强可以平衡的公司。

　　但是，最有趣、最重要的例子还是那些规模较小的公司。全球所有的汽车制造商，不论大小，都必须采取措施应对市场变化，否则将面临永远的消失。3家勉强维持收支平衡的小公司，从中看到了一个重大的创新机遇，这

3 家公司分别是沃尔沃（Volvo）、宝马（BMW）和保时捷（Porsche）。

1960 年前后，汽车行业市场突然发生变化，消息灵通人士都打赌说，在这场"大淘汰"（shakeout）中，这 3 家公司将会不复存在。但是相反，这 3 家公司的表现非常好，不仅为自己开辟了市场，而且成为各自领域的领导者。它们制定了创新的策略，将自己重新塑造成完全不同的企业。1965 年，沃尔沃的规模还相当小，它在市场中苦苦挣扎，几乎无法达到盈亏平衡点。有好几个关键年头，它甚至出现严重亏损。于是，沃尔沃对自己加以重新改造，使自己成为一个所谓的"明智型"（sensible）汽车强有力的世界级经销商。在美国，它的风头更加强劲。这种汽车并不十分豪华，但也绝不便宜，款式并不时髦，但相当坚固，能展现特有的气质和更好的价值。沃尔沃将自己定位为专业人士用车，这些人并不需要通过所驾驶的汽车来显示自己的成功，但是对自己的"良好判断力"的名声相当在意。

1960 年，宝马也是一家处于亏损边缘的公司，但是它也同样取得了成功，尤其是在意大利和法国。它把汽车的销售对象定位为年轻顾客。这些人已在工作或专业上获得了相当大的成就，却仍希望被当作年轻人对待——那些希望展现自己的不同品位，并愿意为此付出代价的人。宝马绝对是供有钱人享用的豪华汽车，但是它更偏向于那些希望被认为"没有什么建树"的有钱人。奔驰和凯迪拉克更适合于公司总裁或国家元首，相比之下，宝马则把自己宣传为"终极驾驶机器"（ultimate driving machine）。

保时捷（原本是一种特别款式的大众牌汽车）把自己定位为跑车，主要销售对象是那些并不是想要交通工具，却希望从汽车驾驶上获得刺激的人。

在这个与以往相比有很大变化的行业中，那些没有创新、没有展示自己的与众不同，而是一味沿袭过去老路的小汽车公司举步维艰。以英国的 MG

汽车[⊖]为例，它 30 年前所处的地位，就和今天的保时捷一样，它的跑车非常出色，而如今几乎已经销声匿迹了。雪铁龙如今在何方？ 30 年前，它曾拥有最过硬的创新设计、坚固的车身以及适度的可靠性。它应该将自己定位在沃尔沃如今所取得的市场上。但是雪铁龙并没有对它的业务加以思考并进行创新。结果，它既没有产品，又没有战略。

II

机遇

产业结构的变化向业外人士提供了显而易见而且可预测的绝佳机遇，但是业内人士则往往将这些机遇视为威胁。因此，从事创新的业外人士能很快地成为一个重要产业或领域的主要分子，而且所冒的风险相当低。

以下是一些例子。

20 世纪 50 年代末，有 3 名年轻人偶然在纽约相遇。他们都在金融机构工作，而且基本上都是在华尔街的公司。他们发现 3 个人都对某个观点看法一致：自大萧条以来的 20 年里，一直没有多少变化的证券业正在酝酿着一场快速的结构变革。他们认为，这一变革势必会带来机遇。于是，他们开始系统地研究金融业和金融市场，以期找到适合于资金来源有限，且没有任何

⊖ MG 罗孚汽车介绍：威廉·莫里斯（William Morris）可被视为英国汽车工业的开创之父。1910年，他成为 Morris Garages 的老板，是牛津的首位汽车销售商。3 年之后，他实现了自己的雄心壮志，成为 Morris 汽车制造商。由于莫里斯把他的时间和精力投入到汽车制造业中，他原先的商务委托给了总经理。1922 年，塞西尔·金伯（Cecil Kimber）被任命该职位。金伯是一个汽车爱好者，曾在英国好几家汽车公司工作过。他尤其热衷于跑车，并拥有相当的设计天赋，设计出了吸引人眼球的漂亮车身。金伯为了强调他的汽车不仅仅是对 Morris 车的改进，以八角形形状作为 MG 车的标志。1923 年，第一个 MG 标志出现在车身上。——译者注

社会关系的新手可以利用的机遇。研究的结果是一家新公司——帝杰公司的诞生。这家公司于 1959 年成立，5 年之后，它成为华尔街的主力。

这 3 名年轻人所发现的是一批正在快速形成的新客户：退休基金管理人。这些新客户并不需要非常难以提供的东西，而是需要一些与众不同的东西，而现有的公司却无法满足他们。唐纳森（Donaldson）、勒夫金（Lufkin）和詹雷特（Jenrette）所成立的经纪公司，专门为这些新客户服务，向客户提供他们所需要的"研究"。

与此同时，另外一个从事证券业的年轻人也意识到该产业正处于结构变革的动荡时期，这种变化能使他创立一家属于自己的、与众不同的证券公司。他所发现的机遇就是上文提到的"明智投资者"。不久，他利用这个机遇建立起了目前已经有相当大的规模，且仍在快速成长的公司。

20 世纪 60 年代早期或中期，美国医疗保健业的结构开始发生迅速变化。当时，在美国中西部的一家大型医院工作的 3 名年轻人（其中年龄最大的还不到 30 岁）确定这是开创他们自己创新事业的大好良机。他们认为医院在"家务管理"方面，如厨房、洗衣、维修等方面，越来越需要专门的知识和技能。于是，他们将这些工作加以系统化，然后与医院签订合同，由他们的新公司派遣受过专门训练的人员来管理这些事务，而费用则是医院原先料理这些事物开支的一小部分。20 年后，这家公司的营业额达到 10 亿美元。

最后一个例子是有关美国长途电话市场的折扣运营商的，如 MCI 和斯普林特（Sprint）公司。这些公司的创始人都是该领域的外行人。例如，斯普林特公司是由一家名为南太平洋公司的铁路公司创办的。这些业外人士从贝尔电话系统公司厚厚的铠甲中寻找缺口，并终于在长途电话的价格结构中找到了机会。第二次世界大战以前，长途电话一直是一种奢侈品，一般只有政府机关、大型企业或者紧急事件（如家人故去）才会使用。第二次世界大战后，长途电话就变得稀松平常了。事实上，它已成为电信业的增长点。但是在各州控制电话费的监管机构的压力下，贝尔公司仍然把长途电话作为奢侈品来定价，因此价格大大超过了成本，贝尔公司则用所获得的利润来补贴市内电话业务。为了使高收费的长途电话显得更有吸引力，贝尔公司对长途电话的使用大户提供了相当大的折扣。

到了 1970 年，长途业务的收入赶上了市内业务的收入，而且很快就超过了它。但是，原来的收费结构仍然维持不变。这正是新手所利用的机会。这些公司以折扣价格与贝尔公司签约，再以零售方式卖给小用户，与小用户共享折扣优惠。这样运作不仅给它们带来了丰厚的利润，同时还使它们的用户能以低价享用长途电话。10 年后，到了 20 世纪 80 年代初，长途电话折扣运营商所处理的长途电话业务量比其初建时整个贝尔公司所处理的业务量还多。

若非有以下事实，这些例子只是奇闻轶事而已，那就是每个相关的创新者都知道业内存在着一个重大的创新机遇。每个人都确信这一创新会成功，而且风险极小。他们为何会如此确定呢？

Ⅲ

产业结构何时会发生变化

以下四个指标可以近乎可靠，而且非常明显地指出产业结构即将发生变化。

1. 在这些指标中，最可靠，也最容易被发现的就是某项产业的快速增长。实际上，这就是上述例子（包括汽车工业在内的例子）的共同之处。如果一个产业增长的速度明显高于经济或人口的增长速度，特别是当一段时间内这种增长翻了一番时，我们就可以相当确信地预测，它的结构将会发生重大变化。然而，由于目前的运营方式仍然非常成功，所以没有人会轻易去改变它们。但是，这些方式正逐渐变得过时。雪铁龙和贝尔公司的人都不愿意接受上述事实，这也解释了为什么"新手""业外人士"或以前的"二流角色"可以在它们自己的市场上击败它们。

2. 当某个产业的产量迅速增长到过去的两倍时，它的认知方式和服务市场的方式就有可能不再合时宜了。尤其是传统领导者界定和分割市场的方式也不再反映现实，而只能反映历史。然而，报告和数据仍然代表着市场的传统观点。这就解释了帝杰公司和中西部"明智投资者"的经纪公司这两个不同的创新者取得成功的原因。它们各自都找到了现有金融服务机构没有认识到的，也还没有提供足够服务的新领域：退休基金还是新生事物，"明智投资者"不符合华尔街的传统服务对象。

医院管理的故事也同样显示出，在经过一段快速成长期以后，传统的综合医院不再适合需要了。第二次世界大战以后，医院里人数增长最快的是医务辅助人员，即医院的专职人员：放射科、病理学、医学实验室以及各种理疗医师等。第二次世界大战以前，这些职业是不存在的。此外，医院管理本身也成为一项职业。传统的"家务管理"服务曾是早期医院运营中的重要组成部分，因此，它一直是困扰医院管理者的问题。而且，随着医院职工，特别是低收入职工开始组建工会，它变得越来越难于管理，且成本也越来越高。

第3章中提到的连锁书店的例子，也是一种因快速成长而导致的结构变化。出版商和美国传统书店没有意识到的是新客户——"购物者"（shopper）正与老客户，即传统的读者一起出现。传统的书店根本没有意识到这批新客户的存在，因而也不会尝试向他们提供服务。

但是，如果一个产业增长太快，也有可能会变得过于自满，并试图采取

"撇脂战略"[⊖]。这正是贝尔电话系统公司对长途电话业务的处理方式。如此做法的唯一结果就是"引起竞争"（关于这一点请参阅第 17 章）。

在美国的艺术领域里，也可找到这样的例子。第二次世界大战前，博物馆被看成上流社会的场所；第二次世界大战后，参观博物馆逐渐成为中产阶级的习惯。于是，各个城市纷纷建造新的博物馆。第二次世界大战前，收藏艺术品只是少数非常有钱的人士的嗜好；第二次世界大战后，收藏各类艺术品逐渐成为流行时尚，许多人开始了艺术品收藏，其中有些人的财力还相当有限。

一位在博物馆工作的年轻人，将这种情况当作创新的机遇。他在一个最出人意料的领域找到这种机遇——事实上，这个领域他以前也从未听说过：保险业。他使自己成为一名有艺术专长的保险经纪人，为博物馆和收藏者投保。由于他是艺术品方面的专家，以前不愿意为艺术收藏品提供保险的几家主要的保险公司，现在都愿意承担这种风险，而且保费要比从前低 70%。现在，这位年轻人已拥有一家大型的保险经纪公司。

3. 另一项导致产业结构突然变化的发展是，一直被视为彼此之间独立的科技整合在一起。

其中一个例子就是用户交换机（PBX），这种交换机是供办公室和其他大型电话用户使用的电话总机。在美国，有关这方面的科技研究工作基本上都是由贝尔实验室（Bell Labs）进行的，它是贝尔电话系统公司的专门研究部门。但是，这项工作的主要受益者是该领域的几个新成员，如罗姆公司（ROLM Corporation）。新式的用户交换机结合了两种迥然不同的技术：电话技术和电脑技术。因此，这种用户交换机可以被视为使用电脑的电子通信

⊖ 撇脂战略是指以高价格推出产品，撇脂战略所面对的消费群一般是对价格不太敏感的人群，这时候的产品具有高价格、高利润的"双高"特点，竞争对手也会密切跟踪这些产品的发展，一旦合适就会跟进。当存在较强的创新竞争壁垒时，该战略的运用可以更有效。——译者注

设备，或者使用电子通信的电脑。就技术角度而言，贝尔公司原本完全有能力解决这个问题——事实上，它一直是电脑研究领域的先驱。但是，根据贝尔公司对市场和用户的看法，它将电脑与电话技术视为两种截然不同且相去甚远的东西。虽然它设计并实际引进了电脑型的用户交换机，但是从未将这种产品推向市场。结果，这一领域的新成员成为它的主要竞争对手。罗姆公司实际上是由四名年轻的工程师开办的，成立的初衷是为歼击机设置一个小型的电脑系统，只是一个偶然的机会使他们涉足了电话业。目前，贝尔公司虽然在技术上仍享有领先优势，但是它在这个市场上的占有率不超过 1/3。

4. 如果一个产业的运营方式正在发生迅速改变，那么这意味着，该产业在基本结构上的变化时机也已经成熟。

30 年前，美国绝大多数的医生都独自行医。到了 1980 年，只有 60% 的医生这么做。而如今，有 40% 的医生（以及 75% 的年轻医生）在一个团体中行医。他们要么与人合伙，要么成为健康维护组织或医院的一员。1970 年左右，有一些人就洞察到先机，意识到这是一个创新的机遇：他们成立了一家服务公司，为这类团体提供办公室设计；告诉医生他们需要哪些设备，以及帮助他们管理整体运作，或者帮助培训所需要的管理人员。

如果某个产业和市场为一家或少数几家大型制造商或供应商所主宰，那么利用该产业结构的变化进行创新将格外有效。即使没有真正的垄断存在，这些举足轻重的大型厂商和供应商也会因为多年的成功以及所向无敌而变得狂妄自大。起初，它们不会把行业的新成员放在眼里，认为它们是非专业的业余选手。但是，当新成员夺取了越来越多本属于它们的市场份额时，它们才发现，要采取行动、予以反击已经变得相当困难。贝尔公司花了近 10 年时间，才首次对长途电话折扣运营商和其他用户交换机制造商发起的挑战予以了还击。

当"非阿司匹林的阿司匹林"药片——泰诺（Tylenol）和戴特尔（Datril）[⊖]首次问世时，美国的阿司匹林制造厂商对此的反应也同样迟缓（详情见第17章）。创新者之所以能推断出机遇，是因为产业结构即将发生的变化是以快速发展为基础的。现有的阿司匹林制造商（少数几家大型公司）没有理由生产不出"非阿司匹林的阿司匹林"并有效地推向市场。毕竟阿司匹林的危险性和局限性已不再是秘密，在医学文献中，随处可见这方面的资料。但是，在新产品推出后的 5 ～ 8 年中，它完全独自享有市场。

同样，多年来，对于创新者夺走越来越多最有利可图的服务项目，美国邮政服务公司（United States Postal Service）也未拿出任何对策。首先，美国联合包裹服务公司（United Parcel Service）抢走了普通包裹邮递业务；随后，金刚砂空中货物公司（Emery Air Freight）和联邦快递公司（Federal Express）夺走了利润更高的急件和高价值的商品与信函投递业务。造成美国邮政服务公司如此不堪一击的原因，是它本身的快速发展。由于营业额成长速度飞快，使它忽略了那些看似无足轻重的服务项目，如此一来，却为创新者提供了一个创新机会。

当市场或产业结构每每发生变化时，产业的领导者（制造商或供应商）往往会忽视增长最快的领域，它们仍然抱着将要过时的、正在迅速变得运转不良的传统运作方式不放。新的发展机遇很少与业界一贯的接触市场、界定市场以及根据市场进行组织的方式相吻合。因此，该领域的创新者可以获得良好的机会自行发展。由于在一段时间内，该领域的旧企业或服务仍将以其惯例为原有的市场进行有效的服务，因此，它们很容易对新挑战不多加注

⊖ 泰诺是由强生公司推出的解热镇痛药，其价格高于同类产品阿司匹林药 50%。百时美公司（Bristol-Myers）认为机会来了，于 1975 年 6 月推出戴特尔，并称其具有与泰诺同样的止痛效果。——译者注

意，不是掉以轻心，就是完全忽视其存在。

这里，我要提醒大家重视的一点是：在这个领域里，保持创新的简单性是非常必要的。复杂的创新是不会奏效的。这里有一个例子，这是我所听说过的企业战略中最聪明的一个，也是败得最惨痛的一个。

1960 年左右，大众汽车公司发起了变革，使汽车工业转变成一个全球性市场。大众汽车公司的"甲壳虫"（Beetle）是自 40 年前福特公司的 T 型车问世以来，第一辆真正意义上的国际性汽车。当时在美国，如同在德国本土一样，"甲壳虫"随处可见；在非洲的坦噶尼喀和所罗门群岛同样享有盛名。但是，大众公司却与自己一手创造的机会失之交臂，主要原因是它过于聪明了。

"甲壳虫"在进入全球市场 10 年后，即到了 1970 年，就在欧洲逐渐过时了。而在它的第二大市场——美国，其销量仍然不错；在它的第三大市场——巴西，它还有明显的增长势头。很显然，新战略出台的时候到了。

于是，大众的首席执行官提议，德国工厂全部转产新款汽车——"甲壳虫"的后继产品，新款车型也将同时供应美国市场。美国对"甲壳虫"的持续需求，将由大众汽车的巴西分公司供应。这样，势必要扩大大众汽车公司在巴西分公司的规模，以达到所需的产量；同时，又能使"甲壳虫"在持续增长的巴西市场上，维持另一个 10 年的领导地位。为了确保美国客户能够享受到"德国品质"——这是"甲壳虫"的主要魅力之一，大众公司承诺汽车关键部件，如引擎、变速箱等，仍在德国制造，并在美国境内装配成车，以供应北美的市场。

这是第一个真正的全球性战略：在不同的国家生产不同的零配件，然后根据不同的市场需要，在不同的地方进行组装。如果它真的成功了，这将是一个非常正确的战略。但是，德国工会的干预使这项提议最终破产。他们说："在美国组装'甲壳虫'，就意味着德国的就业机会流失了，我们无法容忍这种做法。"而且，美国的经销商也对巴西制造的汽车心存疑虑，尽管其关键部件仍由德国制造。就这样，大众公司不得不放弃这项绝佳的计划。

随之而来的结果就是大众失去了它的第二个市场——美国。由伊朗巴列维王朝的推翻而引起的全球第二次石油危机，使得小型汽车风靡一时。本来，大众公司完全可以拥有小型汽车市场，而不是日本公司。但是，德国人当时没有产品来满足市场。几年以后，巴西发生了严重的经济危机，汽车销售量大幅下降，大众在巴西的分公司也面临困境。它在 20 世纪 70 年代所扩增的生产能力，已经没有了外销客户。

大众如此聪明的战略的失败，导致公司未来的长期发展也出现了问题。但是，其失败的特定原因倒并不是最重要的。这个故事最主要的教训是，一个聪明的创新战略往往会以失败而告终，尤其是当它旨在利用产业结构的变化所产生的机遇时，更是如此。因此，只有非常简单而且明确的策略，才有成功的可能。

创新机遇来源五：
人口统计数据

从第 3 章至第 6 章，我们讨论了创新机遇的四大来源：意外事件、不协调的事件、产业和市场结构的变化以及程序需要。这些来源都存在于一个企业、一个产业或一个市场体系的内部。它们也许是经济、社会和知识领域，即外部条件发生变化的征兆，但是它们只出现在体系的内部。

其余三个创新机遇的来源是：

- 人口统计数据。
- 认知、意义及情绪上的变化。
- 新知识。

这三种来源都是外部的，它们是社会、哲学、政治和知识环境的变化。

I

在所有外部变化中，人口统计数据——通常被定义为人口数量、人口规模、年龄结构、人口组合、就业情况、受教育状况以及收入情况，最为清晰易懂，丝毫不会造成任何混淆，而且这些数据有能够预测的结果。

此外，它们还有广为人知且近乎确定的间隔时间。如今，在 2000 年会成为美国劳动力一员的人早已出生（尽管他们不一定身处美国，例如许多 15 年以后的美国工人，如今可能还是墨西哥某印第安人村落里的孩子）。在发达国家里，所有在 2030 年达到退休年龄的人现在都已是劳动大军的一员，而且在大多数情况下，他们将在职场里工作直至退休或死亡。现在 20 出头的人的受教育程度，将在很大程度上决定他们今后 40 年的事业道路。

人口统计数据对于什么人买什么以及购买的数量都有重大影响。例如，美国十几岁的青少年一年要买许多双便宜的鞋，他们买的是时髦而不是耐用性，而且他们的经济能力也很有限。10 年以后，同样是这批人，他们一年只会买几双鞋——是他们 17 岁时所购买数量的 1/6，但是，他们会首先考虑鞋的舒适度和耐用性，然后考虑的才是时髦。在发达国家里，六七十岁的老年人，即刚退休不久的人，构成了主要的旅游和度假市场。10 年后，同样是这批人，则成了退休社区、养老院以及长期（且昂贵）的医疗保健护理的顾客。双职工家庭挣的钱较多，但可支配的时间较少，并依此状况进行消费。年轻时受过全面教育，特别是专业或技术教育的人，10 ～ 20 年以后，将会成为高级专业培训的顾客。

受过全面教育的人主要从事知识工作。由于 1955 年以后婴儿的死亡率降低，第三世界国家年轻人的数量激增，这些过剩的年轻人通常只接受过非技术性或半技术性的体力工作培训。因此，即使没有那些低薪国家的竞争，西方发达国家和日本也将不得不实行自动化。单从人口统计数据来看（出生率的急剧下降和教育程度的普遍提高产生了综合效果），我们就几乎可以断定，到了 2010 年，发达国家制造业领域的传统蓝领工人人数差不多只有

1970 年人数的 1/3（尽管由于实行了自动化操作，制造业的产量可能是 1970
年的三四倍）。

　　这些情况都是如此明了，人们也许会认为无须再提人口统计数据的重要
性。事实上，商人、经济学家以及政治家一直都承认人口趋势、人口流动及
人口动态的重要性。但是他们还是认为，在日常决策中，他们无须对人口统
计数据多加注意。人口变化——无论是出生率还是死亡率，是受教育程度、
劳动力的构成与参与比例，还是人口的安置和迁移等方面，通常被认为会进
展得相当缓慢，需要经历相当长的时间，因而没有什么实际关注的必要性。
一些重大的人口灾难，如 14 世纪在欧洲蔓延的"黑死病"（Black Death），
被公认为对社会和经济体系产生了直接影响。但是除此以外，人口变化仍然
被认为是长期的变化，只能引起历史学家和统计学家的兴趣，而非商人和管
理者。

　　这一直是一种危险的错误认识。19 世纪时，许多人从欧洲移民到南美
洲、北美洲、澳大利亚和新西兰。这场大规模的迁移，极大地改变了世界的
经济地理和政治地理，其改变程度之大，完全超出了人们实际认识的程度。
它创造了许多创业机会；它使得几个世纪以来作为欧洲政治和军事战略基础
的地理政治观念变得陈旧而过时。这一切发生的时间也只不过在短短的 50
年间，即从 19 世纪 60 年代中期到 1914 年。任何忽视它的人，都有可能很
快被抛在时代的后面。

　　举例来说，1860 年以前，罗斯柴尔德家族⊖一直主宰着世界金融。然
而，他们却未能认识到横渡大西洋的移民潮的意义，以为只有"社会渣滓"
才会离开欧洲。结果，到 1870 年左右，罗斯柴尔德就失去了往昔的主导地
位，而仅仅成了有钱人。其领导地位被 J. P. 摩根取而代之，他的成功秘诀

　　⊖ 罗斯柴尔德家族是统治欧洲银行业的一个巨大的犹太家族，已有 250 年历史，为全球十大财
　　　　富家族之一。——译者注

是他一开始就察觉到了这些跨洋移民，并了解其重要性。他把这个现象当作一个机遇并加以利用。于是，他在纽约，而不是在欧洲创立了一家世界银行，对这些移民的美国产业加以融资。此外，仅用了1830～1860年这短短的30年时间，西欧和美国东部就从乡野和农村社会转变为工业化的大城市文明。

在更早些的年代里，人口统计数据的变化也往往同样迅速，同样突然，同样具有巨大的影响力。那种认为人口随着时间的变化缓慢改变的观点，完全是荒谬的。或者我们可以这样说，从历史的角度来看，一个地方的人口长期保持静止不变，是例外而非常态。

在20世纪的今天，忽视人口统计数据是相当愚蠢的。在我们这个时代里，关于人口的一个基本假设应该是，人口本身就是不稳定的，而且随时都会发生突变。人口统计数据是决策者（无论是商人还是政治家）分析和思考问题的第一环境因素。例如，在20世纪里，发达国家的人口老化问题和第三世界国家的年轻人过剩问题，对国内和国际政治而言，都是至关重要的。不管原因何在，20世纪的社会，包括发达国家和发展中国家，都越来越容易发生快速而激烈的人口变动，而且会在没有任何征兆的情况下发生。

1938年，罗斯福（Franklin D. Roosevelt）召集了美国最杰出的人口问题专家进行研究。他们一致预测，美国人口将在1943年或1944年达到1.4亿，然后缓慢下降。然而，现在美国人口，加上最低数量的移民，就已达2.4亿人。原因就是在1949年，在没有任何预兆的情况下，美国开始了它的"婴儿潮"。12年里，美国产生了史无前例、数量庞大的大家庭。但是，从1960年起，又突然转入了"生育低潮"，因此，产生了同样史无前例、数量繁多的小家庭。1938年的人口统计学家决非傻瓜或无能之辈，只不过由于当时没有任何迹象表明会出现"婴儿潮"现象。

20 年后，另一位美国总统约翰·肯尼迪（John F. Kennedy）也召集了一群卓越的专家，让他们拟定对拉丁美洲的援助和发展计划——"进步同盟"（Alliance for Progress）。当时（1961 年），没有一位专家注意到了婴儿死亡率的大幅下降，而这一现象在后来的 15 年中，完全改变了拉丁美洲的社会和经济状况。这些专家仍然毫无保留地一致臆断，拉丁美洲是穷乡僻壤。当然，这些专家也并非傻瓜或无能之辈。因为那时，拉丁美洲婴儿死亡率的下降和社会的城市化几乎都还未开始。

1972 年和 1973 年间，美国最有经验的劳动力分析家依然毫无疑问地相信，女性参加工作的人数，与几年来的情况相似，将继续减少。当"婴儿潮"出生的人以空前的数量涌入劳动力市场时，他们开始担心（结果表明根本没有必要）这么多年轻男子所需要的就业岗位将从哪里产生。但是，没有人问过年轻女性所需要的就业岗位又从哪里产生，因为人们认为她们根本不需要任何就业机会。10 年以后，美国 50 岁以下的妇女有 64% 进入了劳动力市场，这是一个空前的记录。在这些参加工作的女性中，结婚与否，或是否有孩子，彼此之间并没有多大差别。

这些变化不仅出人意料地突然发生，而且来得相当神秘，难以琢磨。第三世界国家的婴儿死亡率下降倒还可以用追溯法进行解释，它是由旧科技（公共健康护理、将厕所建造于水源下游、疫苗接种、在窗户上安装纱窗）与新技术（抗生素和 DDT[⊖] 等杀虫剂）的融合促成的。然而，这种变化的发生是完全不可预知的。此外，"婴儿潮"或"生育低潮"现象又如何解释呢？美国妇女（欧洲妇女也一样，只不过推迟几年）蜂拥加入就业大军的现象又如何解释呢？拉丁美洲的城市陷入贫困的现象又如何解释呢？

⊖ DDT 为一种无色的、经接触传递的杀虫药剂，当吞食或被表皮吸收时对人类和动物有毒。自从 1972 年以来，在美国许多应用已被禁用。——译者注

　　发生在 20 世纪的人口变化可能从本质而言就是不可预测的，然而在它们造成影响之前，总会有相当长的间隔时间，而这种间隔时间则是可以预测的。一个新生婴儿需要经过五六年的时间才能进入幼儿园，才会需要教室、操场和老师；需经历十五六年的时间才能成为重要的消费者；需经历 19 ～ 20 年才能成为成年人，加入就业大军的队伍。拉丁美洲的婴儿死亡率刚开始下降，它的人口就开始迅速增长。然而，五六年以后，那些存活下来的婴儿并没有成为学生，十五六岁的青少年也没在找工作。把教育成果转化为劳动力的组成要素、转化为劳动力可使用的技能，所需要的时间至少是 10 年——通常是 15 年。

　　人口变化之所以能成为企业家的有利机会，正因为它受到一般决策者的忽视，不管他们是商人、公共服务机构人员还是政府部门的政策制定者，都是如此。他们仍然坚持认为人口没有变化，或变化不快。事实上，他们连最明显的人口变化证据都视而不见。以下是一些相当典型的例子。

　　到 1970 年，美国在校学生的数量显然比 20 世纪 60 年代减少了 25% ～ 30%，这种情况至少还会持续 10 ～ 15 年的时间。毕竟，1970 年上幼儿园的孩子不会晚于 1965 年出生，而那时候，快速逆转"生育低潮"现象已是不太可能的事了。然而，美国大学的教育学院断然拒绝接受这一事实。它们认为学龄孩子的人数一定会逐年升高，并把这看作一条自然法则。于是，它们花大力气招收新生。结果，几年后造成大量毕业生失业，教师的待遇面临下降的压力，许多学校被迫关闭。

　　以下是我亲身经历的两个例子。1957 年，我公布了一项预测数字，我认为 25 年以后，即 20 世纪 70 年代中期，美国的大学生人数将达到 1000 万～ 1200 万。这个数字只是很简单地将两个已经发生的人口统计资料放在一起考虑，就得出来了：即出生人数的增加和上大学的年轻人人数的提高。这个预测绝对是正确的。然而，实际上，每一所正规大学都对它嗤之以鼻。20 年后，即 1976 年，我观察有关年龄的数据后预测，在 10 年之内，美国的退休年龄必将提高到 70 岁或全盘废除。这一变化的发生，比我的预测还要快：一年后，即 1977 年，加利福尼亚州就废除了强迫退休制，两年以后（1978 年），美国的其他各州也废除了 70 岁以前必须退休的规定。使这项预测如此准确的人口统计数据，都是广为人知，且公之于世的。然而，绝大多数所谓的专家——政府部门经济学家、工会经济学家、企业经济学家和统计学家，却认为这一预测乃荒谬之谈。他们一致的反应是"它永远也不会发生"。工会事实上还建议将强制退休的年龄提前到 60 岁或 60 岁以下。

这种专家不愿意（或不能）接受的与其原有想法不一致的人口现状，却恰恰给予了企业家以创新的机会。间隔时间是众所周知的，事件本身也早已发生了。但是，无人将它们视为现实加以接受，更不用说将其视为机遇了。那些敢于违背传统观念而接受事实的人——实际上是积极寻找这些事实的人，能够拥有一段相当长的时间，进行无人打扰、独自创新的活动。一般来说，这个人口变化只有在它快要被新的人口变化和新的人口现状所取代时，竞争者才会接受这个事实。

II

以下介绍几个成功利用人口变化的例子。

多数美国大型大学都认为我的预测（即到 20 世纪 70 年代，大学生人数将达到 1000 万～ 1200 万人）非常荒唐可笑，因而对此不加重视。但是，那些具有企业家精神的大学对此十分重视：纽约的佩斯大学（Pace University）和旧金山的金门大学（Golden Gate University）就是这样的例子。起先，它们也不相信这个预测，但是在对此展开调查以后，它们发现这个预测是有根据的，事实上，这是唯一理性的预测。于是，它们为即将到来的新增入学人数做好了妥善安排。相反，那些传统的，特别是那些声誉显赫的大学却无动于衷，没有采取任何措施。结果，20 年以后，那些早做准备的新学校赢得了生源，而当全国的大学入学人数因受"生育低潮"的影响而锐减时，它们仍在稳步增长。

当时，美国有一家小型且默默无闻的鞋店，名叫梅尔维尔（Melville），它也接受了"婴儿潮"的事实。20 世纪 60 年代初，当第一批"婴儿潮"时期出生的人刚刚进入青少年阶段时，梅尔维尔就开始涉足这个新市场。它特别为青少年顾客开设了新颖且与众不同的商店，同时对鞋子的款式进行了重新设计，并将广告和促销对象设定为十六七岁的青少年。除了鞋类外，它又将经营范围扩大到青少年服饰。结果，梅尔维尔成为美国发展最快、获利最高的零售商之一。10 年以后，其他零售商才开始跟进，迎合青少年的口味。而这时，人口结构的重心已开始从青少年向青年人（20 ～ 25 岁）转移。而梅尔维尔已经将它的注意力转移到新的主力客户群身上了。

1961 年，肯尼迪总统为他的"进步同盟"方案召集拉丁美洲的问题专家时，并没有预见到拉丁美洲的城市化进程。但是，有一家美国零售连锁公司——西尔斯公司，在好几年前就察觉到了这一情况。它不是通过研究统计数据，而是通过走出国门，走访墨西哥城、利马、圣保罗、波哥大等拉丁美洲城市的顾客，而得出这个结论的。结果，在 20 世纪 50 年代中期，西尔斯公司就开始在拉丁美洲的主要城市建造专为新兴的城市中产阶级设计的美式百货商店，这些人虽然算不得富有，却是货币经济体系的一部分，而且拥有中产阶级的追求。几年之后，西尔斯便成为拉丁美洲零售公司的领袖。

下面还有两个利用人口统计数据来建立具有高生产力劳动大军的创新例子。纽约花旗银行的扩张，在很大程度上依赖于它早就意识到受过高等教育且具有雄心抱负的女性加入劳动大军的趋势。一直到 1980 年，大多数美国大公司仍然认为这些女性求职者是一个问题，许多公司至今还抱有这种看法。在众多的大公司中，花旗银行却是一个例外，它从她们身上看到了机遇。20 世纪 70 年代时，它就积极招聘女性职员，对她们进行培训，并将她们分派到全美各地，担任放贷经理。这些有抱负的年轻女性是花旗银行成为全美银行界领袖以及真正的全国性银行的重要因素。与此同时，一些存放款机构（这不是一个以创新或冒险出名的行业）意识到，那些因照顾孩子而中断工作的年龄稍大的已婚妇女，如果能再度担任永久性兼职工作，表现都相当不错。"每一个人都知道"兼职人员是临时工，而且女性一旦离开劳动力市场，就绝不会再回去。在较早的年代里，这两种惯例都相当符合实际。但是，人口统计数据使它们不再合乎时宜。存放款机构愿意接受这一事实，从而使这些机构得到了一批特别忠诚而且工作效率超群的工作人员，尤其是在加利福尼亚州。同样，这些机构接受这一事实的意愿不是来自查阅统计数字，而是来自观察。

地中海俱乐部在旅游和度假业务上的成功同样完全是利用了人口变化的结果。在欧洲和美国，出现了许多富有且受过良好教育的年轻人。由于他们的父辈还都是工人阶级，因此，这些人仍然不太肯定自我，对旅游这种享受型活动缺乏自信。他们渴望有专业知识的人来为他们安排假期、旅游及娱乐活动。无论是与工人阶级出身的父母还是与年长的中产阶级人士一起旅游，他们都觉得不太自在。这样，他们成为全新的、带有异国情调的年轻人旅游胜地的现成顾客。

III

人口变化的分析是从分析人口数据开始的，但是，绝对人口数字是最不重要的数字。例如，年龄分布就比它重要得多。20 世纪 60 年代，不少发达国家的年轻人数量的迅速增长，已被证明是非常重要的数字（唯一值得注意的例外是英国，它的"婴儿潮"期比较短）。20 世纪 80 年代，甚至到 90 年代，年轻人的数量将下降，刚步入中年（40 岁以上）的人数将稳步上升，而老年人（70 岁以上）的数量将会快速增长。这样的发展趋势提供了哪些商机呢？这些不同年龄群体的价值观、期望以及需求都是什么呢？

传统大学的学生数量不会再增长了。我们最多只能期望这个数字不会下滑，即期望留在学校接受中等以上教育的十八九岁学生比例的增幅，足以抵消年轻人总人数减少的部分。但是，随着很早就获得了大学文凭、现在年龄已达三四十岁的人越来越多，势必会出现一大批虽受过高等教育但仍需要进一步接受高级职业培训和再培训的人群，如医生、律师、建筑师、工程师、高级管理人员以及教师等。这些人所追求的是什么呢？他们需要什么？他们如何支付所需费用？传统大学应采取什么措施，来吸引并满足这些全然不同的学生呢？对这些年龄较大的人群而言，他们的需要、诉求点以及价值观又是什么呢？是否真的存在着一个"年龄较大的人群"？还是说存在几个期望、需求、价值观和满足感都各不相同的群体呢？

在年龄分布中，特别重要的一点，也是具有最高预测价值的一点，就是人口重心的改变。人口重心指的是，在任何特定的时间里，人口结构中最大且增长最快的年龄层。

20 世纪 50 年代末，在艾森豪威尔总统即将卸任之际，美国人口重心的年龄是有史以来最高的。但是，在短短几年之内，发生了一次剧烈的变动。由于"婴儿潮"的影响，1965 年人口重心的年龄层大幅下降到自共和党执政以来的历史最低点，构成人口重心的年龄层大约在十六七岁左右。我们可以预测（事实上，凡是重视人口统计数据，并观察了人口数据的人都能够如此预测），在心理和价值观上将发生重大变化。20 世纪 60 年代的"青年反叛运动"⊖现象主要就是因为公众的注意焦点转移到了典型青少年行为上所造成的。在早些时候，人口的重心是二三十岁的年龄层时，各个年龄层都极端保守，青少年行为总被解释为"孩子终归是孩子"。但到了 60 年代，青少年的叛逆行为突然成为具有代表性的行为了。

但是，当每个人都在谈论"价值观的永久转变"和"美国的年轻化"时，年龄的钟摆却已经凶猛地摆动回来了。到了 1969 年，"生育低潮"的首度影响已经清晰可辨，而且并不仅仅反映在统计数据中。1974 年或 1975 年，是十六七岁的青少年仍然构成人口重心的最后一年。自此，人口重心迅速上移，到了 20 世纪 80 年代初，它又回到了 20 多岁的年龄层。随这种重心转移而来的是"代表性"行为的改变。当然，十几岁青少年的行为举止仍然不会有大的改变。但是，人们对这些行径的看法又回到了从前，而不再将其视为构成整个社会的行为和价值观了。因此，我们可以肯定地预测（且有些人已经如此预测了），到 20 世纪 70 年代中期，大学校园将不再是"激进主义者"和"叛逆者"的乐园，大学生将再次把精力集中到学业和未来工作上；此外，绝大多数 1968 年的中途辍学者，10 年之后将会成为"向上爬的专业人士"，他们关心的只是事业、晋升、减免所得税以及优先认股权等。

⊖ 青年反叛运动，即美国"新左派运动"。美国"新左派运动"的根基是 20 世纪 50 年代"垮掉的一代"的反社会、古巴革命、民权运动以及欧洲左派思潮的影响。"新左派运动"基本上是以大学生为主体的学生运动。据《财富》杂志 1960 年 1 月的统计，全美 670 万年龄在 18～24 岁的大学生中，有 75 万自称是"新左派"。这些人一般都来自中等和中上等阶层的家庭，在校学习成绩约在中上等以上。他们积极参与 20 世纪 60 年代的民权运动、"和平队"、反战运动、妇女运动和环境保护运动。他们崇尚自由、个性和尊严，认为"感情重于理智，信仰重于知识，娱乐重于生产，精神生活重于物质生活，人的本能重于科技，占星术重于科学，进入幻觉重于神志清醒"。与此同时也出现了"嬉皮士"或"鲜花之子"（Flower Children）等激进派，从价值观和语言，到穿衣打扮和生活方式，创造了一套同美国主流文化完全对立的"反主流文化"。"新左派运动"和"反主流文化"成为美国 20 世纪 60 年代的主要政治和文化特征，至今他们的影响并未消失。思想理论代表人物有哲学家赫伯特·马尔库塞、保罗·古德曼、C. 赖特·米尔斯等。——译者注

教育程度的细分也同样重要。实际上，就某些目的而言，它也许有更深远的影响（例如销售百科全书、职业进修以及假期旅游等）。另外，还有劳动力参与和职业细分。最后，还有收入分配，尤其是可支配收入的分配。例如，双职工家庭的储蓄倾向会有什么变化？

实际上，大多数答案都可以找到，它们是市场研究的材料，而我们所需要的只是乐于提出问题。

但是，仅仅重视研究统计数字是不够的。明确地说，统计数字只是起点。它们令梅尔维尔公司思考：青少年人数的激增将会给时装零售商带来什么样的商机？同样，它们也令西尔斯公司的高层管理者把拉丁美洲视为一个潜在的市场。但是随后，这些公司的管理者（以及诸如纽约佩斯大学和旧金山金门大学的城市大学管理者）必须走出办公室，进行实地考察，聆听各方意见。

以下我们讲讲西尔斯公司如何做出进军拉丁美洲的决策。20世纪50年代早期，西尔斯公司的总裁罗伯特·伍德（Robert E. Wood）获悉，到1975年，墨西哥城和圣保罗的发展可能会超过全美所有的城市。这则消息引起了他极大的兴趣，于是他亲自走访了拉丁美洲的主要城市，其中包括墨西哥城、瓜达拉哈拉（墨西哥的西部城市）、波哥大、利马、圣地亚哥、里约热内卢以及圣保罗。他在每个城市都待了一个星期的时间。每到一处，他就四处走走，观察商店（他对所见到的情况感到非常吃惊），研究交通流量。这样，他了解到他要针对哪一种客户群，要建造哪一种商店，在哪里建店以及陈列哪些商品。

同样，地中海俱乐部的创始人在开发第一个度假胜地之前，调查了需要全套旅游服务的顾客，亲自与他们交谈，聆听他们的建议。无独有偶，使梅尔维尔鞋店从一个老式的、毫无特色的连锁鞋店（全美有许多这样的商店）转变为美国发展最快的流行时尚零售商店的两个年轻人，也花了数周甚至数月的时间在购物中心观察顾客的需求，聆听他们的意见，探索他们的价值观。他们研究了年轻人购物的方式、所喜欢的购物环境（例如，少男少女们喜欢在同一商店购物呢，还是喜欢在各自分开的商店里购物），以及他们对所购商品的价值的看法。

因此，对于那些真正乐于走出办公室，进行实地考察，听取意见的人而言，人口统计数据的变化是一种不仅非常可靠，而且非常有效的创新机遇。

创新机遇来源六：
认知的变化

I

"杯子是半满的"

从数学的角度而言，"杯子是半满的"和"杯子是半空的"这两句话没有什么差别。但是，它们的含义完全不同，因此，所导致的结果也完全相反。如果一般的认知从认为杯子是"半满的"转变为"半空的"，那么其中就孕育着重大的创新机遇。

以下就是有关这种认知变化以及这种认知变化为企业、政界、教育界以及其他领域带来创新机遇的一些例子。

1. 所有的事实资料都表明，自 20 世纪 60 年代初算起的这 20 年，是美国医疗保健事业取得空前进步和改善的 20 年。无论是从新生儿的死亡率还是从老年人的存活率来看，或是从癌症发病率（肺癌除外）以及癌症治愈率等来看，所有身体及器官功能的健康指标都跃上了一个新台阶。然而，美国人却陷入了集体自疑症（怀疑自己得病）的恐慌之中。美国人从未如此关心过健康，也从未如此恐惧过。突然之间，一切似乎都有可能引发癌症、退化性心脏病或导致记忆力过早衰退。在这里，杯子显然是"半空的"。我们如今所看到的不是健康和机能的重大改善，而是我们与长生不老之间的距离依然像从前一样遥远，而且根本没有取得过任何进展。事实上，我们可以这样说，在过去的 20 年中，如果美国人的健康状况真的出现了什么恶化，那也是因为人们对健康和体形过度关心，被日渐衰老走形的身体或因长期患病、老态龙钟而导致机体衰退等想法所困造成的。25 年以前，美国医疗保健方面即使取得了微小进步，也会被视为前进了一大步；而现在，即使有了重大的改进也很少能引起人们的注意。

无论引起这种认知发生变化的原因为何，它都创造了大量创新机遇。例如，它创造出一个全新的医疗保健杂志市场。其中有一本名为《美国健康》（*American Health*）的杂志，在短短两年之内，发行量就达到了 100 万份。它也创造了许多新颖而创新的企业，这些企业就是利用了人们对一些传统食物可能会导致无法挽救的伤害的恐惧心理。位于科罗拉多州博尔德市的圣西斯花草茶公司（Celestial Seasonings），是由一名"鲜花之子"创立的。20 世纪 60 年代末，"鲜花之子"们在山上采集花草，将其包装起来后再拿到街上叫卖。15 年后，圣西斯花草茶公司每年的营业额高达数亿美元，而且每年还销售 2000 多万美元的产品给一家大型食品加工公司。另外，保健食品商店的利润也相当可观，慢跑健身器械也成了一宗大买卖。1983 年，美国增长最快的新企业就是一家生产室内健身器材的公司。

2. 从传统上看，人们的饮食习惯与其收入和所处的阶层密切相关。普通人只求吃饱，富人则追求美食。这种认知在过去 20 年间发生了变化。如今，相同的一个人既会追求吃饱，又会追求美食。趋势之一是以最容易和最简单的方式摄取必要的食物，如速食食品、电视餐[⊖]、麦当劳汉堡或肯德基炸鸡等。但是，同样的这群消费者也是美食烹饪专家。有关美食烹饪的电视节目成为最受欢迎且收视率最高的节目，美食烹饪书也变成了大众市场的畅销书。全新的美食连锁店纷纷开张。最后，尽管传统超市出售的食品中速食食品占90%，但也纷纷开设了美食专柜，而且在多数情况下，这些美食专柜比普通加工的食品更有利润。这种新的认知绝不仅仅限于美国。最近，德国的一位年轻女医生对我说："一星期中，我们有6天是在糊口，只有1天享受美食。"而不久以前，普通人一周7天都是在糊口，而精英分子、富人和贵族则一周7天都在享受美食。

3. 1960年，在艾森豪威尔总统即将卸任、肯尼迪总统初入白宫之时，如果有人预测10年或15年以后美国黑人的整体状况将得到的改善，那么他一定会被认为不是一个精神病患者，就是一个不切实际的空想家。在当时，即使对美国黑人状况的预测仅为日后实际状况的一半，也还是会被认为是过分乐观。历史上，从未有过一个社会群体的地位能在如此短暂的时间里，发生如此巨大的转变。在那段岁月开始时，受过高中以上教育的黑人人数仅为白人的1/5。而到20世纪70年代初，这个比例已经与白人持平了，甚至还远远超出白人中某些种族接受高等教育人数的比例。就业、收入，尤其是进入专业性工作和管理职位的比例也同样有大幅上升。任何一个在12年或15年前具有前瞻眼光的人，都会认为美国的"黑人问题"已经基本解决了，或至少已经在解决的道路上迈进了很大一步。

但是，在20世纪80年代中期的今天，有相当多的美国黑人实际看到的并非杯子已经"半满"，而是杯子仍然是"半空"着的。事实上，对于相当

⊖　电视餐（TV dinner），食前加热即可的冷冻快餐。——译者注

一部分黑人而言，挫折、愤怒和疏远感有增无减。他们看不到，无论是从经济上还是从社会地位上而言，2/3 的黑人已经步入了美国中产阶级行列，却在过分强调剩余 1/3 黑人的失败。他们所看到的并非一切事情正在快速前进，而是仍然有许多尚待完成的事情。对他们而言，进展仍然太慢、太困难。然而，美国黑人的旧日盟友——白人中的自由主义团体，如工会、犹太人社团或学术机构，看到的却是进步。他们看到杯子已经"半满"了。毫无疑问，这种认知导致了黑人与自由主义团体的根本分歧，而这种分歧使黑人愈发确信杯子是"半空"的。

然而，白人自由主义者逐渐感到黑人不再受剥削，不该再享受特殊待遇（如反歧视），不再需要特殊的津贴，以及不该在就业和升迁上享有优先权，等等。这种情况，为造就新的黑人运动领袖——杰西·杰克逊牧师（Reverend Jesse Jackson）⊖创造了机遇。从历史角度来看，在近 100 年的时间里——黑人领袖从 19 世纪与 20 世纪之交的布克·华盛顿（Booker T. Washington）⊜，到罗斯福新政（New Deal）时期的沃尔特·怀特（Walter White）⊜，再到肯尼迪和杰克逊总统执政时期的马丁·路德·金（Martin

---

⊖ 杰西·杰克逊牧师，美国政治领袖，浸信会牧师及演说家，曾是民权领袖马丁·路德·金的助手，积极投身于民权运动，是美国第一位竞选总统的黑人。——译者注

⊜ 布克·华盛顿（1856—1915）是美国的黑人运动领袖、教育家，他在当时提出关于发展黑人职业教育的思想，对促进美国黑人教育尤其是黑人职业教育的发展有很大影响。他注重实际，注重职业教育，认为黑人最重要的是学会生存的本领，他对美国教育的影响不可忽视。他创立了"塔斯克基学院"，同时他也是作家，著有《超越奴役》。——译者注

⊜ 沃尔特·怀特（1893—1955）是美国 20 世纪初期最重要的民权运动领袖。有着金色的头发、蓝色的眼睛和白人一样皮肤的怀特，掩饰了他黑人的血统，但作为全美有色人种促进会（NAACP）秘书长，怀特为促进美国黑人的政治、经济以及社会权利的全面提高起到了重要作用。——译者注

Luther King，Jr.）[⊖]，一名黑人只有在展示了自己的能力，并得到白人自由主义者的支持后，才能成为黑人领袖。这是获取政治力量，为黑人谋取福利的唯一途径。但是，杰克逊发现，由于认知的变化，美国黑人与他们的旧日盟友、昔日并肩战斗的同志——白人自由主义者产生了分歧。他让自己成为一个与以往截然不同的黑人领袖，也就是通过声讨和全力攻击白人自由主义者，来唤起黑人的敌对情绪，以取得领袖地位。在过去，像杰克逊这样反自由主义、反工会、反犹太人的行径无疑是在自毁政治前程。但是，在 1984 年短短数周之内，它却使杰克逊成为无可争辩的美国黑人领袖。

4. 今天的美国女权主义者认为，20 世纪三四十年代是女性黑暗时代中最暗无天日的时期。当时，女性在社会上起到的作用被否认了。但事实上，这种想法纯属无稽之谈。美国的三四十年代有无数女性崭露头角。埃莉诺·罗斯福（Eleanor Roosevelt），美国的第一夫人，作为道德规范、行为准则、慈爱的代言人，她的作用在美国历史上还没有哪位男人可与之相提并论。她的挚友弗朗西斯·珀金斯（Frances Perkins）是美国历史上第一位进入内阁的女性。作为劳工部部长，她是罗斯福总统内阁成员中实力最强、影响最大的一员。安娜·罗森伯格（Anna Rosenberg）是第一位担任大型公司高级管理者的女性，她担任当时全美最大的零售企业——梅西百货公司的人事副总裁。后来，她成为助理国防部部长，主管人力资源，可以说，她是将军们的"老板"。此外，还有许多杰出的女强人出任大学校长职位，而且个个都是社会名流。著名的剧作家克莱尔·卢丝（Clare Luce）和莉莉安·赫

⊖ 马丁·路德·金（1929—1968）是美国著名的黑人民权领袖。1955 年 12 月 1 日，一位名叫罗沙·帕克斯的黑人妇女在公共汽车上拒绝给白人让座，因而被当地警察逮捕。马丁·路德·金立即组织了一场罢车运动（即蒙哥马利罢车运动），从此他成为民权运动的领袖人物。1964 年，马丁·路德·金被授予诺贝尔和平奖。1968 年 4 月 4 日，他在田纳西州孟菲斯市演讲时被一名刺客开枪打死。1986 年 1 月，里根总统签署法令，规定每年 2 月的第 3 个星期一为美国的马丁·路德·金纪念日。——译者注

尔曼（Lillian Hellman）都是女性。卢丝后来还成为一名政界要人，当选康涅狄格州的国会议员，后来又出任驻意大利大使。此外，同期多数最受人瞩目的医学进步也都是女性努力的成果。海伦·陶西格（Helen Taussig）首次成功地完成了第一例心脏外科手术——"蓝婴"（blue baby）手术，它挽救了世界上无数孩子的生命，并从此开创了心脏外科手术的时代，直接促成了心脏移植和搭桥手术（by-pass operation）的诞生。还有黑人女歌星玛丽安·安德森（Marian Anderson），她是第一个通过电波进入千家万户的黑人歌星，她的歌声打动了无数美国人的心灵。在她之前，没有哪个黑人有如此的辉煌，唯一可与之媲美的是 25 年以后的马丁·路德·金。这份杰出女性名单还可以一直这样继续下去。

这些女性为自己取得的成就、卓越表现和重要性感到骄傲。但是，她们并没有把自己视为"女性典范"。她们把自己视为独立的个体而非女性，把自己视为例外，而非女性"代表"。

这种认知的变化是如何产生的以及产生的原因，我想还是留给未来的历史学家去解释吧。但是，到 1970 年左右发生这种认知变化时，这些伟大的女性领袖在其继任者——女权主义者的心目中，几乎已经不重要了。现在，如果某个女性没有进入劳动力市场或者没有从事在传统上被认为是"男性"行业中的工作，那么她就会被视为缺乏代表性，而且会被视为例外。

这种情况被一些企业认为是一个大好时机，尤其是花旗银行（见第 7 章）。然而，这种情况并没有被那些一直接受女性担任专业人士和管理人员的产业（如百货公司、广告公司、杂志或书籍出版公司）注意到。实际上，如今这些传统上雇用女性担任专业人士和管理人员的公司中，女性在重要位置上所占的比例比三四十年前还要少。相比之下，花旗银行以前是极端男性化的领域——这可能也是为什么它能认识到机遇所在的原因之一。它在女性对自我的新认知里，看到了一个重要机遇。它利用这个机遇，吸引了极其能干、雄心勃勃、努力上进的女性，聘用她们，留住她们，而且不必担心那些职业女性的传统行业的雇主会与之展开任何竞争。正如我们所看到的，在利用这种认知的变化时，创新者通常有一段相当长的时间，在其各自的领域里独享成果。

5. 以下是一个较早的例子，也是对认知变化加以利用的结果。20 世纪 50 年代初，美国几乎人人都开始称自己为中产阶级，而根本不考虑自己的收入或职业。很明显，美国人对自己的社会地位的认知已经有所改变。但是这个变化意味着什么？一位名叫威廉·本顿（William Benton）的广告公司高管人员（后来成为康涅狄格州的参议员）走出自己的办公室，询问人们"中产阶级"一词对他们意味着什么。调查的结果很清楚：与劳动阶级相比，中产阶级意味着家长相信自己的孩子能够通过学校的学习而有所成就。于是，本顿买下了大英百科全书公司，并依靠高中老师，向那些第一代有孩子读到高中的家庭兜售百科全书。"如果你想成为中产阶级，"推销员实际上是这样说的，"你的孩子就必须拥有一套《大英百科全书》，这样他才会在学校取得好成绩。"3 年之内，本顿使一个濒临倒闭的公司起死回生。10 年后，该公司又开始以同样的理由在日本故伎重演，并同样获得成功。

6. 意外的成功或失败往往是认知和意义发生变化的标志。第 3 章中提到了不死鸟"雷鸟"如何在"埃德赛"的灰烬中获得重生。当福特公司着手调查"埃德赛"失败的原因时，它发现其中的原因就是人们的认知发生了改变。稍早几年还是以顾客收入细分的汽车市场，而今已按生活方式来细分了。

当认知发生变化时，事实本身并没有发生改变，但它们的意义已经改变了。它们的意义从"杯子是半满的"变成了"杯子是半空的"。从将自己视为劳动阶级，注定一生要属于这个阶层，转变为把自己视为中产阶级，从而对自己的社会地位和经济机遇有更大的主动权。这种变化可能会迅速到来。

在不到 10 年的时间里，大多数美国人从将自己视为劳动阶级，转变为将自己视为中产阶级。

　　经济状况未必能操纵这些变化的发生。事实上，两者之间也许毫不相干。就收入分配角度而言，英国是一个比美国更为平等的国家。但是，即使英国至少有 2/3 的人口收入超过了劳动阶级的标准，且有近一半人的收入还超过了中产阶级的最低标准，英国人口中仍有近 70% 的人认为自己属于劳动阶级。因此，决定杯子是"半满"还是"半空"的是人的心态而非事实。它来自所谓的"经验主义（或存在主义）"的体验。美国黑人之所以觉得杯子是"半空的"，与他们在前几个世纪里所遭受的尚未愈合的创伤以及目前美国社会的现状密切相关。大多数英国人觉得自己是劳动阶级，在很大程度上仍然是 19 世纪国教与非国教之间的巨大裂痕所造成的。美国人的健康自疑症比任何健康统计数据都更能显示美国人的价值观，如崇拜年轻等。

　　社会学家或经济学家是否可以解释这些认知现象无关紧要。它仍然是事实，它通常无法被量化，等到可以被量化时，要将它视为一个创新机遇已经太迟了。但是，它并不怪异，也不是不可捉摸，而是非常具体：它可以被界定、被检验，而且更重要的是，它可以被利用。

II

时机问题

　　尽管高管人员都承认，基于认知的创新具有非常大的潜力，但是，他们总认为它不切实际因而回避它。他们将以认知为基础的创新者视为怪人或疯子，但是《大英百科全书》、福特汽车公司的"雷鸟"以及圣西斯花草茶公司并没有任何怪异之处。当然，任何领域的成功创新者都会比较接近他们的创新领域，唯一使他们与众不同的因素是，他们十分注意机遇。

当今最出色的美食烹饪杂志是由一位年轻人创办的。刚开始，他是一家航空杂志社的饮食专栏编辑。当他在同一份星期日报纸上看到三则相互矛盾的消息后，就开始留意认知变化了。第一则消息说，在美国，速食食品——如速冻食品、电视餐和肯德基炸鸡等，已占据了人们所有消耗食品的一半以上，预计在几年之内，这一比例将上升至3/4之多。第二则消息称，美食烹饪电视节目是收视率最高的节目之一。第三则消息称，美食烹饪平装书（即大众版本）已经攀升到畅销书排行榜的首位。这几则消息有明显的矛盾之处，使他不禁要问，这究竟是怎么回事？一年以后，他创办了一本与市面上的杂志截然不同的美食烹饪杂志。

花旗银行派驻各大学的招聘人员向公司报告，他们再也无法遵循公司的指令，招聘到商学院里金融和营销方面的男性高才生了。他们还在报告中称，越来越多的女性取代男性成为这一领域的佼佼者。花旗银行得到这样的信息后，认识到这正是一个招揽女性加入劳动大军的大好时机。许多其他公司（其中包括数家银行）的招聘人员，也将同样的情况汇报给了其各自的管理层。但是，大多数公司的回应是："更加努力地去网罗男性高才生。"花旗银行的高层管理者却把这种变化看成一个机遇，并付诸了行动。

所有这些例子还反映出基于认知变化的创新所存在的一个关键问题：时机。如果福特公司在"埃德赛"惨败后，稍迟一年再推出"雷鸟"，那么，它也许就把"生活方式"的汽车市场拱手让给通用汽车公司的"庞蒂亚克"（Pontiac）了。如果花旗银行不是第一家聘用女性工商管理硕士（MBA）的公司，那么它就不会成为最优秀、最有抱负，而且想要在企业界谋求事业发展的年轻女性所偏爱的公司了。

但是，在利用认知变化的创新过程中，最危险的莫过于操之过急。许多一开始看似认知发生变化的现象，其实是昙花一现的时尚，在一两年之内就会销声匿迹，而且时尚与真正的变化之间往往不易分辨。小孩子玩电脑游戏只是一时的流行，像雅达利（Atari）之类的公司却将其视为认知变化而加以利用，但好景不长，只持续了一两年就遭受了惨重的失败。但是，这些孩子的父亲迷上了家用电脑却代表着真正的变化。而且，人们几乎无法对这种认知变化的结果加以预测。其中一个极好的例子就是发生在法国、日本、德国以及美国的学生反叛运动。每一个身处 20 世纪 60 年代末的人都相当确信，这场反叛运动将会产生永久而深远的后果。而结果呢？就大学而言，学生的反叛运动似乎根本没有产生持久的影响力。而且，谁会料到，15 年后，这批 1968 年的反叛学生会成为雅皮士（Yuppies）。在 1984 年美国总统初选时，参议员哈特（Hart）想吸引的就是这批人——年轻且积极进取的专业人士，极端唯物主义者，工作观念强，而且始终盘算如何晋升。实际上，现在的退学人数比以前少多了——唯一的不同是如今传媒对这个问题更加关注了。同性恋成为公众瞩目的焦点现象，能用学生的反叛运动加以解释吗？这些结果显然是 1968 年的那些学生、观察家以及学者所无法预料的。

然而，时机还是非常重要的。在利用认知变化的过程中，"创造性模仿"（见第 17 章）并不奏效。创新者必须拔得头筹。但是，由于我们很难确定某个认知变化是一时的流行还是永久性的改变，以及它所带来的真正后果，因此，以认知为基础的创新必须从较小且非常具体的地方做起。

创新机遇来源七：新知识

基于知识的创新是企业家精神中的"超级明星"，它既能变得家喻户晓，也能获得财富。这才是人们通常所说的创新。当然，并不是所有基于知识的创新都是重要的，有些的确微不足道。但是，在创造历史的创新中，基于知识的创新占有非常重要的位置。然而，知识并不一定就意味着科学和技术。基于知识的社会创新也同样能产生相同或更大的影响。

基于知识的创新之所以不同于所有其他创新，是由于其基本特征与其他创新有不同之处：时间跨度、失败率、可预测性以及它对企业家的挑战。与大多数"超级明星"一样，基于知识的创新都是风云莫测、善变而且难以驾驭的。

I

基于知识的创新的特征

基于知识的创新所需的时间最长。首先，从新知识的出现到它成为可应

用的技术之间，时间跨度相当长。其次，从新技术转变为上市的产品、程序
或服务又需要很长一段时间。

在 1907 ～ 1910 年，德国生化学家保罗·埃利希（Paul Ehrlich）⊖创建
了化学疗法理论，也就是使用化学合成物来控制细菌和微生物。他本人还研
发了第一种抗菌药：砷凡纳明（Salvarsan），用于治疗梅毒。直到 25 年后，
也就是 1936 年，应用埃利希的化学疗法来控制多种细菌性疾病的磺胺药剂
才投放到市场。

1897 年，鲁道夫·狄塞尔（Rudolph Diesel）⊜发明了以他的名字命名
的柴油引擎。人们立刻意识到这是一项重大发明。然而，很多年过去了，柴
油引擎的实际应用仍然凤毛麟角。直到 1935 年，美国人查尔斯·凯特林
（Charles Kettering）⊜重新设计了狄塞尔引擎，使它能应用在各种不同的船
只、火车头、卡车、公共汽车和客车上。

大量不同的知识汇集在一起，才使计算机的诞生成为可能。在这一系
列的知识中，最早出现的知识是二进制原理，它可以追溯到 17 世纪的一
种数学理论。按照这种理论，所有的数字都可以只用两个数字来表示：0

⊖ 埃利希（1854—1915），德国免疫学家，化学疗法的奠基者之一。——译者注
⊜ 鲁道夫·狄塞尔（1858—1913）在他 34 岁那年（1892 年）取得了把空气压进容器和煤粉
充分混合直至被压燃而提供动力的机械装置的发明专利。第二年，位于德国奥古斯堡的
MAN 公司根据这一专利制造出了世界上第一台柴油发动机的原型机，并取名叫"狄塞尔"
（DIESEL）发动机。直到 1936 年，也就是狄塞尔去世 23 年后，梅赛德斯 - 奔驰公司才制
造出了第一辆装有狄塞尔发动机的轿车。直到今天，柴油机的英文名称仍然是" DIESEL
ENGINE"（狄塞尔引擎）。——译者注
⊜ 查尔斯·凯特林是通用公司研究实验室创始人，美国著名发明家。目前全世界最普遍使用的
商业记账机就是他的最早发明。他是一位多产的发明家，他去世时已拥有或与他人共同拥有
140 多项专利，仅次于爱迪生。其划时代意义的发明是汽车自动启动机，其他许多发明也是
我们今天习以为常的生活必需品，如氟利昂的运用、火车柴油发动机、保险玻璃、最早的飞
机综合燃料等。——译者注

和 1。19 世纪上半叶，查尔斯·巴比奇（Charles Babbage）^㊀将它应用到计算机器上。1890 年，赫尔曼·何乐礼（Hermann Hollerith）发明了打孔卡^㊁，这个发明可以追溯到 19 世纪初法国人雅卡尔（J-M. Jacquard）的发明（提花机）。打孔卡使数字转化成"指令"成为可能。1906 年，美国人李·德福雷斯特（Lee de Forest）^㊂发明了三极管，并由此开创了电子学。然后，在 1910～1913 年，伯特兰·罗素（Bertrand Russell）^㊃与阿尔弗雷德·诺思·怀特黑德（Alfred North Whitehead）^㊄在他们合著的《数学原理》（*Principia Mathematica*）一书中，首次提出了符号逻辑，它使人们能够用数字表示所有的逻辑概念。最后，在第一次世界大战期间，编程和信息反馈概念问世，主要用于高射炮上。到 1918 年，研制计算机所需要的所有知识都已一应俱全。1946 年，第一台计算机才开始运转。

1951 年，福特汽车公司一位负责生产的高管人员创造了"自动化"一

㊀ 查尔斯·巴比奇（1792—1871）不但精于科学理论，更喜欢将科学应用在各种发明创造上。他最早提出，人类可以制造出通用的计算机，来代替大脑计算复杂的数学问题。他划时代地提出了类似于现代电脑五大部件的逻辑结构，也为后世通用处理器的诞生奠定了坚实的基础。但是短视的英国政府和当时的科学界却讥笑他是"愚笨的傻瓜"。直至 1871 年，这位先驱者孤独离开人世之时，分析机也没能制造出来，未完成的一部分被保留在英国皇家博物馆里。——译者注

㊁ 赫尔曼·何乐礼是 IBM 的创始人。他从火车售票员用的打孔机得到启发，发明了一个用打孔卡进行自动汇总的机器——打卡机，结果用 7 年完成了 1890 年的美国人口普查。——译者注

㊂ 李·德福雷斯特（1873—1961）是一位多产的美国发明家，一生获得了 300 余项专利。他的发明为他赢得"无线电之父""电视始祖"和"电子管之父"的称号，为计算机由机械时代跨进电子时代奠定了基础。——译者注

㊃ 伯特兰·罗素（1872—1970），英国哲学家、数学家、社会学家，也是 20 世纪西方最著名、影响最大的学者和社会活动家。罗素一生著书多达七八十种，论文几千篇，广泛地涉及哲学、数学、科学、伦理学、社会学、政治、教育、历史、宗教等诸多方面，享有"百科全书"式思想家之称。——译者注

㊄ 阿尔弗雷德·诺思·怀特黑德（1861—1947）是现代著名的数学家、哲学家和教育理论家，一生在数学、哲学、教育等领域留下了大量著作。——译者注

词，并详细地描述了自动化所需要的整个生产程序。此后的 25 年，"机器人"技术和"工厂自动化"被广泛地讨论，却没有任何实质性的结果。直到 1978 年，日本的日立和丰田公司才把机器人引入了工厂中。20 世纪 80 年代初，通用电气公司在宾夕法尼亚州的伊利市建立了自动化机车工厂。随后，通用汽车公司也着手将引擎和汽车配件的生产自动化。1985 年年初，大众汽车公司也开始将近乎全自动化的生产设备"Hall 54"用于自己的制造工厂。

巴克敏斯特·富勒（Buckminster Fuller）⊖自称是几何学家。其实，他既是数学家又是哲学家。他将数学中的拓扑学运用到他称之为"戴麦克辛房屋"（Dymaxion House）的设计中，他之所以选用这个词，是因为喜欢这个词的发音。戴麦克辛房屋能够以尽可能小的表面积创造尽可能大的居住空间。因此，它具有最好的隔音效果、取暖和制冷效果以及一流的音响效果，它还可以用轻型材料建筑，不需要地基，只需要一点支撑物，但能够经受住地震或最猛烈的风暴。1940 年左右，富勒在新英格兰一所规模很小的学院的校园里，建造了一栋戴麦克辛房屋，这栋房屋至今耸立在那里。但是很少有人跟着盖这种房子——美国人似乎不喜欢住圆形房子。然而 1965 年左右，这种房子开始在南北极出现，因为传统建筑在那里既不实用又很昂贵，而且很难修建，自那以后，戴麦克辛结构越来越广泛地应用于礼堂、音乐厅、运动场等大型建筑中。

只有重大的外部危机才可缩短这个间隔时间。李·德福雷斯特 1906 年发明的三极管应该可以立即用于制造收音机。但是，如果不是第一次世界大

⊖ 巴克敏斯特·富勒（1895—1983）是美国著名的建筑力学家和工程师。令他声名鹊起的项目当属 1929 年的"戴麦克辛房屋"（即节能多功能房），它是一种由轻型钢、硬铝和塑料做成的房屋，内部的房间呈六边形布局。富勒一生身兼多种职业，除了建筑师的身份外，他还是哲学家、设计师、艺术家、工程师、作家、数学家、教师和发明家。他一生中共注册了 25 项专利，写了 28 本书，环球旅行 57 次，获得 47 个荣誉博士学位。除此之外，他还获奖无数，其中包括 1969 年诺贝尔和平奖提名。——译者注

战迫使各国政府，特别是美国政府推动无线电声音传输技术的发展，那么收音机问世的时间会拖延到 20 世纪 30 年代末。由于战场中的有线电话太不可靠，而无线电报又限于点线之间，因此，在 20 世纪 20 年代早期，市场上就出现了收音机，这比它所依赖的知识出现的时间仅仅晚了 15 年。

同样，如果不是第二次世界大战，青霉素可能要到 20 世纪 50 年代才被研制出来。亚历山大·弗莱明（Alexander Fleming）于 20 世纪 20 年代中期就发现了可以杀死细菌的青霉菌。10 年后，英国生化学家霍华德·弗洛里（Howard Florey）[○]开始对它进行研究。但是，第二次世界大战的爆发迫使青霉素提前问世。由于英国政府急需一种治疗传染病的药物，所以全力支持弗洛里的研究。例如，无论在何处作战，英国士兵都是他的试验对象。同样，如果不是第二次世界大战促使美国政府投入大量人力和财力，推动计算机研究，那么计算机可能要等到贝尔实验室的科学家发明晶体管（1947 年）以后，才有可能诞生。

以知识为基础的创新，需要很长的间隔时间，这一特征并不仅仅局限于科技知识的创新，也同样存在于那些基于非科学和非技术性知识的创新中。

拿破仑战争刚一结束，圣西门伯爵（Saint-Simon）[○]就创建了企业家银行的理论，即有目的地使用资本来产生经济收益。在此之前，银行家只是放债者，只为有担保的业务放款（如王储的征税权力）。圣西门的银行家要进行投资，即创造产生财富的新能力。当时，圣西门具有非凡的影响力，1826 年逝世后，许多人对他顶礼膜拜，追捧他的理论。然而，直到 1852 年，他的两个信徒即皮埃尔兄弟（Jacob and Isaac Pereire）才建立了第一个企业家

○ 霍华德·弗洛里由于研制出青霉素而被授予 1945 年诺贝尔医学奖。——译者注

○ 克劳德·昂列·圣西门（1760—1825），法国哲学家，经济学家，空想社会主义者。圣西门出身贵族，曾参加法国大革命，还参加过北美独立战争。他抨击资本主义社会，致力于设计一种新的社会制度，并花掉了自己的全部产业。他曾预言：工业家和银行家将变得举足轻重。——译者注

银行——工业信贷银行（Credit Mobilier），并推出了我们现在所谓的金融资本主义。

　　同样，第一次世界大战后，构成我们现在所谓的"管理"的许多要素都已具备。事实上，在 1923 年，胡佛（Herbert Hoover）⊖（很快就当选为美国总统）和马萨里克（Masaryk）⊜（捷克斯洛伐克的缔造者和首任总统）在布拉格召开了第一届国际管理会议。与此同时，有几家大公司，尤其是美国的杜邦公司和通用汽车公司，开始用新的管理概念重组其公司。在以后的 10 年中，一些"真正的信仰者"，特别是英国的林德尔·厄威克（Lyndall Urwick）⊜（第一家管理顾问公司的创始人，该公司至今仍以他的名字命名）开始撰写有关管理方面的书籍。但是，直到我所著的《公司的概念》（*Concept of the Corporation*，1946 年出版）和《管理的实践》（*Practice of Management*，1954 年出版）这两本书问世后，管理才成为全世界管理者能够运用和学习的一门学科。在此之前，管理学方面的每个研究者和实践者都把目光集中于各不相同的领域：厄威克专注于组织，而其他人则专注于人事管理，等等。我的书把管理加以编纂、组织并使之系统化。短短几年之内，管理学就成为一股遍及世界的力量。

　　今天，就学习方面的理论而言，我们也需经历类似的间隔时间。1890年左右，德国人威廉·冯特（Wilhelm Wundt）⑩和美国人威廉·詹姆斯

⊖　赫伯特·胡佛（1874—1964），美国第 31 届总统。——译者注
⊜　马萨里克（1850—1937），1918 年捷克斯洛伐克从奥匈帝国中独立之后第一任总统。——译者注
⊜　林德尔·厄威克（1891—1983），英国著名的管理史学家、教育学家。他吸收了泰勒的科学管理思想，把科学分析作为指导一切管理职能的基本原则，是组织设计论的一个重要代表人物。——译者注
⑩　威廉·冯特（1832—1920）为科学心理学的创始者，实验心理学之父。他创建了一支国际心理学专业队伍，奠定构造主义心理学派的基础，是感情三度说的倡议者，也是使心理学脱离哲学范畴成为一门独立科学的巨擘。——译者注

（William James）[⊖]开始对学习进行科学研究。第二次世界大战后，两名美国人——哈佛的斯金纳（B. F. Skinner）[⊜]和杰罗姆·布鲁纳（Jerome Bruner）[⊝]，发展并检验了学习的基本理论。斯金纳专精于行为研究，布鲁纳则专精于认知（cognition）。然而，时至今日，学习理论才开始成为学校所要考虑的一个组成要素。也许，对于一个企业家而言，要创办以我们所掌握的学习理论为基础的学校（而非基于世代相传的那些关于学习的无稽之谈来办学），时机已经成熟。

换言之，知识变成可应用的技术，进而开始被市场接受，所需要的间隔时间为 25 ～ 35 年。

有史以来，这一规律并没有发生太大变化。人们普遍认为，在我们这个时代，科学发现转变为技术、产品和方法的速度会快于从前。但是，这在很大程度上是一种错觉。1250 年左右，一名英国圣方济会的修道士罗杰·培根（Roger Bacon）指出眼睛的折射缺陷可以通过镜片得到矫正。这一观点与当时每个人的认识不相容：中世纪"不容置疑"的权威医师以及伟大的医学家已经"证明"这是不可能实现的。培根生活并工作在文明世界的最边缘——英国约克郡北部的偏僻地区。然而，30 年后，阿维尼翁（在法国南部）教皇宫殿的壁画上（至今仍在）就画着一位年老的红衣主教戴着眼镜的情景；又过了 10 年，出现了几幅描绘开罗苏丹皇宫的微型画像，而画中的侍臣们同样戴着眼镜。磨坊水车是在公元 1000 年左右，由北欧的本笃会修道士发明的碾谷物的设备，这是第一种真正的"自动化"装置。30 年后，

⊖ 威廉·詹姆斯（1842—1910）为美国实用主义哲学家及机能心理学的先驱，其意识流说为批判心理学元素主义的先声，情绪说则预示 20 世纪行为主义的诞生，在美国心理学史中，特别是在理论上有重要贡献。——译者注

⊜ B.F. 斯金纳（1904—1990）是美国行为主义心理学家，新行为主义的代表人物，操作性条件反射理论的奠基者。他创制了研究动物学习活动的仪器——斯金纳箱。1950 年当选为国家科学院院士，1958 年获美国心理学会颁发的杰出科学贡献奖，1968 年获美国总统颁发的最高科学荣誉——国家科学奖。——译者注

⊝ 杰罗姆·布鲁纳（1915—2016）是美国著名的心理学家和教育学家，认知心理学的代表人物之一，教育学结构课程论的开创者和倡导者。他的《教育过程》一书，曾对当时的美国乃至全世界的教育发展产生了巨大的影响。——译者注

它就遍布了整个欧洲。此外，在西方向中国学习印刷术的 30 年里，德国人古登堡发明了活字印刷和木刻印版。

把知识变成创新所需的间隔时间，似乎与知识的本质有关。可是，我们还不知道其中的原因。但是，如果同样的间隔时间也适用于新的科学理论，或许这就不是纯粹的巧合了。托马斯·库恩（Thomas Kuhn）在其开创性著作《科学革命的结构》（*The Structure of Scientific Revolution*，1962 年）中指出：一个新的科学理论大约需要 30 年时间才能转变为新的范式（paradigm）——科学家对于这一新声明非常重视，并把它运用到自己的实际工作中去。

知识的融合

基于知识的创新的第二个特点（实际上也是独一无二的特点）是，它们几乎从不基于一个要素，相反，它们是多种不同知识的融合，而且这些知识并不局限于科学或技术知识。

在 20 世纪所有基于知识的创新中，种子和家畜的杂交使人类受益最大。它使地球能够抚育的人口数量，远超过了 50 年前人们的想象。第一个成功的新种子是杂交玉米，它是华莱士（Henry C. Wallace，艾奥瓦州一家农业报纸的出版商，后担任哈定和柯立芝政府的农业部长）25 年辛勤工作的成果。也许，他是唯一一位值得被纪念的农业部长。杂交玉米源于两种知识：一种知识是密歇根州植物种植者毕尔（William J. Beal）的成果，1880 年左右，他发现了杂交的优势；另一种知识是荷兰生物学家德弗里斯（Hugo de Vries）⊖对孟德尔（Mendel）⊜遗传学的再发现。这两个人彼此互不相识。

⊖ 雨果·德弗里斯（1848—1935）是 19 世纪末 20 世纪初荷兰植物遗传学家，他以批判的眼光提出一种进化理论，又称骤变论。——译者注

⊜ 孟德尔（1822—1884），奥地利人，现代遗传学之父，是这门重要生物学科的奠基人。孟德尔进行了长达 8 年的豌豆实验，并于 1865 年发现遗传定律，被人称为孟德尔定律。——译者注

无论是从意图上还是从内容上来看，他们的工作迥然不同。但是，只有将两者融合在一起，才能培育出杂交玉米。

　　莱特兄弟发明的飞机也是基于两种知识：一种是 19 世纪 80 年代中期设计出来的，用于发动奔驰和戴姆勒所生产的汽车的汽油发动机；另一种是与数学有关的空气动力学，它主要是从滑翔机的实验中发展而来的。这两种知识都是完全独立发展起来的，但只有将两者融合在一起，才使得飞机制造成为可能。

　　前面提到的计算机需要至少五种不同的知识：一项科学发明——三极管；一项重大的数学发现——二进制理论；一种新的逻辑；打孔卡设计概念；程序和反馈的概念。这些知识缺一不可，否则计算机不可能诞生。英国数学家巴比奇常常被称为"计算机之父"，但为什么巴比奇没有制造出计算机呢？人们普遍认为是因为当时没有合适的金属和电力。但是，这是一种误解。即使巴比奇有合适的材料，他最多也只能造出我们现在称为"收银机"的机械计算器。由于没有逻辑、打孔卡的设计概念以及程序和反馈概念，他只能幻想着计算机。

　　1852 年，皮埃尔兄弟建立了第一个企业家银行，但在几年之内就宣告失败。其原因是企业家银行需要两种知识，而他们只有一种知识。他们拥有一套创造性融资理论，这使他们成为杰出的风险资本家。但是，他们缺乏系统的银行业务知识。其实，这种理论知识当时正好在英吉利海峡的对岸发展。英国人沃尔特·白哲特（Walter Bagehot）⊖在其经典之作《伦巴第街》（*Lombard Street*）一书中，已对它加以编纂。

　　⊖　沃尔特·白哲特（1826—1877）被描述成维多利亚时期英格兰最多才多艺的天才，被认为是维多利亚中期最有影响力的记者。《伦巴第街》一书是由发表在《经济学人》杂志上的一些文章汇编而成的。实际上，它是一本关于英格兰银行如何通过保有大量的储备和通过贷款的方式对付金融危机的小册子。白哲特是危机管理理论的发明者和最后贷款人功能的倡导者。这本书不是一本简单的小册子，它描述货币市场"经常、持续的借款"机制，同时概述了中央银行和外汇管理的基本理论。——译者注

皮埃尔兄弟在19世纪60年代初惨遭失败后，有三位年轻人分别在皮埃尔兄弟失败的地方重整旗鼓，并在风险资本概念的基础上增加了银行业务知识，进而获得了成功。第一位是摩根，他曾在伦敦接受培训，也对皮埃尔兄弟的工业信贷银行进行了深入研究。1865年，他在纽约创建了19世纪最成功的企业家银行。第二位是莱茵河彼岸的德国人西门子，他创建了"世界银行"（Universal Bank）。他使用这个名字的意思是，它既是英国模式的储蓄银行，又是法国皮埃尔模式的企业家银行。在遥远的东京，有一位年轻人涩泽荣一[⊖]，他是第一批旅欧亲自学习银行业务的日本人，他在巴黎和伦敦的伦巴第街都待过一段时间。随后，他建立了日本模式的"世界银行"，成为现代日本经济的缔造者之一。西门子的"德意志银行"和涩泽荣一的"第一银行"现在仍是德国和日本最大的银行。

美国人戈登·贝内特（Gordon Bennett）是正视现代报纸所存在问题的第一人。他创办了《纽约先驱报》（*New York Herald*）[⊜]。贝内特对报纸面临的问题了如指掌：一份报纸必须要有足够的收入才能在编辑上保持独立；然而与此同时，报纸必须相当便宜，才能确保发行量。早期的报纸为了获取收入而出卖自己的独立性，因此沦为某一政治派系的喉舌——如同当时大多数美国报纸以及几乎所有欧洲报纸一样，或如同那时的贵族报纸，如伦敦的《泰晤士报》（*The Times*），是"由绅士执笔，为绅士而办的报纸"，价钱非常昂贵，只有少数精英分子才能买得起。

贝内特聪明地利用了报纸需要的两大科技知识基础：电报和快速印刷。这些知识使他能够以远低于传统成本的价格办一份报纸。他知道他需要高速

⊖ 涩泽荣一（1840—1931）是日本近代著名的实业家、社会活动家。他对日本近代工商业的发展、近代教育的建设，以及社会福利、文化事业、国际友好关系等方面都做出过重要的贡献，被誉为"日本近代实业界之父""日本近代化之父"。——译者注

⊜ 戈登·贝内特（1795—1872）是美国最大也是最有影响的报纸《纽约先驱报》的创建者和出版商，他毕生奖励各种运动竞赛。——译者注

排版作业，这项技术在他过世后才发明出来。另外，他也看到了报业发展所需要的另外两项非科学知识基础中的一项——大众读写能力普及，才能使一份廉价报纸发行量的扩大成为可能。但是，他并没有把握住第五项基础：将大众广告作为收入的来源，从而使报纸在编辑上拥有独立性。贝内特个人享有非凡的成就，他是第一位报业巨子。但是他的报纸既没有领袖群伦，也没有获得经济效益。这两个目标是在 20 年后，1890 年左右，由三位懂得并利用广告的年轻人来实现的：约瑟夫·普利策（Joseph Pulitzer）⊖，他先在圣·路易斯创业，后来到纽约发展；阿道夫·奥克斯（Adolph Ochs），他接管了濒临破产的《纽约时报》，并使它成为美国报业领袖；赫斯特（William Randolph Hearst），他发明了现代报纸连锁事业。

塑料的发明（以尼龙为起点）同样也融合了许多不同的新知识。这些新知识都出现于 1910 年左右。其一是有机化学，这是由德国人开创，后由在纽约工作的比利时人贝克兰加以完善的；其二是 X 光衍射，并由此产生另一种知识——对晶体结构的了解；其三是高真空技术；最后一个要素是第一次世界大战物质短缺的压力，这迫使德国政府愿意花大量投资来研究聚合物，以获取橡胶的替代品。尽管如此，尼龙也还是经过了 20 年，才做好了上市的准备。

在所有必需的知识齐备之前，从事以知识为基础的创新时机尚未成熟，如果过早进行创新，势必遭遇失败。在大多数情况下，只有当各种要素都已经广为人知，同时可以获得，而且在某些地方已经被先行使用时，创新才会产生。在 1865 ～ 1875 年，世界性银行的出现就属于这种情况。第二次世界

⊖ 约瑟夫·普利策（1847—1911）是世界公认的报业巨子。凭着不懈的努力，他陆续购买了《西方邮报》《圣路易斯快邮报》和《纽约世界报》，并对报纸进行了一系列改革，使它们成为当时美国著名的大报。在他的新闻生涯中，为使新闻成为社会公认的一门学科，他做出了杰出的贡献。他的一生标志着美国新闻学的创立和新闻事业的迅猛发展。普利策逝世后，以他的名字命名的普利策新闻奖是美国最高新闻奖，受世人瞩目。——译者注

大战后计算机的产生，也是基于这一点。有时，创新者能够确认创新中所缺少的因素，并努力将其研制出来。普利策、奥克斯和赫斯特开创了现代广告业。紧接着，广告业又创造了我们今天所谓的"媒体"，即将信息和广告融合在大众传播之中。莱特兄弟认识到所缺少的知识主要是数学方面的知识，于是，他们通过制造风洞发展和验证了数学理论。但是，在一个基于知识的创新所需要的所有知识都具备之前，创新是无法进行的，它只会遭到夭折。

比如说，塞缪尔·兰利（Samuel Langley）⊖和他同时代的人都期待他会成为飞机的发明者，因为他比莱特兄弟接受过更好的专业训练。他是当时美国主要的科学机构（位于华盛顿的史密森学会）的会长，而且可以调拨全国所有的科学资源。但是，即使兰利时代已经发明了汽油发动机，他也不屑一顾，他只相信蒸汽发动机。结果，他的飞机虽然能飞，但由于蒸汽发动机本身太重而无法承载其他任何重量，更不用说承载一名飞行员了。要制造飞机，需要将数学知识和汽油发动机的知识相融合。

事实上，在所有知识融合在一起之前，基于知识的创新所需要的间隔时间通常还没有开始呢。

II

基于知识的创新有什么要求

基于知识的创新因为其特性不同，所以有其具体的要求。这些要求与其

⊖ 1903 年 12 月，美国航空史上发生了两件大事：一件发生在 8 日，美国政府支持的兰利教授研制的飞机第二次试飞又告失败；另一件发生在 9 天之后的 17 日，莱特兄弟试飞第一架重于空气、带动力、有人操纵、可连续飞行的飞机获得成功。两个事件如此接近，以致媒体连篇累牍讨伐"兰利的蠢事"时，竟忽略了莱特兄弟划时代的创举。尽管如此，兰利仍然被人们称为伟大的航空先驱。——译者注

他创新的要求都不一样。

1. 首先，基于知识的创新要求对所有必要的要素（无论是知识本身，还是社会、经济或认知方面的要素）进行深入分析。通过这种分析，找出哪一种要素尚不具备，由此，企业家才能决定所缺少的部分是否可以设法制造出来（如同莱特兄弟对所缺乏的数学知识做出的决定一样），还是由于创新尚不具备可行性，最好将它延期。

莱特兄弟的行为是这种方法的最好见证。他们全面彻底地考虑要建造一架由人驾驶并由马达推动的飞机所需要的知识，然后着手发展所需要的知识。他们收集可用的信息，对这些信息先进行理论上的分析，接着进行风洞测试，然后进行实际飞行试验，直到他们获得建造副翼和机翼所需要的数学知识。

基于知识的非技术性创新也需要同样的分析。摩根和西门子都未发表过论文，但日本的涩泽荣一发表过论文。而且我们知道，他完全是经过仔细分析现有知识和所需知识后，才做出了放弃前程似锦的政府工作转而创建一家银行的决定。同样，普利策在创建第一份现代报纸时，也仔细分析了所需要的知识，并决定了必须开辟广告业务，并坚信它是能够成功的。

如果我可以引入一则我个人的例子，那么我想说，本人之所以能够在管理领域成功地成为一名创新者，也是基于在 20 世纪 40 年代初期进行的类似分析。当时，管理学许多必要的知识都已能够得到，例如组织理论，以及大量有关管理工作和管理员工方面的知识。然而，我的分析结果显示，这些知识都过于零散，而且分属于许多不同的学科之中。然后，我发现了所缺的关键知识：企业的目的；高层管理的工作和结构方面的知识，也就是我们现在所称的企业政策和战略；以及目标，等等。我确信，所有这些缺乏的知识均可创造出来。但是，如果没有这样的分析，我就永远无法得知它们是什么知识，或它们就是管理学所缺少的知识。

没有这种分析几乎必定招来灾祸。要么基于知识的创新不可能成功（这就是发生在兰利身上的故事），要么创新者失去创新的果实，只能成功地为他人创造机会。

对我们最具启示意义的是，英国人未能从自己所进行的以知识为基础的创新中获得丰厚回报。

英国人发现并开发了青霉素，但是，这项研究成果却落在了美国人名下。英国科学家做大量技术性工作，研制出了青霉素，并确定了它的正确用途。然而，他们未能将青霉素的生产能力视为一种关键的知识要素。虽然他们本可以开发出所必需的发酵技术方面的知识，但是他们甚至连试都没有试过。结果，美国的一家小公司——辉瑞（Pfizer）继续研究发酵技术，最终成为世界一流的青霉素生产商。

同样，英国人构思、设计并制造了第一架喷气式客机。但是，英国的德哈维兰公司（de Havilland）并没有对其中的需要进行分析，因而没有确认出两个关键要素。一个是飞机结构问题，即在能为航空公司创造最大利益的飞行线路上所投入使用的喷气客机的体积和有效载客数。另一个要素看似同样平凡，即如何解决航空公司购买如此昂贵飞机的融资问题。德哈维兰公司没进行分析的后果是使两家美国公司——波音和麦道公司接手了喷气式飞机的制造与销售，而德哈维兰不久就在市场上消失了。

这样的分析看起来似乎非常显而易见，可是，科学或技术发明者却很少进行这样的分析。科学家和技术专家不愿意进行这种分析的原因，在于他们认为自己已经知道了答案。因此，这就解释了为什么在许多情况下，他们并没有进行以知识为基础的创新，而让一个门外汉创造出来。美国通用电气公司主要是由一名财务人员创建出来的。由于他的战略，使通用电气成为全球大型蒸汽涡轮的主要供应商，并进而成为全球电力公司的主要供应商（参见第19章）。同样，两名门外汉——老托马斯·沃森和小托马斯·沃森使

IBM成为世界领先的计算机公司。在杜邦公司，为了使尼龙的创新成功而对所需要的知识进行分析，是由执行委员会的商务人员做出的，而非由开发这种技术的化学家做出。波音公司在了解航空公司和大众需求的市场人员的领导下，成为全球喷气式飞机的主要生产厂商。

但是，这并不是一条自然法则，而是关系到意愿和自律的问题。有许多科学家和技术专家，他们强迫自己思索基于知识的创新需要些什么，爱迪生就是其中一个很好的例子。

2. 基于知识的创新的第二个要求，是要有清晰的战略定位。不能以尝试的心理进行创新。创新的引入激动人心，会吸引一大批追随者，这意味着创新者必须一次成功，他不可能再有第二次机会。在我们讨论的所有创新中，创新者一旦成功，他会在相当长一段时间内独享创新成果。但是基于知识的创新不是这样，创新者一般很快就会面临超乎想象的大量竞争者，只要走错一步就会被竞争者超越。

基于知识的创新基本上有3个主要的重点。第一个是埃德温·兰德（Edwin Land）[⊖]为宝丽来公司所确定的重点：开发一整套系统，然后占领该领域。这也正是IBM早期所做的。它选择向客户出租计算机，而不是出售计算机。它向客户提供所有软件、程序设计，为编程人员提供计算机语言指导，为客户的管理人员提供计算机操作指导，以及为客户提供所需的服务。这也是通用电气在20世纪初，使自己成为以知识为基础的大型蒸汽涡轮的创新领导者所采取的做法。

第二个重点是市场重点。基于知识的创新可以为自己的产品创造市场。这就是杜邦对尼龙采取的做法。它并不销售尼龙，而是着手建立了一个需要以尼龙为原料来生产女性裤袜和内衣的消费市场，以及需要使用尼龙的汽车

⊖ 埃德温·兰德是美国20世纪伟大的技术型企业家之一，也是宝丽来公司（Polaroid）的创始人。——译者注

轮胎市场，等等。然后，它把尼龙提供给加工商，让其生产由它创造出需求而且实际上已经在出售的产品。无独有偶，1888 年，查尔斯·霍尔（Charles M. Hall）⊖发明了铝还原工艺后，铝业公司就开始创造锅、盆、铝杆及其他铝制品市场。实际上，铝业公司直接参与了最终成品的制造和销售，因此它所创造的市场（如果没有完全把竞争对手置于市场之外的话）也有效遏制了潜在竞争对手的进入。

第三个重点是占据一个战略位置，专注于一个关键功能（我将在第 18 章中讨论这个战略）。什么样的位置，才能使知识创新者不会在早期就被基于知识的产业所淘汰呢？美国的辉瑞公司就是深入思考了这一问题，并决定专注于掌握发酵工艺，才成为青霉素的早期领导者，这一地位至今仍岿然不动。波音公司也是因为注重市场营销（也就是掌握了各航空公司及公众对飞机结构和融资方面的要求），才成为客机市场的领导者。时至今日，波音公司仍然保持着此项殊荣。尽管如今的计算机产业一片混乱，计算机关键部件（如半导体）的生产商却几乎没有受到个别计算机厂商屡屡受挫的负面影响，而继续保持它们的领导地位。英特尔公司就是这方面的例子。

在同一个产业中，基于知识的个别创新者有时会在这些不同的方案中进行选择。例如，杜邦公司选择了创造市场，而它的最直接竞争对手陶氏化学公司（Dow Chemical）却试图占领每个市场领域的关键位置。100 年以前，J. P. 摩根选择了关键功能的方法，把他的银行建成欧洲投资资本流入美国产业的管道，进而流向其他资本短缺的国家。同时，德国的乔治·西门子和日本的涩泽荣一都选择了系统的方法。

爱迪生的成功显示了明确重点所具有的威力。爱迪生并不是唯一发明灯

⊖ 查尔斯·马丁·霍尔（1863—1914），1886 年，霍尔成功地发明了用电解法从铝矾土中提炼铝的方法。此后，霍尔依靠这一发明开始了自己的商业生涯，参与创建美国铝业公司，并任副董事长。随着公司业务的扩大，霍尔渐渐成为驰名美国的铝业大王，在商业上取得了巨大成功。——译者注

泡的人，英国物理学家约瑟夫·斯旺（Joseph Swan）也发明了灯泡，斯旺发明灯泡的时间与爱迪生相同。从技术上来说，斯旺的灯泡更好。于是，爱迪生购买了斯旺的专利权，并用于自己的灯泡生产中。但是爱迪生并不仅仅考虑灯泡技术方面的要求，他还深入思考了自己的注意重点。甚至在他开展玻璃罩、真空管和发光纤维等技术性工作之前，他就已经确定了一个"系统"：他的灯泡是专为电力公司使用而设计的。他安排好了融资，并获得了给灯泡用户接线的权力，同时他还安排了分销系统。科学家斯旺发明了一个产品，而爱迪生却创造了一个产业。因此，爱迪生可以销售和安装电力设施，而斯旺只能冥思苦想谁可能会对他的科学成就感兴趣。

基于知识的创新者必须明确一个重点。无可否认，上述的 3 个重点都充满了风险，但是如果创新者连一个重点都无法明确，或在二者之间摇摆不定，或试图尝试几个重点，那么风险将会更大，到头来注定要失败。

3. 最后，基于知识的创新者——尤其是基于科学或技术知识的创新者，需要学习并实践企业家管理（见第 15 章"新企业"）。事实上，企业家管理对基于知识的创新来说，比其他任何一类创新都更为重要。由于它的风险很大，因此要为财务和管理上的远见、市场定位和市场驱动支付更高的保险费。然而，基于知识，特别是基于高科技的创新一般很少有企业家管理。基于知识的产业的高失败率，大部分是那些摆弄技术的企业家本人的错误所导致的。除了先进的知识外，他们瞧不起任何东西，尤其瞧不起那些同一领域中的非专业人员。他们过于迷恋自己的技术，常常认为质量意味着技术的复杂性，而不是给客户带来的价值。就这方面而言，他们大体上仍然属于 19 世纪的发明家，而非 20 世纪的企业家。

事实上，许多公司的表现都证明了，只要有意识地利用企业家管理，那么基于知识的创新（包括高科技）就可以大幅度降低风险。瑞士的霍夫曼－罗氏公司（Hoffmann-LaRoche）就是其中一例。惠普公司和英特尔公司也是很好的例子。确切地说，正是因为基于知识的创新本身具有很高的风险性，所以企业家管理尤为必要，同时也特别有成效。

III

独特的风险

即使以知识为基础的创新经过非常仔细的分析，有明确的重点并谨慎地加以管理，它仍然无法摆脱独特的风险和本身固有的不可预测性。

这是因为，首先，它的本质就是动荡不安的。

基于知识的创新结合了两个特点——漫长的间隔时间和知识的融合，这赋予它特殊的节奏。长期以来，人们都知道有一项创新即将发生——但是它还没有发生。然后突然进入临近爆发期，接着在短短几年内出现了大量激动人心的现象、大量创业活动和大量媒体报道。5 年以后，实力薄弱的企业被淘汰，能存活下来的寥寥无几。

1856 年，德国的沃纳·西门子应用法拉第 1830 年左右（比西门子的应用早了 25 年）提出的电学原理，设计出第一台电动马达和发动机，使整个世界为之轰动。从那时起，人们确信应该会出现一个电气产业，而且它将是一个主要的产业。几十位科学家和投资家携手努力，但是 22 年的努力没有取得任何进展。其中的原因是，还缺少一种知识：它就是后来英国物理学家麦克斯韦对法拉第原理做出的应用研究与发展。

当这一知识可以使用后，爱迪生于 1878 年发明了电灯泡。不过，这场竞赛并没有因此而终结。在以后的 5 年里，欧洲和美国所有重要的电气设备公司相继创立。西门子在德国买下了一家小型的电气设备厂商——舒克特（Schuckert）。（德国）通用电气公司、AEG 就是基于爱迪生的成果创建起来的。在美国，现在的通用电气公司和西屋公司都是那个时代的产物。在瑞士，有布朗·勃法瑞电气公司（Brown Boveri）。瑞典的 ASEA 公司则成立于 1884 年。但是，这几家公司是上百家这样的公司（它们分布在美国、英国、法国、德国、意大利、西班牙、荷兰、比利时、瑞士、奥地利、捷克斯洛伐克、匈牙利等国）中的幸存者。这上百家公司都是当时投资热潮中的投资者追捧的对象，且都有望成为"10 亿美元的大公司"。此外，电气设备产业的崛起，形成了科幻小说的第一波热潮，造就了凡尔纳和威尔斯等享誉全球的畅销作家。但是，到了 1895 ~ 1900 年，大多数公司都已销声匿迹了，它们有的歇业，有的破产，还有的被少数幸存者收购了。

1910 年左右，单单在美国，就有 200 家汽车制造公司。20 世纪 30 年代初期，这一数字缩减到 20 家，到了 1960 年，全美就只剩下 4 家。

在 20 世纪 20 年代，生产收音机的公司实际上有好几百家之多，同时还有好几百家广播电台。到了 1935 年，广播业开始控制在三大"广播网"手中，而且制造收音机的厂商也只有几家存活下来。在 1880 ~ 1900 年，报社如同雨后春笋般涌现出来。事实上，报业是当时最重要的成长产业之一。但是，自第一次世界大战以后，各主要国家的报社数量开始逐步下降。银行业的处境也是一样。在少数创立者——摩根、西门子和涩泽荣一之后，美国和欧洲的新银行如雨后春笋般势不可挡。但是到了 1890 年左右，仅仅是 20 年以后，合并的风潮开始盛行，银行不是关门就是合并。第二次世界大战后，各主要国家只有少数几家银行在全国具有重要地位——不论是商业银行还是私人银行。

但是，每一次的幸存者，无一例外都是那些在蓬勃发展的早期就已创建的公司。这个蓬勃发展期一过，要想进入这个产业实际上已不太可能了。每一个产业都有一个为期几年的"窗口"，一个新企业必须在这个"窗口"打开的时期，跻身基于知识的产业中。

现在人们普遍认为，这个"窗口"逐渐变窄了，但这实际是人们错误的认知。这与人们普遍认为新知识从出现到转化为技术、产品和程序的间隔时间也越来越短一样，都是不正确的。

在乔治·斯蒂芬森（George Stephenson）[⊖]的"火箭号"于 1830 年在商业铁路上牵引第一辆列车以后的几年里，英国成立了 100 多家铁路公司。在 10 年的时间里，铁路是高科技产业，铁路企业家成为媒体竞相报道的对象。狄更斯的小说《小杜瑞特》（*Little Dorrit*）（发表于 1855 ～ 1857 年）就对这种投机热进行了讽刺；这种现象与当今的硅谷投机热如出一辙。但到了 1845 年，"窗口"突然关闭了。从那时起，英国人再也没有将资金投入到新的铁路建设上。50 年以后，英国的铁路公司从 1845 年的大约 100 多家缩减至五六家。同样的情况也发生在电气设备产业、电话产业、汽车产业、化工产业、家电产业及电子消费产业上。这种"窗口"从来不会开得很大，开放的时间也不会很长。

但是毫无疑问，如今的"窗口"变得越来越拥挤了。19 世纪 30 年代的铁路繁荣仅限于英国；随后，每个国家都经历了自己的热潮期，进程则完全不同于邻国。电气设备制造的热潮已经跨越了国界，25 年后的汽车热潮也超越了国界。但是这两个热潮都只限于当时工业发达的国家。但现在的工业发达国家涵盖的疆界更广，它包括日本、巴西，而且很快将包括新加坡等。今天的通信基本上是实时的，旅行也变得方便而快捷。如今，许多国家都拥有了 100 多年前只有少数地区才拥有的优势：一大批训练有素的人员，他们可以立即投入到基于知识，尤其是基于科技的创新领域中工作。

这些事实有两个重大的含义。

1. 基于科学和技术的创新者都会发现时间在与他们作对。在所有基于其

⊖ 斯蒂芬森（1781—1848）一直从事铁路建设和机车制造工作。由于他的科学技术成就和杰出贡献，他被后人称为近代蒸汽机车的奠基人。——译者注

他来源的创新中——意外事件、不协调的事件、程序需要、产业结构变化、人口统计或认知的变化中，时间总是站在创新者这一边。创新者能够预期到他们将有一段不受打扰、独自创新的时间。如果他们犯了错误，他们可能有时间去改正。此外，他们还有好几次创立新企业的机会。而基于知识，特别是基于科学和技术的创新就不是这样了。他们只有短暂的可能进入时间（也就是新兴产业开放"窗口"的时间），而且创新者没有第二次机会，他们必须一次成功。外部环境冷酷无情，"窗口"一旦关闭，机会就随之消失了。

然而，在某些基于知识的产业中，在第一个"窗口"关闭二三十年以后，又会打开第二个"窗口"。计算机就是这样的一个例子。

计算机的第一个"窗口"的开放时间从 1949 年持续到 1955 年左右。在此期间，世界上每一家电气设备公司都进入了计算机行业。例如美国的通用电气公司、西屋公司和美国无线电公司（RCA）；英国的通用电气公司、普利西半导体公司（Plessey）和费兰蒂公司（Ferranti）；德国的西门子公司和 AEG 公司以及荷兰的飞利浦公司，等等。到了 1970 年，所有这些大公司都很狼狈地退出了计算机行业。这一领域被那些 1949 年前尚未成立，或当时规模还较小的公司和处于竞争边缘的公司所占领。其中有 IBM 公司、"七个小矮人"（美国七家小型计算机公司）、ICL 公司（英国通用电气公司、普利西和费兰蒂公司的残余计算机事业部）；几家由法国政府大力扶持的苟延残喘的小公司以及一些新进入者——德国的利多福公司（Nixdorf）。日本的计算机公司，长期以来都是在政府的支持下才得以生存。

然后，在 20 世纪 70 年代晚期，第二个"窗口"随着计算机芯片的发明而打开了，这导致了文字处理机、微型计算机、个人计算机的问世，并使计算机与电话交换机融合。

但是，在第一回合较量中已经失败的公司，并没有加入到第二回合的竞争中。即使在第一回合中得以幸存的公司，也没有加入第二回合的竞争，或者是在很不情愿的情况下，很晚才加入进来。因此，优尼瓦克（Univac）、控制数据（Control Data）、霍尼韦尔（Honeywell）、宝莱（Burroughs）、富士通以及日立等公司都没有夺得小型电脑和个人电脑市场的领导地位。唯一的例外就是 IBM，它不仅是第一回合中毋庸置疑的冠军，又在第二回合中大获全胜。这种情况也是早期以知识为基础的创新模式。

2. 由于如今的"窗口"相当拥挤，任何一个基于知识的创新者存活的机会都会很小。

在"窗口"开放期间，有大量的进入者。但是，一旦结构稳定和成熟，其结构似乎就不会改变。当然，各不相同的产业之间，结构有很大的差异。结构的差异取决于技术、资金需求和进入的难易程度，取决于产品能否运输和销往外地等。但是，在任何一个时点上，任何特定的产业都有一个典型的结构：在任何特定的市场里，总会有许多公司加入，其中有的是大型公司，有的是中型公司，有的是小型公司，还有不少专家。逐渐地，对于任何基于知识的新兴产业而言，无论是计算机产业还是现代银行业，都只存在一个"市场"：世界市场。

当一个产业成熟和稳定时，得以幸存的以知识为基础的创新者人数并不会比传统创新的人数多。但是，由于世界市场和全球通信的出现，导致了在"窗口"开放时期进入者的人数大幅度增加。而当淘汰期来临时，企业的失败率也会比以往高得多。淘汰期总是会来的，这是不可避免的。

淘汰期

一旦"窗口"关闭，淘汰期就开始了。大多数公司在"窗口"开放时期开创的事业都不能熬过淘汰期。昔日的高科技产业，如铁路、电气设备制造业和汽车业都证明了这一点。当我撰写本书时，微处理器、微型计算机和个人计算机公司已经经历了淘汰期——距离计算机行业打开"窗口"仅仅五六年之后。今天，仅在美国，该产业可能就有 100 家公司。10 年后，也就是 1995 年，恐怕只有几家颇具规模的公司能够幸存下来。

究竟谁生谁死，谁半死不活，是很难预料的。事实上，推测也是无济于事的。仅凭规模也许可以存活下来，但它也无法保证企业能够在淘汰期中取得成功，否则，今天世界上最大、最成功的化学公司应当是联合化学公司（Allied Chemical）而不是杜邦公司。1920 年，当美国化学产业的"窗口"打开时，联合化学似乎是所向披靡的，因为它获得了德国化学的专利权（美国政府曾在第一次世界大战期间，把这些专利权予以没收）。然而过了 7 年，经过了淘汰期后，联合化学公司却成为一个不堪一击的失败者，昔日的辉煌已经不在。

1949 年，没人会预料到 IBM 会成为计算机巨人，更不用说会预料到像通用电气或西门子这样经验丰富的产业领袖竟会在竞争中一败涂地。同样地，1910 年或 1914 年，当汽车股票还是纽约证券交易所的宠儿时，没有人会料到通用汽车和福特会幸存下来而且还蒸蒸日上；而大家普遍看好的帕卡德（Packard）或霍普莫比尔（Hupmobile）如今却不复存在。当 19 世纪七八十年代现代银行刚刚起步时，同样也没有人预料到德意志银行会吞并许多老式的德国商业银行，成为该国的主要银行。

要预测某个产业是否将变得举足轻重并不难。从历史记录来看，每个产业在迅速发展阶段，即我所说的"窗口"期，都会成为一个主要产业。问题是，在这个产业中，哪家公司能存活下来，进而成为该产业的领导者呢？

这种产业发展节奏在高科技领域尤为明显。一开始是兴奋期，接着是投机狂热期，而后就是残酷的淘汰期。

首先，这类产业是引人注目的中心，因此与平凡的产业相比，它吸引了更多的加入者和更多的资金。同时，人们对它们的期望也高于其他产业。从事普通行业（如鞋油和制表业）而发家的人比依靠高科技致富的人要多，但是，没有人会期望鞋油公司去创立一家10亿美元级的大企业。即使它们建立的只是一个健康的、规模不大的家族企业，也没有人会认为这是一种失败。相比之下，高科技产业可谓是一种"比大小游戏"，中间分子是没有价值的。这种现象使高科技创新天生就存在很高的风险。

其次，在相当长的一段时间内，高科技产业会没有利润。全球的计算机产业始于1947～1948年。直到20世纪80年代初期，也就是30年后，整个产业才达到盈亏平衡点。确切地说，确有几家公司（实际上都是美国公司）在更早的时候就开始赚钱了，而业界领袖IBM公司，在更早的时候就赚了大钱。但是，纵观整个产业，少数几家成功公司的盈利被其他公司的巨额亏损抵消了。例如，大型国际电气公司想成为计算机生产商，但它们的努力却付诸东流，并因此遭受巨大损失。

同样的事情也发生在每一个早期的高科技热潮中——19世纪初的铁路热潮、1880～1914年的电气设备和汽车热潮及20世纪20年代的电子仪器和收音机热潮，等等。

造成这种现象的一个主要原因是，公司需要在研究、技术开发和技术服务上投入越来越多的资金才能参与竞赛。为了处于不败之地，高科技必须越跑越快。

当然，这也是它的魅力之一。但是这也意味着，当淘汰期到来时，哪怕有一点风吹草动，能坚持下去的也只有产业内少数几家财力雄厚的企业。这就是为什么高科技企业比其他新企业更需要财务上的远见，以及为什么和其他新企业相比，具有财务远见的高科技企业总是凤毛麟角。

在淘汰期，只有一个存活之道：企业家管理（将在第12～15章中讨论）。使德意志银行从当时流行的金融机构中脱颖而出的一个原因是，乔治·西门子经过深思熟虑，建立了世界一流的高层管理团队。杜邦公司与联合化学公司的不同之处在于，杜邦在20世纪初创建了世界上第一个系统化的组织结构，制定了世界上的第一个长期规划和第一个管理信息与控制系统。联合化学公司却只是任由一个"聪明的自我主义者"武断经营。但这并不是故事的全部。那些在最近的计算机淘汰期败下阵来的大多数大型公司——如通用电气和西门子，通常都被认为拥有一流的管理人员。福特公司虽然在淘汰期以管理不善而闻名，但是它幸存了下来。

由此看来，企业家管理很可能是幸存的前提条件，但不是保证。在淘汰期中，可能只有局内人才能真正了解（也许连他们都不知道），一个在繁荣期成长迅速的基于知识的创新公司是否实施了有效的管理（如杜邦公司），或根本就没有管理（如联合化学公司）。但是，等到我们弄清这些问题的时候，可能已经太晚了。

接受度的赌博

要想获得成功，基于知识的创新必须是成熟的，它必须具有可接受性。这是基于知识的创新本身固有的风险，而且也是其独特威力作用的表现。所有其他创新都是利用已经发生的变化，去满足一个业已存在的需求。但是，基于知识的创新本身就是引起改变，其目的是创造一种需求。没有人可以预先知道使用者对它是接受、无动于衷还是极力排斥。

当然也有例外情况。无论是谁发明了治疗癌症的药品都不用担心接受度问题。但是这样的特例可谓凤毛麟角。对于大多数基于知识的创新来说，接受度是一场赌博，成败的概率是未知的。也许它有很高的接受度，只是没有人认识到它；也可能当每一个人都确信社会正在热切地期盼某种创新时，却没有人接受它，甚至还存在相当大的抵触。

面对基于知识的创新，人们反应迟钝的例子比比皆是。有个典型的例子是，普鲁士国王预测铁路这个新发明将会遭到失败。他断言："当人们骑马就能在一天之内免费地从柏林来到波茨坦时，根本就不会有人愿意付钱去乘火车，尽管它在一小时之内就可以跑完全程。"当时并不是只有普鲁士国王一人对铁路的接受度产生错误判断，大多数同时代的"专家"也都同意他的见解。同样，当计算机出现时，也没有一个"专家"料到企业会需要这种新发明。

截然相反的错误也很常见。"每一个人都知道"存在着一种真正的需要，而实际上人们却对它无动于衷或加以抵触。同一个权威在1948年还无法想象企业会需要计算机，几年以后，也就是1955年左右，他又预测，计算机将在十年之内使学校发生革命性变化。

德国人认为电话的发明者是赖斯（Philip Reis）[⊖]，而不是贝尔。赖斯的确在1861年研制出一台可以传输音乐的仪器，与传输话语只有一步之遥。随后，他因过度沮丧而放弃了。因为他感到没有人会接受电话，对它产生兴趣，或渴望得到它。"对我们来说，电报就已经足够好了"是当时人们的普遍心态。但是，当15年后贝尔为他的电话申请专利时，人们立即对此做出了积极的反应，德国人的反应尤为热烈。

其实，想要解释为什么人们在这15年内会改变初衷，愿意接受电话的原因并不难。美国南北战争和普法战争这两个重大战役证明电报根本不够好。当然，这并不能说明为什么人们对电话的接受度会发生改变。当赖斯于1861年在科学大会上演示他的仪器时，几乎所有的专家都很乐观地预测赖斯的发明将会被广泛接受，而结果表明，这些专家都错了。

⊖ 对于"谁是电话之父"或"谁是电话的发明者"这个问题，一直有很大争议，几乎所有的出版物上都会说：亚历山大·贝尔（Alexander Graham Bell）发明了电话。但是，2002年美国国会的一项决议中说：电话的发明人是美籍意大利人安东尼奥·梅乌奇（Antonio Meucci），而不是亚历山大·贝尔。然而，关于"谁是电话之父"的争论并没有因为美国国会的决议公布而完全停止。2003年11月，英国伦敦科学博物馆的馆长约翰·利芬提出了证据，证明电话的发明人既不是贝尔也不是缪奇，而是德国人菲利普·赖斯（1834—1874），赖斯在1863年发明了电话，比贝尔获得电话发明永久专利（1876年）早13年，比缪奇获得电话发明临时专利（1871年）早8年。——译者注

当然，专家也有可能是对的，而且常常如此。例如在 1876 ～ 1877 年，专家们了解到灯泡和电话都具有可接受性——他们都说对了。同样，爱迪生在 19 世纪 80 年代开始发明留声机时，也得到了专家的建议和支持，又一次证明了专家在人们对新设备的接受能力方面的推测是对的。

但是，专家对以知识为基础的创新的接受度做出的评估，只能有待事后的检验，才能判断是否正确。

即使在事后，我们也不一定就能认知为什么某个基于知识的创新会被接受或被拒绝。例如，没有人可以解释为什么语音拼写法会遭到如此激烈的抵制。人人都赞同非语音拼写法是阅读与写作的主要障碍，它迫使学校把大量时间花在提高学生的阅读技巧上，而且还要对儿童过多的阅读障碍现象和由此引起的逆反心理负责。语音拼写的知识至少已经存在一个世纪了。对于问题非常严重的两种语言来说，已经有了解决问题的语音拼写法——适合英语的音标，以及适合日语的带有 48 音节的假名表。而且，这两个国家都有邻国通过使用音标来解决语音问题的成功事例。德文 19 世纪中期成功地进行拼写改革成为英国的榜样，而日文也采纳了同样成功（但发生更早）的韩语改革模式。然而，在这两个国家里，人们对这么一个急需的、非常合理的，而且有实例证明是绝对安全、相当容易而又十分奏效的创新没有表现出一丝接受的意愿。为什么呢？虽就这一问题有各种各样的解释，但没有人知道真正的原因是什么。

在基于知识的创新中，没有办法可以消除风险因素，甚至连降低风险的办法都没有。市场调查也不奏效，因为没有人能够对根本不存在的事情进行市场调查。意见调查可能不仅仅是毫无用处，也许还会带来坏处。至少，为了指出基于知识的创新的接受程度，我们要把经验与"专家意见"结合在一起。

但是，我们别无选择。如果我们想要进行基于知识的创新，就必须赌它的接受度。

　　基于科技新知识的创新，风险最高。当然，在当下热门的领域从事创新（如个人计算机和生物工程）风险会更高。与此相比，不太引人注目的领域，其风险也就低多了，因为会有更多的时间。在并非基于科学或技术的知识创新里，如社会创新，风险也比较低。但高风险是基于知识的创新所固有的，这是我们为追求它的影响和它带来改变的能力所必须付出的代价。这种改变不单针对产品和服务，而且包括我们如何看待世界，如何看待我们在这个世界中的位置，以及最终如何看待我们自己。

　　但是，即使是高科技创新的风险，也可以通过把新知识与创新机遇的其他来源（如意外事件、不协调的事件，特别是程序需要）相结合，从而大幅度降低风险。因为在其他创新机遇来源的领域里，接受度不是业已确立，就是可以相当容易地通过检验，有很高的可靠性。而且，在这些领域中，完成创新所必须创造出的新知识，通常可以相当精确地加以界定。这就是"项目研究"为何越来越普遍的原因。但是，即使是项目研究也需要大量的系统化工作和自我训练，并且必须是有组织、有目的的。

　　因此，基于知识的创新对创新者提出了许多要求。他们不同于其他领域的创新者，他们面临的风险也不相同。例如，时间不站在他们这一边。但是，风险越高，潜在的回报也越高。其他创新者可能会发财致富，而基于知识的创新者则有望名利双收。

聪明的创意

以聪明的创意为基础的创新，也许比其他所有种类创新的总和还要多。每 10 项专利中，就有七八项属于这类创新。许多关于企业家与企业家精神的书籍中，所谈到的大部分新企业都属于这类聪明的创意：拉链、圆珠笔、喷雾器、软饮料和啤酒的易拉罐等都是聪明的创意。在许多企业中，研究的目的就是发现和利用聪明的创意：不论是为燕麦早餐或软饮料研制新口味，还是研制出更好的跑鞋，或是研制不会烫焦衣物的熨斗。

然而，聪明的创意却是风险最大、成功概率最小的创新机遇来源。这种创新中，能够赚回研制成本和专利申请费用的仅有 1%；能够做到赚钱的就更少，可能不到 0.2%。

没有人知道，哪些以聪明创意为基础的创新有成功的机会，哪些可能会失败。例如，喷雾器为什么会成功，而其他许多类似的创新却惨遭失败？为什么某种万能扳手能够销得很好，而大多数其他同类的产品却无人问津？为什么拉链能为人们所接受（尽管它很容易卡住），并取代了纽扣呢？毕竟，礼服、夹克或裤子的拉链卡住了，是一件很尴尬的事情。

　　一直以来，人们企图提高以聪明创意为基础的创新的可预测性，但一直没有特别成功。

　　同样，人们还试图鉴别成功创新者的个性特质、行为或习惯，也没有取得什么进展。一则古老的格言是这么说的："成功的发明家，就是要不断发明。他们在赌博，如果他们尝试得多，他们就会成功。"

　　但是，这种"只要你不断尝试聪明的创意，你就会成功"的信念，并不比人们的普遍看法——"只要你不断投钱到老虎机中，你就能赢得大满贯"的谬论，更为高明。然而，老虎机的游戏规则已是设定好了的，赌场赢的概率是 70%。你投得越多，往往输得也就越多。

　　实际上，根本没有任何经验性依据可以证明"只要坚持，聪明的创意就会赢"的论调，正如没有任何规律可以证明你能击败老虎机一样。一些成功的发明者有了一个好创意后，就不再想新创意了，拉链或圆珠笔的发明者就是很好的例子。也有许多发明者，他们的名下拥有 40 项专利，却没有一项取得成功。当然，创新者会随着不断实践而有所改进，但前提是，他们必须运用正确的方法进行实践，才能达到如此效果，即把他们的工作奠定在对创新机遇来源进行系统分析的基础上。

　　导致不可预测性和高损失率的原因非常明显。因为聪明的创意往往都是模糊不清且难以捉摸的。我怀疑，除了拉链的发明者以外，还有谁会考虑到纽扣或挂钩会不适于将衣服扣紧；或者，除了圆珠笔的发明者以外，还有谁会指出 19 世纪发明的钢笔有不足之处。电动牙刷是 20 世纪 60 年代市场上的成功产品之一，那么它满足了人们什么需要呢？毕竟，人们还是要用手去握住它。

　　即使我们能够明确需求，但往往无法确定解决方案。遇到交通堵塞时，车里的人需要一些消遣，这种需求不难理解。但是，为什么索尼公司为满足这种需求，于 1965 年左右推出的小型电视却在市场中惨遭失败，而价格更昂贵的汽车音响却大获成功呢？现在回顾起来，这个问题不难回答。但是，我们是否能前瞻性地预见到这个问题的答案呢？

因此，不论成功的故事多么诱人，我还是建议企业家最好放弃以聪明创意为基础的创新。毕竟，虽然在拉斯维加斯每周都有人在老虎机前赢得大满贯，但所有老虎机玩家所能做到的，也只是不要输得太多，以至于超出了自己所能承受的。有目的、有系统的企业家会对系统化的领域（即我从第 3 章到第 9 章所讨论的七个创新来源）加以分析。

这些领域会产生足够多的机会使任何一个企业家、任何一家企业家企业或公共服务机构忙得不亦乐乎。事实上，创新机会如此之多，根本没有任何人能够充分地利用它们。在这些领域中，我们知道观察的方法、寻找的目标以及应该做的事情。

对于那些致力于聪明创意的创新者而言，我们所能做的，就是告诉他们万一他们的创新成功了，应该采取哪些行动。那么这时候，新企业的规则（见第 15 章）就可以派上用场了。当然，这就是为什么大量关于企业家精神的著作只论述如何创办和经营新企业，而不谈创新本身的原因。

但是，企业家经济也不能傲慢地忽视以聪明创意为基础的创新。就个别这类创新而言，这类创新是不可预测、不可组织和不可系统化的，而且绝大多数会以失败告终。另外，许多这类创新在刚开始时都是微不足道的。新的开罐器、假发架和皮带扣等申请专利的比例总是居高不下，任何新的专利名单上总是至少出现一种暖脚设备、两种洗碗布。但是，由于这类以聪明创意为基础的创新的数量相当庞大，因此，对于经济而言，即使仅有极小的成功比例，也会涌现更多的新企业、新工作机遇和新运行能力。

在创新与企业家精神的理论和实践中，以聪明创意为基础的创新只是一种附属品，但是它应该受到人们的赏识和回报，因为它代表着社会所需要的品质：进取心、远大志向和独创性。或许，对于推广这种创新，社会所能做的事并不多，因为人们无法推广他们不了解的东西。但是，社会至少不应该对这种创新进行打击、惩治或设置障碍。从这个角度来说，发达国家，尤其是美国，最近试图通过提高专利申请费等方法，打击以聪明创意为基础的创新，以及以"反竞争"为由打击专利的势头，不仅是鼠目寸光，而且是非常有害的。

创新的原则

I

所有经验丰富的医生都见过"奇迹般痊愈"的病人。那些病入膏肓的患者，突然间康复了。这种情况有时是自然发生的，有时是通过虔诚的祈祷治疗，或是通过某种荒谬的饮食，或是通过黑白颠倒的作息方式。只有冥顽不化的人才会怀疑这种痊愈的发生，并将其视为"不科学"。其实，它们确实存在。然而，没有一个医生会将这种奇迹般的痊愈写入教科书，或在课堂上教授给医学院的学生。因为它们无法再现、传授和学习，而且这种事情也极为罕见，毕竟绝大多数绝症患者都难逃一死。

同样，也有许多创新并不是基于前面几章所述的几个来源，它们并不是以有组织、有目的、有系统的方式发展而来的。有些创新者是"缪斯的宠儿"，他们的创新是"灵光乍现"的结果，而不是依靠辛苦、有组织、有目标的工作得到的。这种创新是无法再现、传授和学习的。到目前为止，我们还没有任何一种可以教授某人成为天才的方法。但是同时，发明和创造也不像一般人所认为的那样，充满着浪漫色彩，这种"灵光乍现"也是非常少见的。更糟糕的是，我所知道的"灵光乍现"还没有一个转变为创新，它们只是一直停留在聪明的创意阶段。

有史以来，最伟大的发明天才当首推达·芬奇（Leonardo da Vinci）[⊖]。在他笔记本的每一页上，都记载着一个令人惊叹的创意——从潜水艇到直升机，再到自动炼钢炉等。但是，由于 1500 年时的技术和材料所限，这些创意都没能转化为创新。事实上，处在当时的社会和经济条件下的人们也根本不会接受这些创意。

每个学生都知道詹姆斯·瓦特（James Watt）发明了蒸汽机，实际上他并不是蒸汽机的真正发明者。科技史学家都知道，1712 年，托马斯·纽科门（Thomas Newcomen）[⊖]建造了第一台真正意义上的蒸汽机，并且还利用它完成了许多有用的工作。例如，英国的一个煤矿用它来抽水。瓦特和纽科门都是有组织、有系统、有目标的发明家，而瓦特的蒸汽机尤其符合创新模式：他将新出现的知识（如何扩大一个平滑的汽缸）和"缺少的环节"（压缩机）的设计相结合，开始了一项基于程序需要的创新。纽科门的蒸汽机已经为其市场铺平了道路（当时已经有几千台纽科门蒸汽机投入使用）。但是，这种内燃机（含有我们现在所说的现代科技）的真正发明者既不是纽科门，

⊖ 达·芬奇（1452—1519），意大利文艺复兴中期的著名美术家、科学家和工程师。达·芬奇与米开朗基罗、拉斐尔并称文艺复兴三杰，尤以《最后的晚餐》和《蒙娜丽莎》等画驰名。达·芬奇以博学多才著称，在数学、力学、天文学、光学、植物学、动物学、人体生理学、地质学、气象学以及机械设计、土木建筑、水利工程等方面都有不少创见或发明。——译者注

⊖ 纽科门（1663—1729）是英国工程师，蒸汽机发明人之一。他发明的常压蒸汽机是瓦特蒸汽机的前身。于 1712 年首次制成可供实用的大气式蒸汽机，被称为纽科门蒸汽机。纽科门蒸汽机被广泛应用了 60 多年，在瓦特完善蒸汽机的发明后很长时间还在使用。纽科门蒸汽机是第一个实用的蒸汽机。他为后来蒸汽机的发展和完善奠定了基础。——译者注

也不是瓦特，而是英裔爱尔兰化学家罗伯特·玻意耳（Robert Boyle）[⊖]，而他的这种发明纯属"灵光乍现"。只是玻意耳的发明无法运作，也不可能运作。因为他是利用火药的爆炸来推动活塞的，这种方法会弄脏汽缸，每一个冲程以后，人们都要把汽缸拆下来清洗一次。但是，玻意耳的创意先后启发了他的助手丹尼斯·帕潘（Denis Papin）、纽科门以及瓦特，研制出了可以运转的内燃机。玻意耳这个天才所拥有的只是一个聪明的创意，它属于创意历史的范畴，却不属于科技或创新史范畴。

目标明确的创新源于周密的分析、严密的系统以及辛勤的工作，这可以说是创新实践的全部内容。我们之所以要将它展示出来，是因为它至少涵盖了 90% 的有效创新。与其他领域一样，想成为一个杰出的创新实践者，只有经过某种训练，并将它完全掌握后，创新才会有效。

那么，代表创新训练核心的创新原则是什么？其中有几个"要做"——指必须要做的事情；还有几个"不要做"——指尽量避免做的事情；另外，还需要满足我所说的几个"条件"。

II

要做的事情

1. 有目标、有系统的创新始于对机遇的分析，而对机遇的分析则始于对创新机遇的来源进行彻底思考。在不同的领域中，不同的来源在不同的时间里有着不同的重要性。例如，在基础工业生产程序领域中，也许人口统计

⊖ 玻意耳（1627—1691），英国化学家、物理学家和自然哲学家。1663 年当选为英国皇家学会会员，1680 年当选为会长。玻意耳为近代化学的奠基人之一，是第一位阐述元素本性的科学家，使化学发展有了新的起点。玻意耳在物理学方面也有成就，研究得最多的对象是气体，其研究成果以发现气体的弹性（即可压缩性）最为有名，他证明了空气的体积与加在它上面的压力成反比，这就是著名的玻意耳定律。——译者注

数据这个创新来源对于寻找程序中"缺少的环节"的创新者来说，就不太重要。因为，在这样一个生产程序（如造纸程序）中，经济现状之间有着很明显的不协调。同样，新知识这个创新来源，对于那些创造新的社会工具来满足变化的人口所产生的需求而言，也没有什么实际价值。但是，所有创新的来源必须有系统地进行分析和研究。仅仅注意到它们是不够的，研究工作必须有组织、有系统、规律性地进行。

2. 创新既是理性的又是感性的。因此，创新第二项要做的事情就是走出去多看、多问、多听。这种做法值得再三强调。成功的创新者左右大脑并用：他们既观察数字，又观察人的行为。他们先分析出要满足某个机遇所必需的创新，然后，他们走进人群，观察顾客和用户，了解他们的期望、价值观和需求。

这样，他们就可以了解创新的接受度和价值，以及某项创新方案是否符合人们的期望或习惯。然后，创新者可以自问："这项创新应对顾客有什么好处，才能使得原先勉强接受它的人变得愿意使用它，并且从中看到自己的机遇呢？"不然的话，创新者极有可能面临以错误形式推出正确创新的风险——这正是某家大生产商的遭遇。这家公司专为美国学校提供学习用的电脑程序，但是那些对电脑怀有恐惧心理的教师并没有采用这些极为优秀的程序，他们认为电脑对他们根本没有帮助，反而是一种威胁。

3. 创新若要行之有效就必须简单明了，目标明确。它应该一次只做一件事情，否则就会把事情搞糟。如果它不够简单，就无法操作。每一种新生事物都会遇到一些麻烦，如果太过复杂，就难以修正。所有有效的创新都异常简单。实际上，一项创新所能赢得的最大赞美莫过于人们说："这太显而易见了，为什么我就没有想到呢？"

即使是创造新用途和新市场的创新，也应该集中在一种特定、清晰且经过设计的应用之上。它应该专注于它所满足的特定需求，或它所产生的特定最终结果上。

4. 有效的创新始于细微之处，它们并不宏大，只是努力去做一件具体的事而已。例如，它可能是试图让运输工具依靠电力在铁轨上行驶，这可能就是有轨电车的创新。或者，只是试图将相同数量的火柴装入火柴盒中（过去是 50 根一盒），虽然它很小但也可能是一种创新。这种创新不仅使火柴自动填装机被发明出来，而且还使其瑞典发明者成为垄断世界火柴市场长达半个世纪之久的寡头。相反，那些宏伟的创意，那些旨在"掀起一场工业革命"的计划常常沦为空想。

创新最好能从小规模开始——只需要少量资金、少量人手，而且针对有限的小市场。否则，创新者就没有充足的时间来进行成功创新所必需的调整和改变。因为，在初期阶段，很少有创新是"基本正确"的。只有当规模很小，对人员和资金的要求不高时才能进行必要的调整。

5. 最后一个"要做的事情"是，一项成功创新的最终目标是取得领导地位。它的最终目标不一定是"成为一个大企业"，事实上，没有人能够预言某个特定的创新最终能成为一个大企业还是绩效平平。但是，如果某项创新从一开始就不以获得领导地位为目标，那么它就不可能具有足够的创新性，因而也不可能有所建树。旨在取得一个行业或市场支配地位的战略与只期望在某个程序或市场中占据一小块"生态利基"的战略（在第 16 ～ 19 章讨论）是很不相同的。所有企业家战略，即所有旨在利用创新的战略，都必须在某个特定环境中夺取领导地位，否则其结果就只是为他人作嫁衣而已。

III

不要做的事情

以下是几个非常重要的"不要做的事情"。

1. 首先就是不要太聪明。如果创新想要达到一定规模和重要地位的话，就必须使普通人也能操作。毕竟，普通人是唯一数量充足且取之不尽的来源。过于聪明的创新，无论是在设计上还是在使用上，几乎都注定会失败。

2. 其次，不要过于多样化，不要分心，不要一次想做太多的事情。要专注！当然，这是刚才所说的"要做的事情"的推论。偏离核心的创新往往会变得相当散乱。它们将只能停留在创意阶段，而成不了创新。这个核心不一定非得是技术或知识。事实上，无论是营利性还是公共服务性组织，市场知识都是比纯知识和技术更好的统一核心。创新工作必须围绕一个统一核心，否则它们就可能分崩离析。创新需要将所有的努力汇集在一起才能集中力量，进而蓄势待发，并且还要求实际执行的人员能够彼此之间相互了解。要达到这一点，同样需要一个统一的、共同的核心。多样化和一心二用会破坏这种统一的核心。

3. 最后，不要尝试为未来进行创新。要为现在进行创新！一项创新可能会有长远的影响力，可能需要 20 年才会完全成熟。以计算机为例，正如我们所看到的那样，直到 20 世纪 70 年代初，也就是第一款电脑设备问世后 25 年，电脑才开始对企业产生相当大的影响。但是，电脑自问世的第一天开始，就具备了现在常见的明确用途，如进行科学计算、付薪水、以模拟飞行来培训飞行员等。仅仅说"25 年以后，会有许多人需要电脑"是远远不够的，我们必须说："现在就有许多人利用这项创新来改变他们的生活状况。当然，时间的流逝对我们有利。25 年以后，将会有更多人需要它。"但是，除非创新立即就能应用，否则它很可能只会成为达·芬奇笔记本中的图画而已——充其量只是"聪明的创意"。况且，在现实生活中，很少有人具备达·芬奇那样的天赋，因此，不可能指望单凭一册笔记本就使自己名垂千古。

第一个充分理解这一告诫的发明家可能就是爱迪生了。1860 年或 1865

年前后，与他同时代的其他电气发明家都开始了电灯泡的研制，但爱迪生等了 10 年时间，直到所必需的知识一应俱全以后才开始动手。在 1860 年（或 1865 年），研究电灯泡是为"未来"而进行的发明。但是，当所需的知识都出现时，换句话说，当电灯泡可以成为"现在"的产品时，爱迪生调动了他所有的力量，并组织了一批具有卓越才能的研究人员，在几年时间里，专心致力于这项创新机遇上。

创新机遇有时会有很长的一段间隔时间。在医药研究领域中，10 年的研究和开发工作是常有之事，一点都不算漫长。但是，没有一家制药公司会去着手做一项目前尚无医疗用途的药物研究项目。

三个条件

最后，还有三个条件。这三个条件都是显而易见的，却常常被人忽视。

1. 创新是工作。它需要知识，也往往需要大量的聪明才智。创新者显然比一般人更聪明。他们很少涉足多个创新领域。虽然爱迪生的创新才能卓尔不群，但他所有的发明都只限于电学领域。金融领域的创新者，如纽约的花旗银行，也不可能在零售业或医疗保健领域进行创新。与其他工作一样，创新也需要才干、独创性和个人风格。但是，当所有条件都准备就绪时，创新就变成了辛苦、专注和有目标的工作，需要勤奋、毅力和承诺。如果缺乏这些因素，纵有再多的才干、独创或知识，都无济于事。

2. 要想取得成功，创新者必须立足于自己的长处。成功的创新者会先观察各种机遇，然后，他们会问："在这些机遇中，哪一个最适合我，适合这个公司，而且能够发挥我们（或我）的长处和实力？"当然，从这方面来说，创新与其他工作并无二致。但是，由于创新本身的风险，以及知识和工作能力会带来的优势，因此对创新而言，依靠创新者自身的长处就显得尤为重要。此外，与其他冒险行动一样，创新也必须在思想上"吻合"。在那些并不予以重视的领域上，企业不会取得什么出色的成功。例如，没有一家制药公司（通常由自认为严肃和具备科学意识的人士经营）会在口红或香水这类被认为是"轻浮"的行业中取得成就。同样，创新者也需要在思想上与创新机遇合拍。对他们而言，这个机遇必须是非常重要而且有意义的。否则，他们不会愿意全身心投入到成功创新所必需的持之以恒、辛劳而充满挫折的工作中去。

3. 创新是经济与社会活动双重作用的结果。一般而言，它是普通人（顾客、老师、农民或眼科医生等）行为的一种改变；或是一种程序的改变，即人们工作或生产方式的变化。因此，创新必须与市场紧密相连，以市场为中心，以市场为导向。

保守的创新者

一两年前，我参加了一所大学举办的探讨企业家精神的座谈会。会上，有许多心理学家发表了自己的论文。尽管他们的观点都各不相同，但是，他们都谈到了"企业家性格"问题，其特征就是"有冒险倾向"。

一位著名的成功创新者兼企业家被要求对此发表意见。他在以往的 25 年时间里，凭借一项基于程序的创新，在太空领域创建了一家庞大的全球性企业。他说："我对诸位的大作感到困惑。和大家一样，我认识许多成功的创新者和企业家，包括我自己。我从来就不曾具有过'企业家性格'。但是，我所认识的所有成功人士都有一个共同点，而且只有这样一个共同点：他们都不是冒险家。他们都设法确定所必须承受的风险，然后尽量将风险化解到最低限度，否则，就没有人会成功了。就我个人而言，如果我想成为一个冒险家，我早就投身房地产或商品贸易了，或者会如我母亲所希望的那样成为一名职业画家。"

他的这番话与我自己的体验完全不谋而合。我也认识许多成功的创新者和企业家，他们中没有一个人具有冒险倾向。

一般人对创新者的描述，一半基于流行的心理学，一半基于好莱坞的模式，使那些创新者看起来好像是超人和圆桌骑士的混合化身。其实，在现实生活中，大多数创新者都不是什么浪漫人物，他们把大部分时间花在对流动资金的预测上，而非匆匆忙忙去冒险。当然，创新本身是有风险的，但是，开车去超市买面包也同样有风险。根据定义，所有的经济行为都是高风险的，但是吃老本（即不创新）比创造未来风险更大。我所认识的创新者，在确定和限制风险方面都相当成功。他们成功地、有系统地分析了创新机遇的来源，然后专注于挖掘其中一个机遇，并对它充分地加以利用，不论是那些风险小且可以被确定的机遇（如利用意外事件或程序需要），还是那些风险较大但仍然可以被确定的机遇（如基于知识的创新），都是如此。

成功的创新者都相当保守，他们不得不如此。他们不是"专注于冒险"，而是"专注于机遇"。

2

企业家精神的实践

INNOVATION AND
ENTREPRENEURSHIP

虽然企业家型企业与现有企业所需的管理方式不同，但是与现有企业一样，它同样需要有系统、有组织和有目的的管理。对于每一家企业家型组织而言，它们的基本规则是相同的。而现有企业、公共服务机构以及新企业所面临的挑战和问题是不同的，而且它们必须警惕不同的滑坡倾向。另外，每一个企业家也必须就自己肩负的任务和应尽的责任做出正确决策。

企业家管理

无论是现存的大型机构还是一个白手起家的个体企业家，企业家精神的原则都是一样的。不管它是营利性企业还是非营利性的公共服务机构，也不管它是官方还是非官方机构，其中的差别并不大。企业家精神的原则大同小异，能起作用的因素也差不多。创新的种类以及来源亦是如此。在上述的每一种情况中，都存在着某种规律，我们称之为"企业家管理"（entrepreneurial management）。

然而，现存的企业所面临的问题、限制和约束都不同于个体企业家，它们需要学习不同的事物。简而言之，现有企业虽然知道如何管理，但是它们有必要学习如何成为一个企业家，如何去创新。非营利性公共服务机构也不例外，必须面临各类不同的问题，需要学习不同的事物，而且容易犯下各种不同的错误。新企业则不仅需要学习如何成为一个企业家，如何创新，更重要的是，它还需要学会如何管理。

对这三类企业而言：

- 现有企业

- 公共服务机构

- 新企业

都必须制定出一套特定的企业家精神实践指南：各自应做些什么？注意些什么？以及最好避免做些什么事情？

从逻辑上说，我们的讨论应该先从新企业入手，如同医学研究从逻辑而言，应该从胎儿和新生婴儿入手一样。但是事实上，医学院的学生却是从成人解剖及病理学研究开始的。因此，企业家精神的实践最好也从上述三者中的"成人"，即现有企业，以及与发挥企业家精神有关的策略、实践和问题入手。

当今的企业，尤其是大型企业，除非具备了创业能力，否则很难在这个变幻莫测和充满创新的时代中继续生存下去。照此观点来看，20世纪末期与经济史上最后一次伟大的企业家时期截然不同，后者持续了五六十年，随着第一次世界大战的爆发而结束。在那段时期里，大型企业并不多见，即使是中型企业也为数不多。但是今天，许多大型企业不仅仅是出于自身利益来学习企业家精神，而且也是出于它们的社会责任感。与100年前的情形形成鲜明对比的是，今天的现有企业，特别是大型企业，往往遭遇迅速崩溃的命运。而创新，套用熊彼特的名言来说，就是创新者的"创造性破坏"，是这些企业遭到灭顶之灾的主要原因，这已经对当今的就业、金融稳定、社会秩序、政府责任带来了真正的社会威胁。

现有企业必须改变，而且必须在各个方面进行彻底的改变。再过25年（参见第7章），每一个工业发达国家都将看到，从事制造业的蓝领工人人数将急剧萎缩，只有目前的1/3，但制造业的产量是今天的3～4倍。这个阶段的工业发展，可与工业化国家在第二次世界大战后的25年中在农业方面的发展相提并论。为求在这个重大转型期能继续保持稳定和领导地位，现有企业就必须学会如何生存，事实上，是学会如何兴旺发达。它们只有通过学习成为一个成功的企业家，才能真正做到这一点。

在许多实例中，现有企业是企业家精神的唯一来源。今天的一些工业巨子，在下一个 25 年间不一定能够幸存下来。但是我们知道，一些中型企业极有可能成功地定位为杰出的企业家和创新者，但必须通过企业家管理方能实现这一目标。其实，具有相当规模的现有企业（而非小规模企业）最具有成为企业界领导者的实力。因为它们拥有必要的资源，尤其是人力资源。而且，它们已经具备了管理上的优势，并建立了一支管理队伍。它们不仅有机会而且有责任实行有效的企业家管理。

上述实践同样适用于公共服务机构，特别适用于那些承担非政治性功能的机构（无论它们是否归政府所有，或是否由税收提供财政资助），也适用于医院、中小学和大学、地方政府所属的公共服务机构、社区机构、志愿组织（如红十字会、男童子军和女童子军）、教会及其相关组织，以及专业和行业协会等其他许多机构。一个快速变化的时代常常使许多老机构变得陈旧落伍，或至少使其经营方式变得毫无成效。然而，与此同时，这样一个瞬息万变的时代又创造了大量的机遇，让机构完成新任务，实践新事物，从事社会创新。

最重要的是，公众的认知和心态已经发生了重大改变（见第 8 章）。1776 年，亚当·斯密的《国富论》中所倡导的自由放任主义（laissez faire）历经一个世纪，直到 1873 年的"大恐慌"才宣告结束。自 1873 年起的这100 多年里，所谓"现代化""进步"或"前瞻性"，都意味着把政府当作推动社会变革和社会进步的领导者。不过，无论好坏，这个时代已经在所有发达的工业化国家结束了。虽然我们还不清楚下一个"进步主义"浪潮是什么样子，但是我们的确知道，任何仍在竭力鼓吹 20 世纪 30 年代的"自由"或

"进步"——甚至是 60 年代肯尼迪和约翰逊执政时期的"自由"或"进步"信条的人，一定不会是"进步分子"，而是"退步分子"。虽然我们还不清楚"私有化"[⊖]，即由国营转变为非国营的行为（并不一定如大多数人所理解的那样，由一个私人企业来经营）是否会成功或会持续多久，但是我们的确知道没有一个工业发达国家，会因为希望、期待和对传统承诺的信仰，而向国有化和政府管制趋势发展，除非它们在私有化的进程中，遭受了挫折和失败。因而，处于这种情形下的公共服务机构，不仅有机会，而且还有责任进行创新，发扬企业家精神。

但是，正因为它们是公共服务机构，所以它们会面临特殊的阻碍和挑战，而且也容易犯一些不同的错误。因此，有关公共服务机构的企业家精神需要个别讨论。

最后是新企业。一如其在所有主要的企业家时期所表现的那样，新企业将继续成为创新的主要载体。而今天，它又在美国全新的企业家经济中发挥重要作用。事实上，美国不乏未来的企业家，也不乏新企业。但是大多数新企业，特别是高科技企业，需要学习企业家管理，否则很难生存下去。

在这三大类型的企业中，创新和企业家精神方面的领导者与一般水准的企业相比，其表现有天壤之别。所幸的是，企业家成功的例子很多，因此，我们能够从理论和实践、描述和实施两方面对企业家管理进行系统化的说明。

⊖　"私有化"一词是我在 1969 年所著的《不连续的时代》一书中创造的。

企业家企业

I

"大企业不创新"是人们传统的观念。这听起来有点似是而非。的确，20 世纪新的、重大的创新都不是来自当时的大企业。铁路公司没有孕育出汽车或卡车，它们甚至从未尝试过。虽然汽车公司尝试过（福特和通用汽车公司都是航天和太空的开路先锋），但今天的所有大型飞机和航空公司都是从独立的新企业中发展而来的。同样，50 年前首次成功地发展出现代药品时，今天的医药巨人不是规模很小，就是尚未创立。20 世纪 50 年代，电气工业的每一个巨人 [美国的通用电气、西屋和美国无线电公司（RCA），欧洲大陆的西门子和飞利浦，日本的东芝] 都一窝蜂地挤入计算机产业，但是没有一个取得成功。结果是 IBM 独占鳌头，而 40 年前的 IBM，充其量不过是一个中等规模的公司，而且根本就不是高科技企业。

然而，普遍认为大企业不创新或不能创新的想法，根本就是一个误解。

首先，有大量的特例可以证明，作为企业家和创新者，许多大企业在这方面成绩斐然。在美国，强生公司在卫生和医疗保健业中成绩卓著；3M 公司为工业和消费市场设计生产了高精细的产品；已有 100 多年历史的花旗银行，作为美国和全球最大的非政府金融机构，是银行业和金融领域的主要创新者；在德国，迄今已有 125 年历史的赫斯特公司（Hoechst）是世界上最大的化学公司之一，也是医药产业的成功创新者；在瑞典，创建于 1884 年的 ASEA，在过去的六七十年里，一直是规模最大的公司，它也是长途电力输送和工厂自动化机器人领域的真正创新者。

历史悠久的大企业在一些领域里，是成功的创新者和企业家，而在其他领域却又一败涂地。这一现象使人们更加迷惑。美国通用电气公司虽然在计算机领域失败了，但它在 3 个完全不同的领域中，却是成功的创新者：飞机发动机、精细无机塑料和医疗电子设备。美国无线电公司虽然在计算机领域失败了，但它在彩色电视机方面成功了。事情绝对没有传统观念想象得那么简单。

其次，"规模大"是创新与企业家精神的阻碍，这种观点是不正确的。在讨论企业家精神时，人们往往会听到大量关于大组织的"官僚作风"和"保守主义"的议论。当然，这两种现象都存在，且严重妨碍了创新与企业家精神——也会妨碍取得其他成就。然而，记录清楚地显示，在现有机构中，无论是企业还是公共机构，小企业最没有企业家精神和创新意识。在现有颇具企业家精神的企业中，有许多大型公司（除了上面所列举的成功企业的名单以外），我们可以轻而易举地把此类公司的名单增加到 100 家大公司。此外，在具有创新意识的公共服务机构的名单中，我们也可以列出许多大机构。

也许，大多数最具企业家精神的企业是中等规模的大企业，如 20 世纪

80 年代中期，年销售额达 5 亿美元的美国公司[⊖]。在所有企业家企业的名单中，很显然找不到小规模的现有企业。

规模并不是创新与企业家精神的障碍，真正的障碍是现有企业本身的运作，特别是现有的成功运作方式。大企业或至少是相当规模的企业比小规模企业更容易克服这一障碍。任何运作——制造工厂、技术、产品、分销体系，都需要持久的努力和不断的关注。在运作中，日常危机的出现是不可避免的。日常危机需立即处理，不能拖延。因此，在现有管理中，对这一问题应该予以高度重视。

与规模和运作都已成熟的企业相比，新企业看起来都那么渺小，微不足道，前途未卜。其实，任何新事物如果看起来非常庞大，反而令人怀疑。尽管它们成功的概率很小，但是如前所述，成功的创新者往往都是从小规模的创新开始，最重要的是，从简单的创新开始。

许多企业都声称，"10 年以后，我们有 90% 的收入将来自今天尚不存在的产品"，这在很大程度上都是言过其实。这 10 年中，企业可以改进现有产品，可以变换现有产品，甚至可以将现有产品打入新市场，改变现有产品的最终用途。但是真正的新企业必然需要较长的间隔时间，才有可能推出一种新产品。成功的企业，即今天在正确的市场、销售正确的产品或服务的企业，10 年以后，很可能有 3/4 的收入仍来自今天已有的产品和服务，或来自其衍生产品。事实上，如果今天的产品或服务不能持续产生大量的现金流，那么该企业就无法对未来进行足够的投资，而这项投资又是创新所需要的。

因此，现有企业必须不遗余力地从事创新与企业家精神实践。而如今一

⊖ 这种说法长期以来一直被人们质疑。然而，现在已有了结论性的证明，理查德·卡夫诺和小唐纳德·克利弗德对 100 家中等规模 "成长" 公司的研究结果已发表在 1983 年《麦肯锡季刊》秋季刊上，题为 "美国中型成长性企业留给我们的教训"。

般企业通常的做法是，将生产资源配置到现有业务、日常危机，以及在现有基础上多提高一点产量上。现有企业总是在修补昨天，而无法迈向未来。

当然，这是一种致命的诱惑。不创新的企业注定会老化、衰退。在当今这个剧变的时代，在这个企业家经济的时代，衰退的速度将会加快。一旦一个企业或产业开始沉迷于过去的成就，就很难使它再回头（如果它还能回头的话）。但是，现有企业的成功确实是创新和企业家精神的障碍。其问题十分明显，企业已经如此成功，官僚作风、繁文缛节或骄傲自满情绪容易到处滋生，但是企业没有显露出任何衰退的迹象，看上去仍然相当"健康"。

这就说明了为什么列举现有企业成功管理创新的例子是如此重要，尤其是列举那些现有大型企业和相当规模的企业，作为成功的企业家和创新家的例子。这些企业的实践表明，成功所带来的负面障碍是可以被克服的。我们可以采用一种特定的方式来克服这一障碍，使得现有企业和新企业、成熟企业和成立不久的企业共同获益和繁荣。作为成功的企业家和创新者的大型企业——强生、赫斯特、ASEA、3M 或 100 家中等规模的"成长"公司，它们都清楚地知道该如何克服上述障碍。

传统观念的错误在于它认为企业家精神和创新是自然的、创造性的或自发性的。它认为，如果一个组织中没有涌现创新与企业家精神，那必定是受到了遏制。然而，现实是只有少数现有企业具备创新与企业家精神。据此，它们得出的结论是，现有企业压抑了企业家精神。

但是企业家精神既不是"自然的"，也不是"创造性的"，而是一种踏踏实实的工作。因此，从上述实例中得出的正确结论恰恰与一般人的推论相反：大量现有企业，其中不乏规模中等、大型、超大型的企业，在创新与企业家精神的实践中表现突出。从这一点来看，任何企业都可获得创新与企业家精神。但是，要实现这一目标，企业必须有意识地去奋斗。创新与企业家精神是可以学到的，但要付出努力。企业家企业将企业家精神视为一种责任，它们在这方面进行训练，对其加以研究，并付诸实践。

明确地说，企业家管理需要在以下 4 个主要领域中制定政策，并付诸实施：

第一，组织必须接受创新，并愿意视变化为机遇，而不是威胁。它必须承担起企业家的艰苦工作，并通过制定政策和措施来营造企业家氛围。

第二，必须对公司作为企业家和创新者的表现进行系统衡量和评估，同时建立起内部学习机制以提高绩效。

第三，企业家管理要求建立组织结构、人员任用与管理、薪酬、激励和奖励等方面的具体措施。

第四，企业家管理中有几个禁忌，也就是不该做的事。

II

企业家政策

有位拉丁诗人用"渴望新事物"来形容人类。企业家管理旨在使现有企业中的每一位管理者都"渴望新事物"。

"我们如何才能克服现有企业中抵制创新的现象？"这是高层管理者经常提出的问题。即使我们有答案，这仍然是一个错误的问题。正确的问题应该是："我们如何才能使组织接受创新、需要创新、达成创新、致力于创新呢？"当企业把创新看作违反自然规律，就像逆水行舟一样，那么除非有英雄表现，否则就不会有创新。事实上，即使我们不把创新看作例行公事，也必须将其视为日常生活的一部分。

要做到这一点，就要有特别的政策。

首先，创新并不是紧抓住已有的事物，而是一种对管理者有吸引力且使其感到有利可图的事情。组织中的所有人必须清楚地意识到：创新才是保护组织，使组织基业长青的最好方法，它是管理者的职业保障和事业有成的基础。

其次，必须界定和详尽说明创新的重要性及时间期限。

最后，必须制订目标明确的创新计划。

1. 只有一种方法使创新对管理者有吸引力：制定一个系统的放弃政策。凡是废弃的、过时的、没有生产力的，以及错误的、失败的和误导性的工作均应放弃。每 3 年或适当时间，企业应对每一个产品、工作程序、技术、市场、分销渠道，此外还包括每个内部员工的工作，进行一次全面的审查。企业应该问这样一个问题：今天，我们是否要生产这种产品，进入这个市场、这个分销渠道及采用这种技术？如果答案是"否定的"，对此的反应不应该是"让我们再研究一下"，而应继续问："我们必须采取什么行动，才能停止在这种产品、这个市场以及这个分销渠道上浪费各种资源？"

有的时候，放弃并不是上述问题的答案，放弃也许是不可能的。但是企业至少应采取限制措施，确保人力和资金等生产资源不再被过时的东西吞噬。每一个有机体都必须清除无用的废物，否则它将毒害自己。无论如何，这都是保持企业健康的正确措施。倘若一个企业能够进行创新，并接受创新，那么放弃就是一个必须采取的措施。英国文学家约翰逊的名言是："如果一个人知道第 2 天一早他就要上绞刑架，没有什么能比这更使人集中精力了。"当管理者知道在可预见的将来，现在的产品或服务将被放弃时，他会全身心投入到创新之中。

创新需要投入大量的工作。它需要有能力的人（这是所有公司最缺乏的资源）辛勤地工作。有一句古老的医学谚语说：没有什么比防止尸体腐烂更需要大量的投入了，但也没有什么比这更徒劳无功了。在我接触过的大部分企业中，最优秀的人往往都在从事最徒劳无功的事情，然而他们希望达到的只不过是延缓接受不可避免的事情，可他们却为此付出了巨大的代价。

不过，如果整个组织都知道尸体将被埋葬，那么生者才会愿意——事实上，是渴望进行创新。

若想进行创新，企业必须将高绩效者解放出来，迎接创新的挑战。同样，它还必须在创新中投入充足的财力。但是，企业通常无法做到这两点。要想得到创新所需的高绩效者和必要的财力，除非企业抛弃过去的成功、失败，尤其是那些"应该成功"但实际并不理想的事情。如果高层管理者知道放弃是公司的政策，他们就会积极去寻找新的东西，鼓励企业家精神，并使自己成为企业家。这是构建健康组织的第一步。

2. 第二步，即为使现有企业"渴望新事物"而制定的第二个政策，就是要正视这样一个事实，即现有产品、服务、市场、分销渠道、程序、技术的繁荣和生命周期都非常有限，且通常都很短暂。

自 20 世纪 70 年代以来，分析现有产品、服务等的生命周期变得流行起来。例如，波士顿管理咨询公司（Boston Consulting Group）提出的战略概念，哈佛商学院教授迈克尔·波特（Michael Porter）出版的有关战略的书籍，以及所谓的投资组合管理（Portfolio Management）$^{\ominus}$。

近 10 年来，这种战略广为流行，特别是投资组合管理，这些分析的结果构成了企业的行动方案。这其实是一种误解，必定会导致令人失望的结果。例如，20 世纪 70 年代末 80 年代初，许多公司一窝蜂地采用这种战略。分析的下一步应是诊断，然后是判断。正确的判断不仅要求对企业，对其产品、市场、顾客、技术深入了解，而且要求有丰富的经验而不是单纯的分

$\ominus$ 所有这些方法的思想都源自我 20 年前出版的一本书：《成果管理》（New York：Harper & Row，1964）。据我所知，该书是第一本系统论述商业战略的著作。该书得益于 20 世纪 50 年代末我在纽约大学举办的企业家精神研讨会。该书第 1 ~ 5 章所提供的分析，也就是根据产品和服务的绩效、特点、寿命，将产品和服务归纳成少数几个主要的种类，仍然是分析产品寿命和产品繁荣的有用工具。

析。如果有人认为从商学院刚毕业的聪明年轻人只需配备高明的分析工具，就能通过敲打计算机键盘来制定有关企业、产品、市场生死存亡的决定，坦率地说，这种想法纯粹是自欺欺人。

《为成果而管理》（*Managing for Results*）一书中所用的分析，我称之为"企业 X 光透视法"，是一种发现正确问题的工具，而不是一种人们可以自动得出正确答案的方法。这种工具对一家特定公司所具备的知识和经验而言，是一种挑战，它将会（也应该会）引发异议。企业在把这种或那种产品列为是或者不是"今天的赚钱产品"后，所采取的行动往往是一种冒险性的决策。同样，企业在处理即将成为"昨日的赚钱产品"，或"不当的特色产品"，或"为满足管理者虚荣心所投资的产品"时所采取的行动，也是有风险的。[⊖]

3. 企业 X 光透视法向企业提供了所需的信息，使它得以确定自己需要多少创新，以及创新的领域和创新的时限。对此，迈克尔·凯米（Michael J. Kami）研究出了最好、最简单的方法。凯米是 20 世纪 50 年代纽约大学研究生商学院的"企业家精神研讨会"成员之一。他将其方案首先应用于 IBM，当时他担任 IBM 的企业规划部主管。60 年代初，他又到了施乐公司（Xerox），并在同一领域工作了几年时间。于是，他又将自己的方法带入了施乐公司。

根据凯米的方法，公司需要列出每项产品或服务及其所针对的市场以及所用的分销渠道，以估算每项产品和服务在生命周期中所处的位置。由此，公司应该自问："这种产品还有多长的成长时间？它还将在市场中保持多长时间？在多长时间内它会开始老化和衰退，老化和衰退的速度有多快？它什么时候会过时？"如果一家公司意在尽现有所能来经营，那么该方法可使它能够预测其未来的发展态势。此外，该方法还可以显示出，不论是在销售、

⊖　关于这些术语的定义，请参见《成果管理》第 4 章"我们怎么做"。

市场占有还是盈利方面，公司的预期目标与实际之间的差距。

如果公司不想走下坡路，它就必须填补这一差距。事实上，差距必须消除，否则公司必将走向灭亡。公司必须在创新与企业家精神实践上取得重大成就，才能填补这一差距，而且必须在老产品被淘汰以前及时填补进来。

但是创新的工作带有不确定性，失败的概率很高，延误的概率则更高。因此，公司在创新上至少应投入 3 倍于所需的资源和努力，如果成功了，就能弥补差距。

大多数高层管理者认为这一投入太高了。然而，经验证明，如果公司在创新方面出现失误，那将功亏一篑。我们可以肯定的是，有些创新努力可以获得成功，有些却失败了。而且，所有事情都会比我们估计的时间要长一些，所需的工作也会多一些。最后，所有重大创新都会遇到"最后 1 分钟故障和最后 1 分钟延误"。要求公司投入 3 倍的努力进行创新（如果一切按计划进行），只不过是一种基本的预防措施而已。

4. 有系统地放弃，用企业 X 光透视法来检查现有企业及其产品、服务、市场、技术，以及创新差距和创新需求的确定——将这几方面整合在一起，公司就能制订出一个有明确创新目标和有期限性的企业家计划。

这一计划可保证有足够的创新预算。最重要的结果是，它可确定需要多少人参加，以及这些人应具备什么能力。只有指派那些绩效能力得到验证的人加入该项目，并向他们提供必要的工具、资金和信息，且明确了最后期限以后，我们才算真正有了一个计划。也只有到这时，我们才算有了"良好的意图"以及众所周知的那些有利可图的事情。

以上就是使企业能够实行企业家管理，使企业及其管理层渴望新事物，让企业把创新视为健康、正常和必要行动的基本政策。由于它是基于企业 X 光透视法的，即基于对当前企业、产品、服务和市场的分析与诊断，所以，该方法还确保了企业在寻求新事物时，一方面不会忽略现有事业，另一方面也不会沉迷于新奇而牺牲现有产品、服务和市场本身固有的机遇。

企业 X 光透视法是制定决策的工具。它使我们，实际上是迫使我们将资源配置给现有企业能产生结果的地方。它还使我们能够确定创建一个未来企业及其新产品、新服务和新市场究竟需要多少资源。它使我们将创新的意图转变为创新绩效。

为了对现有企业实施企业家管理，管理层必须主动放弃过时的产品和服务，而不能等到竞争对手推出新产品时，才开始做这件事。我们要把企业提升到这样一个境界：视新事物为机遇，而非威胁。企业必须在当下努力提升产品、服务、程序和技术，以创造一个与众不同的未来。

III

企业家实践

在现有企业中，培养企业家精神还需要以下管理实践。

1. 首要的也是最简单的一个做法，就是管理层应将目光放在寻找机遇上。人们往往只看到事物所呈现的部分，而忽略了那些未显露的部分。而展现在大多数管理者面前的，都是些"问题"——特别是那些绩效下降领域中的问题，这意味着管理者没有注意到机遇，因为机遇没有展现在他们面前。

管理层，甚至小公司的管理层，通常每月会收到一份经营报告。报告的首页通常都列出未达到预算的项目、绩效不达标的项目以及"有问题"的项目。在月度管理层会议上，每个人都对所谓的问题进行讨论。等到午餐休会时，整整一个上午的时间就花在讨论那些问题上了。

　　当然，公司应该关注问题，并严肃对待，及时处理。但是，如果公司只讨论这些问题，机会就会悄悄溜走。企业若想营造重视企业家精神的氛围，就应该特别注意各种新机遇（参见第3章"创新机遇来源一：意外事件"）。

　　在这些公司中，经营报告应该有两个"首页"：传统的首页列出问题；另一个则列出所有好于预期、预算或计划的领域。正如我在前面已经强调过的，企业经营中的意外成功是创新机遇的一个重要征兆。如果企业对此视而不见，那该企业就不可能是企业家企业。事实上，总是将注意力放在问题上的企业和管理者，很可能把意外成功当作占用其时间和注意力的"不速之客"而不予理睬。他们会说："我们为什么要理会它呢？没有我们的干预，它不是照样运转得很好吗？"但是，这只会给更敏锐、更谦虚的竞争对手以可乘之机。

　　一般而言，重视企业家精神的公司会举行两次经营会议：一次专注于问题的解决；另一次专注于机遇的探讨。

　　一家中等规模的医疗产品供应商（该公司在许多新兴的、有前途的领域占有领导者地位），它在每个月的第二个和最后一个星期一分别举行"经营会议"。第一次会议专门讨论问题——上一月没有达到预期的项目，以及半年内仍未达到预期的项目。这个会议与任何其他会议都没有什么两样。第二次会议，即最后一个星期一召开的会议，讨论公司在哪些领域超出了预期：某个产品的销售增长速度超过了预计；或新产品的订单来自意料之外的市场。该公司（在20年里增长了10倍）的高级管理层深信，公司的成功主要得益于每个月的管理层会议注重机遇。公司的首席执行官曾多次说："在会议中挖掘机遇的确很重要，但更重要的是我们创造了企业家的态度，使整个管理层养成了一种寻求机遇的习惯。"

　　2. 为激发整个管理层的企业家精神，该公司还采用了以下方法。该公司每半年举行一次为期两天的管理会议，约有四五十人参加，包括公司各事业部、市场和主要产品的高层管理人员。第一天上午，由三四个高层管理人员报告过去一年来，他们所负责部门的杰出创新与企业家表现。他们解释成功的原因："我们如何取得成功？""我们如何发现机遇？""我们学到了什么？""我们现在有哪些创新与企业家计划？"

同样，这些会议对管理层的态度和价值观的影响远比会议真正报告的内容还重要。但是，公司的运营经理还是强调每次会议他们都学到了很多东西，获得了许多新观念，他们每次开完会脑子中都充满了回去赶紧试一把的想法。

具有企业家精神的企业总是在寻找干得更好、更与众不同的人和部门。找到之后，它们分析这些人和部门的特点，并不断地问他们："你们的哪些行为可以解释你们的成功？""你们的哪些行为是我们没有做的，我们正在做的事当中有哪些是你们不会去做的？"

3. 第三项实践尤其对大型企业特别重要，就是派一位高层管理者与研发、工程、生产、营销和财会等部门的基层人员座谈——这是一个非正式会议，但必须提前做好计划和准备。这位高管人员的开场白是这样的："我来这里并不是来做演讲或告诉你们什么事情，而是要听听你们的想法。我想知道你们渴望什么，但更重要的是，你们看到公司面临哪些机遇，受到哪些威胁。在尝试新事物、开发新产品、设计新的销售途径方面你们有哪些想法？你们对公司、公司的政策、公司的发展方向……以及公司在业内、在技术上及市场中的位置有什么要问的问题？"

这种座谈会不宜经常开，对高层管理者来说它耗时太多。因此，这样的座谈会一年不要超过 3 次，高层管理者每次要花一个下午或整个晚上的时间与 25 ～ 30 个基层人员座谈。但是这种会议应该有系统地坚持下去。这是非常好的向上沟通工具，也使基层人员，特别是专业人员能摆脱有限的专业视野，审视整个企业。这些座谈会使基层人员了解高层管理者所关心的问题，以及为什么关心这些问题。反过来，这些座谈会又使高层管理者认为有必要深入了解其年轻同事的价值观、愿景及其所关心的问题。更重要的是，这种座谈会是公司上下共建企业家愿景的最有效方式之一。

对这种实践方法的要求是，任何人新建议的新事物或新方法，无论是有关产品或程序，还是有关市场或服务，即使是建议改变正在进行的某件事情的方法，建议者都应当亲自"去实施"。他们应在合理的期限内，向主持会议的高层管理者和同事呈交实施其建议的可行性报告。如果将它变成现实会是什么样？怎样实施才能使该建议有意义？对顾客和市场等的设想如何？有多少工作需要做……需要多少资金、人力和时间？预期的结果是什么？

此外，座谈会中所产生的具有企业家精神的建议并不是最重要的结果——尽管许多组织提出的建议很多，最有价值的成果是为公司建立了企业家愿景，使整个公司接受创新，并"渴望新事物"。

IV

衡量创新绩效

对于一家重视企业家精神的企业而言，必须衡量创新绩效，并以此作为控制自身行为的依据。我们只有对企业家精神绩效进行评估，企业家精神才能真正转化为行动。人类总是朝期望的目标去努力。

一般的企业评估中，显然没有评估创新绩效这一项。要在企业的控制体制中设立一些标准来衡量创新与企业家精神绩效，或至少是进行定性的判断，并不是特别困难。

1. 第一步是在每一个创新项目中，建立起成果与预期目标进行比较的反馈系统。这一反馈系统可显示出创新计划与实际努力的品质和可靠性。

很久以前，研发经理就知道，在任何一个研究项目开始时要问："我们从该项目中期望获得什么结果？预计何时可得到这个结果？何时对项目进展做出评估，以便对其进行控制？"此外，他们还学会了检查他们的期望与实际情况是否相符。所有这些反馈信息，可以表明他们是否过于乐观或悲观；是否对结果过于急于求成，或是等待的时间过长；是高估还是低估了成功的研究计划所带来的影响。这样，他们能够及时纠正他们的方向，辨别出他们擅长的领域和干得不好的地方。当然，这些反馈不仅仅适用于技术研究和开发领域，所有创新努力都同样需要。

采取这一步骤的首要目的就是找出我们做得较好的领域。因为人们经常在某一领域表现出色而不自知，并照样出色。第二个目的就是要找出那些限制我们优势的因素，例如，有些人对所需时间有高估或低估的倾向；有些人则一方面高估某领域所需投入的研究资源，另一方面却低估把研究成果发展成产品或工作流程所需的资源；还有些人在新事业即将突飞猛进时，却放慢了市场推广或促销的工作，这种倾向非常普遍，而且非常具有破坏性。

有一家全球最杰出的银行，将其成功归功于对所有的创新努力建立了反馈系统。该银行无论是进军像韩国这样的新市场，还是涉足设备租赁或发行信用卡等，其反馈系统都发挥了很大作用。通过对所有创新努力的预期成果建立反馈系统，银行及其高层管理者还从新事业中了解到：一项新的研究需要多久才能产生结果，以及何时投入更多努力及资源。

所有创新工作都需要这样的反馈，如制订或推出一项新的安全方案或新的薪酬计划。这样一来，我们就能够获悉：哪些迹象的出现暗示着创新工作很可能遇到麻烦？哪些迹象的出现使我们能够有把握确定，虽然创新工作看似遇到麻烦，实际上它却进展顺利，只不过所耗费的时间会比我们原先预计的长一些而已？

2. 第二步就是将所有创新努力进行汇总，并进行系统评估。每隔几年，一个企业家管理层都要对企业的所有创新进行评估。在这一阶段，哪些创新努力需要获得更多支持并加以推动？哪些创新努力已经开启了新的机遇大门？哪些创新努力没有达到我们的预期目标，我们应该采取哪些措施？现在是放弃某些创新努力的时候呢，还是需要加倍努力的时候呢？如果的确到了需要加倍努力的时候，那么期望的结果及最后的期限又是什么？

有一家世界上最大、最成功的医药公司，其高层管理人员每年都要坐下来评估公司的创新工作。首先，他们评估每一个新的药品开发项目，并问："这项药品研发的方向是否正确，速度是否合适？它所产生的产品我们是否希望加入到自己的产品线中，还是它所产生的产品并不符合我们的市场？如果不符合，最好是将它转让给其他医药厂商，还是干脆放弃算了？"其次，这些人还要评估其他创新努力，特别是市场推广中的创新工作。最后，他们以同样仔细的态度审视竞争对手的创新绩效。就研究预算和创新的总开支来看，该公司的排名在同类企业中只处于中等水平，然而，它在创新与企业家精神方面的成就却相当出色。

3. 最后一步，企业家管理必须根据公司的创新目标、绩效、在市场中的位置以及它作为一个企业的整体表现来对公司的整体创新表现进行评估。

也许每隔 5 年，高层管理人员要与每个重要领域的相关人员一起座谈，并问他们："在过去 5 年中，你们为公司做了哪些与众不同的事情？在未来 5 年中，你们打算做出什么贡献？"

有人会问，从本质上说，创新努力不是无形的吗？我们如何来衡量它呢？

的确，在某些领域，我们没有办法也没有必要来确定其相对重要性。例如，一项基础研究突破，也许在多年以后将会成为治愈某种癌症的有效方法。与此同时，又有一种药物的全新配方，能够让病人在家中自己进行一种古老但有效的治疗，而无须每周去医院三次。二者相比较，哪一个更重要呢？要对此做出判断是不可能的。同样，让公司在为顾客服务的新方式和一种新产品之间进行选择也非常困难。前者能够使公司留住重要的顾客，否则就会失去顾客；而后者则能使公司在市场中处于领导地位，尽管这个市场现在还很小，但在几年内可能发展成重要的大市场。其实，这些情况属于对创新成果的判断而不是衡量。但是，这种判断不是随意的，更不是主观臆断的。判断的做出是一个相当严密的过程。最重要的是，做出"衡量"意味着采取有目的的行动，而这种行动依靠的是知识而非见解或猜测。

一般企业进行这种评估时，遇到的一个最重要的问题可能是：我们是否获得了创新的领先地位，或至少保持了原有地位？创新的领导地位与企业的规模不一定等同，这就意味着每个企业都能成为创新的领导者并成为标准的制定者，而被大众所接受。更重要的是，它意味着每个企业都有引领潮流的自由，而不是被动地跟随。这是对现有企业是否具有成功的企业家精神的严峻考验。

V

结构

政策、实践以及对创新成果的衡量，使创新与企业家精神成为可能。它们消除或减少了可能的障碍，培养了正确的态度，提供了正确的工具。但是，创新是由人来进行的，而人是在一个组织结构中工作的。

为使现有公司能够创新，公司必须创建一种结构，进而使公司的员工具有企业家精神。它必须以企业家精神为中心设计各层关系，必须确保其奖励和激励措施、薪酬待遇、人事决定和政策都鼓励企业家行为，而不是惩罚这种行为。

1. 这意味着我们必须将全新的具有企业家精神的项目与旧的、已有的项目分开组织。如果我们仍用现有的企业结构来执行创新与企业家项目，则注定要失败。这对大企业来说尤为如此，中等规模的企业亦是如此，甚至小企业也不例外。

其中一个原因即是（前面已经讨论过），现有项目往往需要负责人在它们身上投入相当多的时间和精力，而且还享受优先权，而新项目一开始总是看起来微不足道——前途未卜，所以，一切总要让位于已经实现的、强大的、可持续发展的项目。毕竟，现有项目必须滋养苦苦挣扎的创新项目。但是，现有项目的"危机"又必须加以关注。因此，现有项目的负责人总是一而再、再而三地拖延对新事物、创新和企业家工作采取的行动，以致平白错过大好的成功机会。不管人们尝试了多少方法（三四十年来，我们已经尝试了每一种可能的机制），现有项目仍然只能扩展、改进及适应现有的事物，而发展新事物则是属于其他部门的工作。

2. 这还意味着组织必须专为新项目留有一席之地，而且必须由高层管理者直接负责。即使新项目从当前的规模、收益和市场来说都不及现有产品，高层管理团队中也必须有人以企业家和创新者的身份，担负起为新项目的明天而奋斗的特殊任务。

这不必是一种全职工作。在较小的企业中，它往往不可能是全职工作。但是，必须对其工作进行明确的定义，而且必须考虑让一个有权威和有威信的人来全权负责。一般而言，这些人也将负责制定在现有事业中建立企业家精神的政策，负责分析应当放弃的业务，负责企业 X 光透视法，以及负责设立创新目标，从而弥补现有产品和服务的发展潜力与公司生存和发展所需做出的努力之间的差距。另外，他们通常还负责创新机遇的系统分析——本书已在第一部分"创新实践"中专门讨论过创新机遇。他们还需进一步负责分析组织内部产生的创新与具有企业家精神的想法，例如前面推荐的高层管理者与基层员工进行非正式座谈中产生的想法。

创新工作，特别是旨在开发新业务、新产品或新服务的创新工作应该直接向"负责创新的管理者"汇报，而不是向原有组织层级中的直属上司汇报，并且绝不应该向负责日常运作的管理者汇报。

在大多数公司，特别是管理完善的公司中，这被认为是异端邪说。但是新项目好比是婴儿，在可预见的未来中，它仍然是婴儿，而婴儿需要呵护。"成年人"，即指负责现有事业或产品的管理者既没有时间关注，也不了解婴儿项目，他们也不应当被打扰。

由于无视这一规则，一个主要的机床生产商丧失了它在机器人领域的领导地位。

该公司不仅拥有自动化大规模生产的基本专利，还拥有优秀的工程技术、极好的业界声誉以及一流的制造工艺。在1975年工厂自动化的初期，它被业界视为未来的领导者。10年以后，它却完全退出了竞争。该公司将开发自动化生产机床的重任交给组织的第三四级基层管理部门负责，并让该部门向主管设计、生产和销售公司传统机床产品的管理者汇报。虽然这些人支持开发自动化生产机床，机器人的想法就是他们提出来的，但是，由于面对许多类似日本公司这样的新竞争对手，他们必须整日忙于传统生产线的重新设计，以适应新的规格，然后做演示、市场推广、融资并提供技术服务。所以，每当负责新产品开发的人请求他们对选择新方案做出决策时，他们总回答："我现在很忙，下个星期再来吧。"毕竟，开发机器人只是公司的一个新方向，而现有的传统机床生产线每年却可创造几百万美元的利润。

不幸的是，这是人们常犯的错误。

要想避免因忽视而扼杀新事物的最好也是唯一的方法，就是在建立创新项目伊始，就将它作为一项独立的业务。

有3家美国公司是使用这种方法的最好实践者，它们分别是生产肥皂、清洁剂、食用油和食品的宝洁公司，这是一家规模庞大且具有企业家精神的公司；生产卫生和医疗保健产品的强生公司；以及生产工业和消费产品的3M 公司。虽然这 3 家公司在具体的创新细节上各有不同，但本质上它们采用的是相同的政策。它们一开始就将新项目作为单独的业务来组建，并任命一个项目经理。项目经理一直负责到该项目被放弃，或达到预期目标，成为一个成熟的业务为止。在业务发展过程中，项目经理可以调用他所需的所有资源（包括研究、生产、资金和市场推广），并将其投入到新项目中去。

有的公司一次进行几种创新工作（大公司通常如此），它们将所有新项目直接汇报给同一个高层管理者。至于这些新项目的技术、市场或产品特性是否相同倒无关紧要。因为，它们都是崭新的、小规模的、具有企业家精神的，都容易染上相同的"儿科疾病"。尽管它们各自拥有的技术、市场或产品不同，但所遭遇的问题以及对其所采取的措施都是一样的。必须有专人花时间、花精力去关注它们的需求，不厌其烦地去了解究竟存在哪些问题、需要哪些重要的决策以及哪些事情在创新努力中真正起作用。这个人必须在组织中有足够高的地位，能够代表这个尚处初级阶段的创新项目，能够在新项目没有希望时叫停。

3. 创新项目之所以要分开建立还有另一个原因，就是让它避免背负过重的包袱。例如，除非产品已经上市几年，否则公司对新产品的投资和对投资回报的计算，均不能使用传统的投资回报分析法。要求刚开始发展的创新项目承担现有业务的沉重包袱，就好比让一个 6 岁的孩子背负几十公斤重的背包进行长途跋涉，走不了多远。但是，现有业务在制定财务、人事政策，以及向哪些部门汇报上，都有自己的要求，是不可能轻易撇开的。

对于创新工作及负责创新工作的部门，公司需要在许多领域中制定不同的政策、规则和衡量方法。例如公司的退休金计划该如何制订呢？合理的办法应该是，让创新部门的人员参与将来的利润分红，而不是让他们在研究期间，在项目尚未创收、无法提供养老基金之前，就将他们列入养老金计划。

将创新部门与现有业务分开的另一个最重要的原因，就是关键人员的待遇问题。现有业务的经营方法会使创新夭折。现有业务的薪酬制度并不适用于创新部门的关键人员。事实是，大企业最常用的薪酬方案，是根据资产或投资的回报来计算的，而对创新项目而言，这几乎是一大障碍。

许多年前，我从一家大型化学公司学到了这一课。每个人都知道，该公司的一个核心事业部必须不断开发出新材料，公司才能得以生存。这些新材料的生产计划已经制订出来，技术性工作也都已经完成……但是，却什么成果都没有。年复一年，这个部门总用这样或那样的借口予以搪塞。最后，该事业部的总经理在一次检讨会上道出了实话："我和我的管理团队的薪水，主要是按投资回报率来计算的。为了开发新材料，我们必须投入许多资金，如此一来，投资回报率就会降低一半，薪水也会随之降低，这样的情况至少会持续4年时间。即使4年后这些投资开始产生回报，而我仍在这里工作（如果利润很低，我怀疑公司是否会容忍我那么久），但在这段时间里，我却不得不让全体同事节衣缩食，这种做法对我们合理吗？"后来，公司改变计酬办法，在投资回报数字中剔除新项目的发展费用。18个月内，新材料就上市了。两年以后，该事业部在这一领域取得领导地位，并保持至今。4年以后，这个事业部的利润增加了一倍。

对于创新工作的薪酬和奖励问题，确定哪些不该做比确定哪些应该做要容易得多。二者的要求总是相冲突的：一方面，新项目不应该肩负它无法承受的高薪酬；然而另一方面，公司又必须给予创新的人员以适当奖励，进而激励他们的创新努力。

具体地说，这意味着负责新项目的人员应该享受中等水平的待遇。然而，如果公司发给他们低于其原有工作的薪水，还要他们承担创新工作，这显然十分荒谬。负责新领域的人员往往在现有业务中享有高薪待遇，而且他们一般都能够很容易地换工作，不论是在公司内部还是去其他公司，并且薪水不菲。因此，他们的报酬应该从他们现有的薪酬和福利起步。

3M 和强生公司所采取的方法非常有效。它们承诺凡成功地开发了新产品、新市场或新服务，并将其建立成一个新事业的人，公司将聘其为该事业部的总经理、副总裁或分支机构总裁，享受与该职位相匹配的薪酬、红利和优先股权。这是相当丰厚的报酬。但是，如果没有成功，公司将无须兑现任何承诺。

另外一个方法就是让负责新项目开发的人员享受未来利润的分红。该方法在很大程度上取决于当时的税法。例如，将这个新项目视为单独的一个公司，创业经理在该项目中享有股权，比方说是 25%。当这个项目果真发展成一家成熟企业时，公司再按事先约定的基于销售和利润的公式回购股权。

此外，还需要另外一个机制：在现有企业中负责创新工作的人是要冒风险的，所以，雇主也应分担风险才算公平。如果创新失败，他们应该有权选择回到原来的工作职位，并享有原来的薪酬。诚然，他们由于失败而不可能得到奖励，但也不能因为尝试创新而遭受惩罚。

4. 在讨论个人薪酬时，我们提到创新的回报不应该按已有业务的方式计算，必须用不同的方式来衡量。"我们希望我们的所有业务每年都有至少 15% 的税前回报和 10% 的增长率"，这句话对现有业务和产品可能有意义，但对于新项目而言，绝对是毫无意义的，因为这个要求可能太高，也可能太低了。

在很多情况下，新项目可能好几年都没有利润，也没有成长，它只是吸收资源。但是一旦成功，就会有很长一段时间的快速成长，它将创造原始投资的 50 倍回报，也许更高，否则该创新就是失败的。一个创新在刚开始的时候，往往规模较小，可一旦成功，它所产生的效益和规模却是不同凡响的。创新应该是开创新的事业，而不仅仅是增加到产品线中的又一个"特色产品"或"非常出众的产品"。

只有对公司的创新经验及创新绩效的反馈加以分析，公司才能确定自己在市场和产业中，对创新的恰当期望。恰当的时间跨度是多少？如何最优配置资源？在创新初期，是应该投入大量的资金和人力，还是开始工作时仅限于一个人？是再给他配备一两个助手还是让他一个人单打独斗？什么时候加大投入？创新发展到什么时候才能转为"企业"，产生大量的常规回报？

这些都是关键的问题，书本上找不到这些问题的答案。但是，我们不能随意地回答它们，也不能仅凭直觉，或是以刨根问底的方式找出答案。当然，创新的公司会知道创新在其特定的产业、技术和市场中合适的形式、节奏和时间跨度。

以前面提到的那家创新型大银行为例，它知道在一个新国家设立分行，至少需要投资3年，第4年应该损益平衡，第6年中期就应把所有投资收回。如果它在第6年年底仍然需要投资，那么这就是一个令人失望的项目，或许应该立即将它关闭。

一个重要的新服务项目——租赁，从投资到产生利润的周期与上述情况类似，只不过周期更短一点。从局外人的角度来看，宝洁公司知道其新产品需要开发两三年的时间才能上市销售，再经过一年半的时间，这些产品应该是市场的主角。IBM推出一个新产品似乎需要5年的间隔时间。再过1年的时间，新产品就应该开始快速增长。第2年，它应该取得市场领导地位和相当的利润。到第3年，头几个月它应该收回所有投资。上市第5年，销售应达到顶峰。到这时，IBM又有一项新产品已经准备取而代之了。

只有通过系统分析公司及竞争对手的绩效，公司才能对上述的情况有所了解。换言之，公司应建立系统的信息反馈制度，以获得创新绩效与创新期望之间的比较数字，并经常评估公司作为企业家的绩效。

只有公司了解了它的创新努力应该带来什么结果和可以达到什么结果

时，它才能适度地进行控制。这些措施反过来也可以衡量一个部门及其管理者在创新中的表现，并确定哪些创新努力应该推动，哪些又该重新考虑，以及哪些应该放弃。

5. 使现有企业具有创新与企业家精神的最后一个结构性要求是：必须明确负责创新的个人或小组的责任。

在上文提到的"中等规模的成长公司"中，通常是首席执行官担负主要的责任。大型公司很可能指派一位资深高层管理人员来负责。而在小企业中，负责创新与企业家精神的管理人员，可能同时肩负其他职责。

创新与企业家精神的最清晰的组织结构，应是将创新公司或者创新发展的公司完全分离出来。不过，这只适用于大型企业。

有关这方面的最早的例子发生在 100 多年以前。1872 年，德国西门子公司雇用了第一个大学生工程师赫夫纳·阿尔登涅克（Hefner-Alteneck）。赫夫纳建立起了工业界的第一个"研究实验室"。实验室的人员负责发明新的、与众不同的产品和工艺。他们还负责发现新的和不同的最终用户及市场。他们不仅要做技术工作，还要负责制造工艺的开发，以及新产品的上市及产品的获利。

50 年以后，即 20 世纪 20 年代时，美国杜邦公司单独设立了一个类似的实验部门，称为"开发部门"。该部门从公司收集所有创新概念，研究并分析它们，然后向高层管理者提交建议，哪个创新概念应该作为重要的创新项目对待。从一开始，该部门就将创新所需的各种资源列入考虑：研究、开发、制造、市场推广、财务等。该部门一直全面负责此项创新，直到新产品或服务上市数年。

无论创新的责任是落在首席执行官身上，还是落在另一位高管人员，或单独的机构身上，也无论它是全职工作还是首席执行官诸多职责中的一部分，它都应该作为单独的职责，作为高层管理者的职责来对待和认识。这项职责从始至终都包括对创新机遇有系统、有目的地寻找。

也许有人会问，所有这些政策和实践方法都是必需的吗？难道它们不会干扰企业家精神、抑制创造力吗？一个企业是否可以做到既具有企业家精神，又不需要这些政策和实践方法呢？答案是"也许可以"，但是那样既不会太成功也不会长久。

讨论企业家精神时，重心都喜欢放在高层管理者，特别是首席执行官的性格和态度上。当然，任何一个高层管理者都会破坏和抑制公司内的企业家精神。这简直太容易了，所要做的只是对每一个新想法说"不"，并持续几年时间，然后不让那些提出新想法的人有获得奖励和晋升的机会，而且很容易遭到解雇。但是，我们很难确定，仅靠高层管理者的性格和态度本身，而不采取正确的政策和实践方法，是否可以建立起一个具有企业家精神的企业。这一观点也是大多数企业家书籍所认同的，至少是如此暗示的。我所知道的几个寿命不长的企业，有一个共同的特点，即这些企业都是由创始人创建并一直由他经营的。当这些企业取得了成功时，除非它们采用企业家的管理政策和实践方法，否则它们很快就不再具有企业家精神。高层管理者的性格和态度，只能对小企业和新企业有影响，原因是，即使是一个中等规模的公司，它也是一个相当大的机构，雇用了许多知道自己应该做什么且愿意去做的人，他们应该受到激励，赋予他们工具和不断的肯定。否则光说不做，企业家精神将只能成为首席执行官的个人演说。

我也知道，除非创始人在组织中建立起了一套企业家管理的政策和实践方法，否则一旦创始人离去，企业就不会再具有企业家精神。如果缺少这些制度化的企业家管理政策和实践方法，企业在几年之内就会变得保守和沉迷于以前的成功。一般来说，这些企业甚至没有认识到它们已经失去了根本，而这个根本曾使它们脱颖而出。等它们意识到时，已经太晚了。为了尽早认识到这一点，企业有必要对创新的成果和绩效进行衡量。

以两家公司为例，它们在创始人管理时期，都具有非常卓越的企业家精神。一个是迪士尼公司，另一个是麦当劳。迪士尼公司的创始人是沃尔特·迪士尼（Walt Disney），麦当劳的创始人是雷·克罗克（Ray Kroc）。这两个人都有丰富的想象力和充沛的精力，并富有创造力、企业家精神和创新意识。而且，他们的公司都有很强的日常运营管理能力。但是，他们将公司中的企业家责任留给了自己，都依赖自己的"企业家性格"，而没有将企业家精神根植于特别的政策和实践之中。因此，在他们死后的几年时间里，他们的公司变得平庸、落伍和谨小慎微。

那些将企业家管理建立在组织结构中的公司——宝洁、强生和玛莎公司（Marks & Spencer），几十年过去后，始终都是创新者和企业家领导者，无论其首席执行官或经济环境如何变化。

VI

用人

现有企业如何配置人员，才能具有创新和企业家精神呢？有所谓的"企业家"吗？他们是天生的吗？

文学作品里到处都是关于这些问题的讨论，到处都是"企业家性格"的故事。这些人什么都不做，只知道创新。根据我们过往的丰富经验，这些讨论毫无意义。大体而言，那些对自己身为创新者和企业家感到不适者，不会主动要求从事这些工作，这种自身的不适性已经排除了这些人。其他人则可以在实践中学习创新。根据我们的经验，一个能有效完成其他任务的高管人员，也可以成为一个出色的企业家。在成功的企业家企业中，没有人会担心某个人是否能做好开发工作。显而易见的是，任何性情和背景的人都能做得很出色。在 3M 公司，任何一名年轻的工程师只要向高层管理者呈报一个有创意的想法，都会被指派负责这项开发工作。

同样，我们无须担心成功的企业家会逐渐消失。事实上，有许多人只愿从事新项目，不愿做其他事情。打个比方，大多数英国家庭仍习惯于雇保姆来照顾家中的婴儿。许多保姆在婴儿开始说话并学会走路后，也就是当孩子不再是一个襁褓中的婴儿时，就不再愿意留下来照顾他们了。但是，仍然有许多保姆非常乐意留下来，并发现照看已经长大的孩子也不难。那些只愿做企业家而不愿从事其他工作的人，不大可能在刚受雇于一家现有企业后就有机会从事创新工作；即使得到了这样的机会，也有可能以失败而告终。通常，那些为现有企业成功创业的人员在好多年前，早就被企业公认为成功的管理者了。因此，我们有理由相信：他们能够创新并管理现有的企业。宝洁公司和 3M 公司就有一些人是以做项目经理为职业的，这些人在成功完成一个项目后又马上承担起另一个新的项目。但是，这些公司的大多数更高层的管理人员则是从"项目管理"做起，然后进入"产品管理"，再进入"市场营销管理"，最后进入管理整个公司事务的高级职位。强生和花旗银行管理人员的情况亦是如此。

证明企业家精神是行为、政策和实践的综合反映，而并非是性格使然的最好例子，就是现在美国有越来越多的大公司的资深人士，以开创新企业作为他们人生的第二事业。而且越来越多的中高层管理人员及资深专业人员——他们一生都在大公司服务（往往在不同的公司中），在服务 25 年或 30 年后，决定提前退休，原因是他们认为自己已经进入了自己的"终点工作"。在 50 岁或 55 岁时，这些中年人开始成为企业家。他们当中有些人创办了自己的企业；另外有些人，特别是技术专家，则建立咨询公司为新兴和小型企业服务；还有一些人则加盟新兴的小公司，担任高级职务。而且大多数人在新事业中获得成功，并且心情愉快。

美国退休人员协会出版的刊物《现代成人》（Modern Maturity）刊登了许多有关这些人的故事和新建小企业招聘这类人的广告。1983 年，我曾举办过一个首席执行官管理研讨会，有 48 人出席了这个研讨会，其中有 15 人就是开创自己第二事业的企业家（其中有 14 名男性，1 名女性）。在这次会议上，我问他们，服务于大公司的这么多年来，有没有因为具有"企业家性格"而受到挫折或压抑。他们认为这个问题非常荒谬。然后，我又问他们是否觉得改变角色非常困难。他们认为这个问题也同样荒谬。正如其中一位所说的——其他人也点头同意，"好的管理就是好的管理，无论你在通用电气公司经营一个盈利 1.8 亿美元，有着几十亿美元销售收入的部门（这就是以前我所做的工作），还是像现在这样经营着一个新的只有 600 万美元销售额的诊断仪器的创新公司。当然，我所从事的事情是不同的，我的做法也是不一样的。但是，我应用从通用电气学来的概念，用同样的方法进行分析。事实上，这种角色的转换比起十年前，我从一名工程师到第一次做管理工作的转变要容易得多。"

公共服务机构的情形也大同小异。美国现代史上最成功的创新者，是高等教育领域中的亚历山大·舒尔（Alexander Schure）和欧内斯特·博耶（Ernest Boyer）。舒尔本来就是一位成功的电子领域创新者，名下有许多专利。1955 年，刚刚 30 出头的舒尔就创办了纽约理工学院（The New York Institute of Technology），这是一所私立大学，没有任何来自政府、基金会或大公司的资助。该校的招生方式和课程设置及教学方法都别出心裁。30 年以后，他的学院成为一流的理工大学，并且发展为 4 个学院，其中一个是医学院，在校学生人数超过 12 000 人。舒尔现在仍然在电子领域从事着创新且相当成功，30 年来，他还一直担任大学的全职校长，据说，他还建立了一支有效的专业管理团队。

与舒尔不同，博耶是行政人员出身，先在加利福尼亚大学任职，后到纽约州立大学。纽约州立大学是美国最大而且最官僚的学府，有35万名在校生和64个校区。到了1970年，博耶42岁时被任命为大学校长，达到了事业的顶峰。他立即创办了"帝国州立学院"——事实上，这根本不是一所真正意义上的大学，它是博耶用来解决美国高等教育中一个由来已久且最令人困扰的问题，即为那些没有文凭的成人开设课程，为他们提供获得学位的机会。

尽管以前有人尝试过多次，但从未获得成功。如果这些成人被允许与"正规"的年轻学生一起学习大学课程，那么没有人会注意他们的目的、需求以及他们所拥有的经历。他们会被当作18岁的孩子来对待，这很容易使他们产生沮丧的感觉，于是很快就失去了学习兴趣而中途退学。但是，如果让他们读"继续教育课程"（也已经尝试过多次），他们很容易被视为令人讨厌的人，而受到排斥。而且，教授这类课程的老师也多半是学校随意安排的。博耶的方案则是，由帝国州立学院招收的成人学员，可以在纽约州立大学下属的一个学院或大学里学习正规课程。但是开始时，学校会为成人学生安排一位"导师"（mentor），通常是附近州立大学的教师。导师帮助他们拟定计划，并决定他们是否需要特别辅导。反过来，他们的经历也使他们有资格获得工作和晋升。然后导师作为这些学生的代理人，为每一位入学申请人办理入学、选择年级和课程等事宜。

所有这些事情听起来像是一般的常识，实际上也是如此，但打破了美国学术界的习俗，因此遭到州立大学传统势力的强烈反对。但是博耶坚持自己的做法。帝国州立学院的课程成为美国此类高校中最成功的课程，拥有学生6000人，退学率极低，而且设有硕士研究生课程。博耶这位伟大的创新者并不停留于做一个行政人员。在担任纽约州立大学校长以后，他又出任卡特总统的教育部长，后又成为卡内基基金教学促进会会长——这两个职位分别是美国学术界最"官僚化"、最"传统"的职位。

　　这些例子并不能证明任何人都可以既是官僚又是创新者，舒尔和博耶确实是例外。但是，他们的经历表明，完成每一项工作都无须特定的"性格"，所需要的只是愿意学习、愿意努力工作、愿意自我约束，并愿意采纳和应用正确的政策和实践方法。这些正是所有采用企业家管理的企业，在人员和人员安排方面的实际做法。

　　要使企业家项目成功运作，公司的组织和结构必须合理，关系处理必须得当，报酬和奖励必须适中。但是，当这些都做到以后，剩下的问题就是由谁来负责，以及当他们成功地建成新项目后如何安排他们。必须根据每个人的个人背景来决定，而不能依据心理学理论，因为没有一种这方面的理论具有行之有效的证明。

　　企业家企业的用人决策，与其他企业的用人决策在制定方式上是一样的。当然，它们都是有风险的决策，人员方面的决策往往都是风险性的，所以必须认真凭良心去制定，必须按正确的方法去制定。首先必须全面考虑所要做的工作，然后考虑一批人选，仔细审查他们过往的绩效，最后通过与候选人一起工作过的几个同事，再对他们一一进行审核。该过程适用于一切用人决策。在企业家企业中，无论是选择企业家还是选择其他管理或专业人员，用人决策的平均成功率都是一样的。

VII

禁忌

以下是现有企业的企业家管理应注意避免的一些事情。

1. 最重要的一个告诫，就是不要将经营部门与企业家和创新部门混在一起。永远也不要将创新项目放到已有的管理部门中，绝不要让负责已有业务运营、开发和优化的人员，来承担创新任务。

如果一个企业不彻底改变其基本政策和实践方法，而试图成为企业家管理，这也同样是失策的——事实上，是注定要失败的。兼职的企业家很少会成功。

在过去 10～15 年中，许多大型美国公司尝试与企业家联合组建合资公司，但是没有一个成功。一方面，企业家发现自己受困于政策、基本规则和官僚主义、守旧和保守的"气氛"之中。另一方面，其合作者——大公司的人员无法明白企业家要做些什么，认为他们缺乏训练、太狂妄和不切实际。

大体上说，大公司只有用它们自己的人建立这种创新项目，才能成功地成为企业家。公司与新项目的负责人必须相互了解，公司必须信任他。反过来，他也知道如何在现有企业中进行创新。换言之，使用能够以合作伙伴身份工作的人才会成功，但是，其前提是整个公司渗透着企业家精神，它希望创新，并努力去实现，而且把创新视为必需和机遇。换言之，整个组织必须"渴望新事物"。

2. 创新努力如果脱离已有的事业领域，也很少会成功。创新最好不要多元化。无论多元化有多少好处，它都不能与创新和企业家精神混在一起。新事物往往充满艰辛，在自己不熟悉的领域是很难成功的。现有企业的创新，一定要立足于自己的专长：无论是市场知识还是技术知识。凡是新事物，将来肯定会出现各种问题，所以，企业必须了解所从事的创新。除非多元化与现有事业有共同的知识（无论是市场方面还是技术方面的知识），才有可能成功。即使这样，正如我在其他著作中讨论过的⊖，多元化仍有它的问题。如果公司除了要解决实践企业家精神的过程中所要面临的困难和要求，还要

⊖ 请参见我的《管理：使命、责任、实务（责任篇）》一书，第 56 章和第 57 章。

解决因多元化而带来的困难和要求，那么后果将不堪设想。因此，企业只能在自己熟悉的领域进行创新。

3. 最后一个告诫，若想通过收购，也就是说，通过收购小企业来实现自己企业的创新，那是徒劳无功的。收购极少会成功，除非进行收购的企业，愿意并能够在相当短的时间内，向被收购企业提供管理人员。被收购企业的管理者一般不会待得太长。如果他们是所有者，他们现在已经很富有；如果是专业管理人员，除非新公司提供更好的机会，他们才有可能继续留任。因此，在一两年内，收购者必须向被收购企业提供管理人员。当一家非企业家企业收购了一家企业家企业时，这一点尤为重要。新收购公司的管理者很快会发现他们很难与其母公司的管理者一起工作，反之亦然。就我个人所知，收购的例子没有一个是成功的。

在这个快速变化的时代，一个企业要想具备创新的能力、获得成功的机会并繁荣昌盛，必须将企业家管理植入自己的体系。它必须采用一套政策，使整个组织都渴望创新，并培养重视企业家精神及创新的习惯。若想成为成功的企业家，已有企业无论规模大小，都必须将自己作为企业家企业来加以管理。

服务机构的企业家精神

I

公共服务机构，例如政府机构、工会组织、教会、大学和中小学、医院、社区和慈善组织、专业团体及行业协会等，与任何企业一样，都需要创新与企业家精神。当今的社会、科技和经济正在发生着快速变化，这对公共服务机构而言，一方面构成了越来越严重的威胁，另一方面也提供了更大的创新机遇。因此，它们事实上更需要创新与企业家精神。

然而，公共服务机构却比最"官僚化"的企业更难进行创新。那些业已存在的组织似乎更是困难重重。毫无疑问，每一个服务机构的规模都有日益扩大的趋势。由于利润并不是这些机构的绩效检验指标，因此规模的大小就成为衡量服务机构成功与否的一个标准，也是它们所追求的成长目标。于是，总会出现许多需要做的事情。但是，要让它们停止做那些一直在做的事情，而转向做一些新的事情，它们就会无法容忍，或至少是感到非常痛苦。

公共服务机构的创新，大多都是由局外人带来的，或是因为遭遇大灾难后不得不创新。例如，现代大学就完全是由一位局外人——普鲁士外交官洪堡创建的。当时，法国大革命和拿破仑战争完全摧毁了 17 和 18 世纪的传统大学。洪堡于 1809 年创立了柏林大学。60 年以后，当美国的传统大学奄奄一息，无法再吸引学生时，现代大学也在美国应运而生。

同样，20 世纪军队组织的基本创新，无论是结构方面的还是战略方面的，都源自不光彩的错误或遭遇惨痛的战败，例如，美国在美西战争⊖中遭遇名誉扫地的战事失败后，老罗斯福总统任命来自纽约的律师伊莱休·鲁特（Elihu Root）⊖为美国陆军部长，开始重建美国陆军组织并重新制定战略。英军在布尔战争中同样有着不光彩的战败记录。几年后，平民出身的国防部部长霍尔丹爵士（Lord Haldane）也着手重组了英国陆军并重新制定战略。同样，德国在第一次世界大战战败后，也重新考虑了其军队的重组和战略制定。

政府机构也同样如此。近代政治历史上美国最伟大的创新思想，就是 1933 ～ 1936 年美国总统罗斯福推行的"新政"。当时，严峻的经济大萧条几乎使美国社会结构全面崩溃。

官僚体制的批评者将公共服务机构抵制创新与企业家精神的原因归咎于"怯懦的官僚""见风使舵者"以及"热衷权力的政客"身上。这已经是很古

⊖ 美西战争（Spanish-American War）：1898 年，美国与老牌殖民国家西班牙之间爆发的战争。战后，西班牙被迫放弃了古巴，并将菲律宾、波多黎各和加勒比海地区的其他岛屿以及太平洋上的关岛割让给美国。这场历时仅 100 余天、致使 3000 美国人丧生的短暂的海上冲突，使美国陷入了远东的复杂问题，也使敢于与美国军事力量抗衡的欧洲列强得到了警告，它标志着美国作为一个主要军事力量的崛起。——译者注

⊖ 伊莱休·鲁特（1845—1937）：美国著名的律师和杰出的政治家，1912 年诺贝尔和平奖获得者。1901 年罗斯福总统时，任国防部部长的鲁特对美国军队进行重整，鲁特认识到：军队最关键的问题是各个部门之间缺乏协调。鲁特还成立了一所军事学院，创立了参谋长联席会议。——译者注

老的说辞了，事实上，早在 500 年前，马基雅维利就已经提出来了。唯一的变化就是说这些话的人不同了。在 20 世纪初，这些话是那些所谓自由主义者的口号，而现在，这些话又成了那些高举"新保守主义"者的标语。事情并没有这么简单。"杰出人士"长久以来一直是改革者所仰仗的万灵丹，其实不过是海市蜃楼而已。那些最具创新和企业家精神的人士在接管公共服务机构（特别是政府机构）6 个月以后，就会变成最糟糕的趋炎附势者或热衷权力的政客。

阻碍公共服务机构发挥创新和企业家精神的力量来自机构内部，它已经成为机构不可分割的一部分⊖。这方面最好的例证就是企业内部的员工服务部门，这些服务部门其实就是企业组织内部的"公共服务机构"。这一部门的主管通常来自企业的经营部门，他们已经在竞争激烈的市场中证明了自己的能力。但是，内部员工服务部门并不像创新部门那样广为人知。它们很善于建立自己的王国。而且，它们总是做同样的事情，不愿放弃它们所做的任何事情。一旦建立了行事准则，它们就很少创新。

为什么在现有的公共服务机构内创新，会比在一般的企业里遭遇更多的障碍呢？主要原因有以下 3 个。

1. 公共服务机构是依靠"预算"拨款，而不是根据成果来获得报酬的。它的收入取决于自身的努力程度，以及其他人提供的资金，无论该资金是来自纳税人、慈善组织的捐款人，还是来自公司人事部门或市场服务部门员工的辛勤工作。公共服务机构越努力争取，它获得的预算就越大。因而，公共服务机构的"成功"标准就是获取更多的预算拨款，而不是取得成果。取消公共服务机构的活动和限制它的努力，就意味着削减它的规模，这会使它丧失原有的地位和声望。另外，公共服务机构绝不承认失败。更糟糕的是，它

⊖　关于公共服务机构及其特征，请详见我的另一部著作《管理：使命、责任、实务（使命篇）》的第 11～14 章。

也绝不承认目标已经达成的事实。

2. 服务机构的存在需要依赖众多因素。企业向市场销售产品，消费者是最重要的因素，其重要性远远超过了其他因素。而且，一家企业只需在一个小规模的市场上拥有很小的产品销售份额，就可以算是获得了成功。一旦企业在市场上获得成功，就可以满足其他因素，无论是股东、员工还是社区等。然而，公共服务机构（还包括那些企业内部的员工服务部门）是不以"成果"来获取报酬的，因此，任何一个选民，无论他多么卑微，都握有否决权。于是，公共服务机构必须满足每一个人，它当然承担不起疏远任何一个人所造成的损失。

服务机构开始某项活动时，它就赢得了一个"选民"，而这个"选民"往往反对废除原有方案，甚至不愿对其进行较大的改动。但是，任何新事物都是有争议的。这就意味着新事物在没有形成之前，就会遭到现有选民的反对，而未来的选民（或新选民）则可能支持它。

3. 最重要的原因是，公共服务机构的存在就是要"做好事"（do good），这意味着它们往往将自己的工作看成一种绝对道德义务，而不是要用成本／利润来计算的经济性任务。经济总是在寻求相同资源的不同分配方式，以期获得更高的收益。因此，在经济领域中，任何事物都是相对的；而在公共服务机构中，则没有所谓更高收益这一说法。如果一家机构是在"做好事"，那就没有"更好"这回事。实际上，如果机构没有达到"做好事"的目标，这只能意味着它需要加倍努力。因为，邪恶的势力一定是比预想的更为强大，所以必须更奋力对抗。

几千年以来，各种宗教的传教士一直在与"肉体的罪恶"做斗争。不过，至少可以这样说，他们的成功非常有限。但是，就传教士而言，这没什么好争论的（或这不值得争论）。人们并不能说服传教士将聪明才智用到追求那些更易达到的目标。相反，有限的成功只能证明他们需要加倍努力来抵御"肉体的罪恶"。从道德上而言，这显然是一件"好事"，因此，这是绝对的道德问题，而不容许用成本/利润的计算公式亵渎。

很少有公共服务机构用绝对的字眼来定义自己的目标，甚至连企业的人事部门以及制造部门的服务人员都往往将自己的使命看成"做好事"。因此，他们认为自己的使命是道德的、绝对的事情，而非经济的、相对的事情。

这意味着公共服务机构力图规模最大化而非最优化。消灭饥饿运动组织的领导人会如此断言："只要地球上还存在着一个挨饿的孩子，我们就没有完成我们的使命。"如果他说"如果现在绝大多数孩子都能够通过现有的分配渠道获得充足的食物，而不至于影响他们的生长发育，那我们的使命就算完成了"，他将会被踢出办公室。但是，如果机构将最大化作为自己的目标，那么这个目标就永远也实现不了。事实上，朝目标走得越近，机构所需付出的努力就会越大。因为，一旦机构达到了最优化（从理论上而言，实现最优化所需的努力是完成最大化所需努力的75%～80%），成本就会呈指数增长，而同时，所产生的效果却呈指数下降。由此看来，公共服务机构越接近目标，遭受的挫折就越大，继而越加努力地做正在做的事情。

然而，无论它是否达成目标，公共服务机构的行事方式都是相同的。无论成功与否，它都会把进行创新和尝试新事物的要求视为对其基本承诺、存在理由、信念及价值观的一种攻击而进行抵制。

以上所述都是创新的严重障碍。它们大体上解释了为什么公共服务机构的创新往往出现在新的机构中，而不是那些现有的机构。

今天，这方面最极端的例子，莫过于工会组织了。工会组织大概是20世纪发达国家最成功的机构。毫无疑问，它已经达成了自己的原始目标。在西方发达国家中，劳工所得已占国民生产总值的90%，在某些国家，如荷兰，甚至已接近100%。这些工会组织已经无法达成"更多"目标了。然而，工会组织却无力思考新的挑战、新的目标和新的贡献。它所能做的，只是重复老口号，打旧仗。这是因为劳工问题是一件绝对的好事。很显然，这是不容置疑的，更不容重新定义。

大学的情况与工会组织大同小异，造成这一情形的部分原因，也是由于20 世纪大学的成长和获得的成功仅次于工会组织。

不过，公共服务机构中还是有许多例外（然而，我必须指出，政府机构中却很少有特例）。尽管它们规模非常庞大，而且非常古老，但它们依旧显示出创新能力。

例如，美国罗马天主教的大主教管辖区是由世俗平民管理的，还由一名已婚的世俗平民妇女（她曾是一家百货连锁公司的前任人事副总裁）来担任总经理一职。除了分发圣餐和主持圣会，其他一切事务均由这些世俗专业人员和经理来管理。尽管美国天主教会的神职人员极为短缺，但该辖区不仅能向其他辖区派出神职人员，而且还能够积极建立圣会，增加宗教服务。

美国科学促进协会⊖是科学界历史最悠久的科学团体之一。在 1960 ～ 1980 年，它重新调整自己的方向，将自己转变为一个"大众组织"，同时又不丧失其原有的领导地位。它将其《科学》周刊⊖改头换面，使该杂志成为科学界对社会公众和政府的发言人，并且成为科学政策的权威报道人。此外，它还为普通读者创办了一本科学知识深厚，又符合大众口味的杂志。

早在 1965 年左右，美国西海岸的一家大型医院就认识到，该医院成功的

⊖ 美国科学促进协会（American Association for the Advancement of Science，AAAS）成立于 1848 年，是世界上规模最大的科学研究团体，拥有将近 300 个科学、工程学、数学研究社团和科学院所等单位会员，以及由科学家、工程师、科学教育工作者、政策制定者和对此有兴趣的公民等组成的 14 万个人会员，从而成为世界上最大的综合性科学组织机构。该协会的目的是促进科学家的工作，促进科学家之间的合作，鼓励科学自由和探讨科学肩负的责任，改进科学促进人类福利的有效性，促进科学教育的进步，并提高公众对于科学在人类进步事业中的重要性和应负责任的理解度及支持度。——译者注

⊖ 《科学》（Science）周刊创建于 1880 年，是在国际学术界享有盛誉的综合性科学周刊，影响力在所有科技类出版物中排名第一。——译者注

标志就是从根本上改变医疗保健服务。当其他大城市的医院还在试图竭力抵制连锁医院或独立救护中心等医疗保健发展趋势时，这家医院却已经成为这些领域的创新者和领导者。它是第一家建立独立妇产中心的医院，孕妇只需缴纳相当低廉的费用，就可以在汽车旅馆式的房间内待产，而且还能够得到她们所有需要的医疗服务。这家医院还首创独立外科救护中心。此外，它还着手组建了自己的志愿性连锁医院，与该地区的几家小型医院签订了管理合同。

始建于20世纪初的美国女童子军，是一个拥有数百万年轻女会员的大型组织。自1975年左右以来，美国女童子军进行了一系列创新，并由此对会员制度、工作计划和志愿者这3个基本要素都产生了重要影响。它积极地从城市新兴中产阶级，即黑人、亚裔、拉丁裔等少数民族家庭的女孩中招收新成员。现在，这些少数民族会员已占总会员人数的1/5。它还认识到，随着现代女性不断步入职业化和管理位置，自己必须调整原来的方向，即不再强调家庭主妇或护士等传统职业，而是强调职业化和商业工作生涯的重要性。女童子军的管理人员还认识到，协助负责地区性活动的志愿者的传统来源正在逐渐萎缩，因为年轻的母亲们不再无所事事地待在家中了。但是，女童子军同时还认识到，这些新一代的职业母亲代表着机遇，女童子军完全可以利用这一机遇为她们提供一些东西。对于任何一个社区组织来说，最大的限制就是志愿者人数的多寡。因此，女童子军安排了一些能够吸引职业母亲来参与的义务工作。这使得这些职业母亲可以在从事义务工作的同时与自己的孩子一起玩耍娱乐，尽享天伦之乐；另外，也有助于孩子的成长。最后，女童子军发现职业母亲们没有充足的时间与孩子相处，这种现象也代表一个机遇。于是，女童子军开始招收学龄前儿童加入。由此，女童子军组织成功地扭转了儿童和志愿者人数都下降的趋势。而与此同时，规模更大、历史更悠久，而且资金也更充沛的男童子军组织，却仍然处于漂浮不定的茫然境遇之中。

II

企业家政策

以上都是我所了解的发生在美国的实例。但是毫无疑问，在欧洲和日本也可以找到许多类似的例子。尽管这些例子会存在各自的局限性，但是它们足以说明公共服务机构在培养创新能力方面，需要哪些企业家政策。

1. 公共服务机构需要明确地界定其使命。它想要做什么？它为何存在？它的重心应放在目标上，而非行动计划和方案上。行动计划和方案不过是达成目标的手段而已，因此，只能将其视为临时的和短暂的。

2. 公共服务机构应以合乎现实的字眼来表述组织目标。它应该说："我们的任务是缓解饥饿，而不是消除饥饿。"它需要设定一个切实可行并可以得到人们承诺的现实目标，这样，它最后可以宣称："我们的任务已经完成了。"

当然，有些目标是永远也无法达成的。如维护人类社会的公正，很显然，这是一个无休止的任务，标准就算定得再宽泛，人们也永远无法圆满地达成。但是，对于大多数任务而言，它们都可以也应该用最优化而不是最大化的字眼来表述。然后，人们才可以说："我们已经达到我们的目标了。"

的确，我们可以怀着无比敬仰之心说："校长们已经实现了让每个人都能接受多年教育这一传统目标。"在发达国家中，该目标实际上早已达成。那么，如今的教育还应做些什么呢？换句话说，"教育"的真正含义与"上学"有何分别呢？

3. 倘若公共服务机构未能达成目标，这就意味着设定的目标是错误的，或至少对目标定义有错误。机构必须假设自己目标的经济意义大于道德意义。如果尝试多次仍未实现目标，我们就必须认为目标不正确。把失败看作需要不断尝试的正当理由是很不理性的。早在 300 年以前，数学家就告诉我们，成功的概率会随尝试次数的增加而递减。实际上，每一次尝试的成功率，绝不会超过前一次尝试成功概率的一半。因此，我们之所以置疑目标的有效性，是因为没有实现目标。但大多数公共服务机构的看法与此观念完全相反。

4. 公共服务机构应该将不断探索创新机遇作为其政策和实践的一部分。它们应该把变化视为机遇而不是威胁。

前面提到的能够创新的公共服务机构，其之所以能成功就是因为它们采用了上述四项基本原则。

第二次世界大战以后，美国的天主教会首次遇到受过良好教育的天主教平民信徒急剧增加的情况。大多数天主教辖区，特别是多数罗马天主教会机构，都将其视为威胁，或至少将其看作一个问题。随着受过良好教育的天主教平民信徒人数的增多，使得接受大主教与神职人员不能再被看作理所当然的事情。但是，在教会的机构和管辖范围内，没有多余的职位能够提供给这些平民信徒。从1965年（或1970年）开始，美国所有的天主教辖区都面临年轻神职人员人数大量减少的问题，这被看成一个重大威胁。其中只有一个大主教管辖区，把这两个问题看作大好机会。结果，这个辖区出现了与众不同的情况：全国的年轻神职人员都想进入这个辖区工作。因为，在这个辖区里，神职人员可以施展他们的才能，而这些工作正是当初他们选择成为神职人员想要做的事情。

从1970年或1975年开始，所有的美国医院都看到医疗保健服务正在发生变化。绝大多数医院都全力抵制这些变化，它们认为："这些变化将会导致一场大灾难。"只有一家医院把这些变化看作大好机遇。

当美国科学促进协会发现越来越多具备科学知识背景的人正在从事科学研究，它认为这是一个将自己塑造成科学界和社会公认的权威领袖的大好时机。

美国女童子军组织看到了人口统计数据的变化，便自问："我们应该如何把人口变化趋势转化为我们的新机遇呢？"

　　只要遵循这些基本原则，甚至政府机构也可以从事创新。以下就是政府机构的一个实例。

　　120 年前，美国内布拉斯加州的林肯市是西方世界中第一个将公共运输、电力、煤气、自来水等公共服务事业收归市政所有的城市。然而近十年来，在女市长海伦·布萨利斯的领导下，该市已将垃圾处理、校车接送等大多数公共事业开放为私营。该市采用的办法是，由市政府提供经费，再由私营公司参与竞标。这么做，不仅大幅降低了成本，而且服务质量也明显提高。

　　林肯市的海伦·布萨利斯市长发现，一旦将公共服务事业中的"供给者"（政府）与"供应商"分开，就会产生机遇。这种做法不仅提高了服务水平，也因为引进了竞争机制，而保证了高效、可靠和低成本。

　　如果一家公共服务机构希望具备企业家精神和创新能力，那么上述的四项原则就可以构成它所必须具备的具体政策和实践。此外，公共服务机构亦可参考第 13 章"企业家企业"中所谈到的现存组织为了成为企业家型企业所采取的政策与实践。

III

创新的需求

　　为何创新对于公共服务机构而言如此重要呢？我们为何不能像历史上一直做的那样，让那些现存的公共服务机构保持现状，而另外成立一家新机构来从事我们所需的创新呢？

　　问题的答案是，在发达国家中，公共服务机构已经占有越来越重要的地位，而且规模日益庞大。不论是政府还是民间的非营利性公共服务机构，在

20 世纪都迅速发展，其发展速度差不多是私营企业的 3 ～ 5 倍。尤其是在第二次世界大战以后，公共服务机构的成长更为迅速了。

从某种程度而言，这种成长过分迅速了。因此，只要公共服务业务有可能转变为营利性业务，就应毫不犹豫地进行这种转变。这种转变不仅限于将内布拉斯加州林肯市那样的市营服务事业进行私有化。事实上，美国医院早已从非营利性机构转化为营利性机构。我预测，这种转变将在职业教育及研究生教育领域掀起热潮。在发达国家中，国家往往把补贴给予最高收入者，也就是那些拥有高学位的人，这种情形很难说是合理的。

在未来的二三十年中，发达国家最主要的经济问题，必定是资本形成的问题。而只有日本的资本能够满足经济发展的需求。因此，除非非营利事业能重组其任务，赚取利润，形成资本，否则，我们将无法担负这些非营利性任务，因为它们只会吞噬资本，而不会形成资本。

公共服务机构还在完成大量的任务，而且这些任务仍需要公共服务机构来继续完成。所以，公共服务机构既不会消失，也不会转变。因此，这些公共服务机构必须具有生产力，并创造出经济效益。公共服务机构必须学习如何创新，并学习运用企业家精神来管理自己。公共服务机构如果想在这个社会、科技、经济以及人口都在迅速变化的时代中达到上述目的，就必须将这些变化视为大好机会，否则，这些变化将会变成障碍。如果公共服务机构固守着那些在变动环境中无法实施的计划与方案行事，就会更无法实现其使命，结果就是它们更不愿也不能放弃这些永远不能实现的使命。渐渐地，它们的处事方式就会像 13 世纪的封建贵族一样，当他们丧失了所有的社会功能之后，只会寄人篱下，然后运用权力去妨碍和剥削他人。它们将会变得自以为是，逐渐丧失合法地位。很明显，在如今最强大的公共服务机构——工会中已经出现了这样的情形。然而，在一个迅速变迁的社会中，将有许多新挑战、新需要以及新机会，因此，公共服务机构仍然是必需的。

美国公立学校的现状反映出它既有大好机会，又有潜在危险。除非这些公立学校能率先进行创新，否则将很难在 20 世纪继续生存下去（那些在贫民区为少数民族开办的学校则不包括在内）。有史以来，美国公立学校第一次面临不同阶层的学生结构所带来的威胁。原有的教育制度规定：除了赤贫学童之外，其他所有学童都能在公立学校就读——至少在多数人口居住的城市及郊区是如此。这种情形恰巧是公立学校自身的错误造成的，因为这是众所周知公立学校必须改革的地方（请参阅第 9 章）。

其他许多公共服务机构也面临类似的情形。如今，创新所需的知识已经具备，公共服务机构创新需求也十分清晰。因此，它们必须学习如何将企业家精神与创新建立在原有的体系中。否则，它们会发现自己将被其他具有企业家精神的公共服务机构所取代，而很快变得过时。

19 世纪末 20 世纪初，是人们在公共服务领域发挥巨大创造力和从事大量创新的时期。在这段长达 75 年的时期内（一直延续到 20 世纪 30 年代），社会革新如火如荼地进行着，无论从取得的成效还是从发展速度而言，社会革新与科技创新几乎不相上下。然而，这段时间的创新只是建立新的公共服务机构。现存的所有公共服务机构，大部分都是六七十年前创立的，只是形式变了，任务也更新了。再过二三十年，情况将会更为不同。那时，社会革新的需要将会更加强烈。然而，这些革新大部分将出现在现有的公共服务机构内。因此，在现有的公共服务机构中实施企业家管理，将是这一代人的首要政治任务。

新　企　业

对于现有机构来说（无论是营利机构还是公共服务性机构），"企业家管理"一词的核心是"企业家"。而对于新企业来说，核心则是"管理"。在现有企业中，业已存在的东西是企业家精神的主要障碍。而在新企业中，主要障碍是什么都缺乏。

新企业拥有创意。它可能还有产品或者服务。它甚至还有销售，销售量有时还相当可观。当然它也必须支出成本费用，但它可能有收入，甚至还有利润。然而，它并非真正意义上的企业。一个真正的企业应拥有健全的组织，拥有能独立生存、发展以及经营的"今天"，而且，企业的员工应该清楚自己的职责和应该从事的工作，并明白这些工作的结果是什么或结果应该是什么。除非新企业能依靠完善的管理，发展成一家真正的企业，否则无论它有多么聪明绝顶的企业家创意，无论它吸引了多少资金，产品怎么好，甚至无论有多大的市场需求，最终它都无法存活。

19 世纪最伟大的发明家爱迪生正是因为拒绝接受这些事实，致使他创办的每一个企业都惨遭失败。爱迪生的雄心就是成为一个成功的商人和大公司的掌门人。他本应该成功，因为他是一个出色的商业策划者。他清楚地知道如何利用自己发明的电灯泡来创立一家电力公司；他也知道如何获得他的企业可能需要的资金。他的产品一经问世，就立即取得了成功，而且有大量的市场需求。但爱迪生始终是一个企业家，或者说，他理所当然地认为"管理企业"就是当老板。他拒绝成立一个管理团队。所以，他创立的四五家企业在发展到中等规模以后，无一例外都失败了。最后，这些公司只好请爱迪生自己走人，由专业的管理人员实施管理，这些公司才得以存活下来。

新企业的企业家管理应具备以下四项要求：

首先，要关注市场。

其次，要有财务的前瞻性，特别是对现金流和未来资本需求的规划。

再次，要在新企业真正需要并且有能力负担起一支高层管理团队之前，就及早将它建立起来。

最后，它要求新企业的创始人确立自己在企业的角色、工作范围和与他人的关系。

I

关注市场的必要性

一个新企业不能实现其原有的构想，甚至根本无法生存下去时，最常见的解释是："我们本来做得很好，后来其他人都一窝蜂地进来了，抢走了我们的市场。我们真是弄不清这是怎么回事。他们的产品与我们的并没有很大差别呀。"或者你会听到："我们的销路本来挺好的，但是其他人开始向顾客兜售我们从未听说过的产品，突然间，他们就占领了市场。"

新企业往往在企图服务的市场之外得到成功，产品或服务也与它一开始考虑的相去甚远，大部分顾客甚至不在公司当初考虑的范围之内，而且产品的用途广泛，与最初的设计大相径庭。如果新企业没有估计到这些，不能利用这些意外和预想之外的市场来组织自己；如果它不是完全关注市场，不是以市场为导向，那么它将只能为竞争对手的成功创造机遇。

例外总是有的。为某一特别用途而设计的产品，特别是科技产品，通常会应用于它最先设计的市场和用途上。但并不总是如此。即使是为某种疾病而设计的处方药，往往也会被应用在其他完全不同的疾病上。例如，一种原本用于其他用途的化合物，最终却被用于有效地治疗胃溃疡。另一个例子是原本用来治疗人类疾病的药，它的主要市场却在兽医药品上。

任何真正的新事物，都能创造出人们意想不到的市场。在第一台施乐复印机于1960年面世以前，没有人知道人们还需要办公复印机；5年以后，没有复印机的企业是难以想象的。第一架喷气式飞机试飞时，连当时最准确的市场调查都认为，在大西洋航线上投入使用，将不会有足够的乘客来支付横跨大西洋航线的服务成本，甚至无法弥补飞机的制造成本。然而5年以后，每年跨洋航行的载客数是从前跨越大西洋总人数的50～100倍。

创新者的眼光是有局限性的。事实上，他视野狭隘，只能看到他所熟悉的领域，而忽略了其他领域。

DDT就是这方面的例子。DDT是第二次世界大战期间发明的，主要用来保护美国士兵免受热带昆虫和寄生虫的侵扰。而最后人们发现，它的最大应用是在农业上，以保护农作物和牲畜免遭昆虫侵害——结果由于它太有效，以致遭到禁用。然而，在第二次世界大战期间发明DDT的杰出科学家们，没有一个人预想到DDT的这些用途。他们当然知道许多婴儿死于苍蝇引起的"夏日"腹泻，也知道牲畜和农作物同样遭受昆虫和寄生虫的侵害，但是他们对这些事情就像门外汉一样。尽管他们是专家，却只关心热带疾病对人的影响。最终，是一位普通美国士兵将 DDT 应用到他家的牛群和棉花田上，他才是这些新用途的"专家"。

同样，3M 公司也未曾想到，当时它为工业开发的胶带却在家庭和办公室得到了神奇的应用，最后这种胶带发展成透明胶带（scotch tape）。多年来，3M 公司一直是为工业界提供磨料和粘胶的供应商，而且在工业市场做得也很好。3M 从未想到过进入消费市场，完全是由于纯粹的意外，才使研制胶带的工程师意识到这种产品也许会成为消费市场的畅销货。当时，这位工程师研制出胶带后，没有一家企业愿意购买。于是，他将公司已决定要淘汰的产品的样品带回了家中。令他惊奇的是，他十几岁的女儿用它来固定卷发卷，而且整夜不松脱。正是这件不寻常的事情使他和他的老板认识到他们意外地发现了一个新市场。

早在 1905 年，一名德国化学家就研发了局部麻醉品奴佛卡因（Novocain）。但是，他无法说服医生使用它，医生喜欢全身麻醉（他们只是在第一次世界大战期间才开始接受奴佛卡因）。然而，完全出乎意料的是，牙医竟然开始使用奴佛卡因。于是，这位化学家开始到德国各处演讲，反对将奴佛卡因用在牙科手术上。他声称，他的奴佛卡因不是为牙科手术而研发的！

我承认这种反应未免有些偏激。但是，企业家的确知道他们的发明是用于哪些目的的。一旦出现一些其他用途，他们往往会产生抵触情绪。虽然他们不会真正拒绝那些不在他们"计划"之中的顾客，但是他们很可能会明确表示，这些顾客不受欢迎。

电脑界就发生过这样的事情。设计研制出第一台电脑的优尼瓦克公司认为，它的伟大产品是专为科研工作而设计的。因此，当有企业表示有兴趣购买时，它甚至没派销售人员去拜访顾客。优尼瓦克这么做的理由是，企业界的人根本弄不清电脑是怎么一回事。尽管 IBM 也同样认为电脑是专门用于科学研究的一种工具，它的电脑最初就是专门为天文计算而设计的，但是IBM愿意接受企业的订单，并为它们提供服务。10年以后，即1960年左右，优尼瓦克公司仍然拥有最先进、性能最好的电脑，而IBM则拥有了整个电脑市场。

教科书将上述问题的出现归结于企业没有进行"市场调查"。其实，这是一种错误的诊断。

没有人能够对一种全新的事物进行市场调查，也没有人能够对还未上市的产品进行市场调查。1950年左右，优尼瓦克公司的市场调查得出的结论是：到2000年，电脑的销售量将达到1000台。可事实上，到1984年，电脑的实际销售量就为100万台。然而，在当时这是一个最"科学"、最审慎、最严密的市场调查。那次市场调查只犯了一个错误，它的出发点建立在这样的假设上：电脑只用于先进的科学研究（这是当时人们的共识）。如此一来，这个数字的确有限。同样，当时数家公司之所以拒绝施乐公司的专利，也是因为进行了深入的市场调查。调查结果显示，印刷业是绝对不会使用复印机的。当时没有人会想到企业、学校、大专院校以及许多个人会购买复印机。

因此，新企业应该在创立伊始就假设，它的产品或服务会在一些意想不到的市场中找到顾客，当初设计的产品或服务可能会用在意想不到的用途上，同时被一些意想不到的顾客，甚至不被新企业所知的顾客购买。

如果新企业从创立伊始就未能以市场为中心，那么它很可能是在为竞争对手创造市场。几年以后"其他人都一窝蜂地进来了，抢走了我们的市场"，或"其他人开始向顾客兜售我们从未听说过的产品，突然间，他们就占领了市场"。

其实，新企业必须以市场为中心并非一件特别困难的事情。但在进行这项工作时，会与典型企业家的意愿相悖。首先，它要求新企业有系统地找出意外的成功和意外的失败（见第3章）。企业家不能凭借主观臆断，把意外事件当作"例外"而加以忽略。相反，企业家应当走出去，仔细研究这些特别的机遇。

第二次世界大战后不久，一家小规模的印度工程公司买下了生产配有辅助轻型发动机的欧式自行车的许可权。这种自行车看起来非常适合印度市场，但是销路一直不好。不过这个小公司的老板发现，自行车的发动机倒有大量的订单。起初，他打算退掉这些订单，可他又不断问自己：人们会拿这些小发动机做什么呢？在这种好奇心的驱使下，他实地寻访订单的来源。他发现农民将发动机从自行车上拆下来，改装到以前一直用手工操纵的灌溉水泵上以提供动力。现在，这个生产商已经成为世界上最大的灌溉水泵制造商，每年销售量在数百万台。不仅如此，整个东南亚的农作方式也由于使用水泵而彻底改变了。

其次，以市场为导向还要求新企业主动进行各种试验。如果有部分顾客或市场对新企业的产品或服务感兴趣，同时这些顾客或市场又不在原有的计划之内，那么新企业就应在这个新市场中找出一批自愿尝试其产品或服务的人，由此找出任何预期之外的应用范围。新企业可以通过提供一些免费样品给"没有预料到"的市场，观察该市场的顾客对其产品的兴趣程度和对产品用途的看法，以及若希望进入该市场，这项产品又应该做哪些改进。此外，新企业还可以在行业的各报刊上做宣传，以了解顾客的兴趣从哪里产生，等等。

杜邦公司在开发新尼龙纤维时，从未想到它的主要用途是制作汽车轮胎。但是，当俄亥俄州阿克伦市的一家轮胎生产厂商表示有兴趣用尼龙生产轮胎时，杜邦公司立刻建立了一个尼龙工厂。没过几年，轮胎成为尼龙最大的、获利最高的市场。

新企业无须花费很多资金就能够发现，意外市场对自己产品的兴趣是出于偶然，还是因为自己的产品真正有潜力。这需要对市场的敏锐目光和一些系统的工作方法。

最后，也是最重要的，新企业的经营者需要把时间用在企业的外部，进行实地考察。比如，到市场上观察，与顾客和销售人员交谈，并聆听他们的建议。新企业还需要建立一套系统的工作制度，明确其产品或服务的标准是由顾客界定的，而不是由生产厂商界定的。此外，新企业还必须不断更新和提高其产品或服务给予顾客的效用和价值。

新企业最大的危险，莫过于它认为自己比顾客更了解产品或服务应该是什么样子，应该如何被销售，以及应该具有何种用途。最重要的是，新企业应该愿意将意外的成功看作商机，而不是把它看作对自己专业知识的一种羞辱。而且它还应该记住这句营销名言：企业不是要改造顾客，而是要满足顾客。

II

财务前瞻性

缺乏对市场的关注是一般"新生儿"——新企业的通病。在企业的早期阶段，这是令人最痛苦的事情——有时会永久性地阻碍那些幸存下来的新企业的发展。

与此相比，缺乏对财务适当的关注，以及缺少正确的财务政策，则是新企业成长第二阶段最大的威胁，它尤其威胁着快速成长的新企业。新企业越成功，缺乏财务前瞻性的危险就越大。

假设一个新企业成功地推出了产品或服务，并因此快速发展。此后，该企业将会宣布自己"快速增长的利润"并公布对今后乐观的预测。不久，人们在股票名单上就会"发现"这个新企业，如果新企业是高科技企业或在当时最热门的行业，那更会引起股市的注意。于是，大量销售预测会不时吹捧：五年之内，该企业的销售额将达到 10 亿美元。然而，仅过了 18 个月，新企业就垮了。它可能不会关门停业或宣布破产，但是，它会突然淹没在赤字之中。于是，一个 275 名员工的企业，180 人被解雇，总裁被革职；或者新企业被一家大公司低价收购。新企业失败的原因总是：资金匮乏，无力筹集扩张所需的资本，以及管理失控导致各类开销、库存和应收账款一片混乱。这 3 种财务困境通常会一起到来，即使其中的任何一种因素不会危及新企业的生存，也必将影响到它的健康发展。

一旦发生这种财务危机，新企业只有花很大工夫，克服重重困难，遭受巨大的痛苦，才能渡过难关。但是，财务危机是完全可以事先预防的。

开创新企业的企业家很少有对钱不在意的，相反，他们一般都很贪心，因此只注重利润。但是，对于新企业来说，这是一个错误的关注点。或者说，新企业应最后关注利润，利润不应该是首先关注的对象。新企业应该首先注意现金流动、资本和控制。没有它们，利润就是虚幻的数字——也许过不了 12 个月或 18 个月，利润就消失了。

成长是需要配置资源的。从财务的角度来说，这意味着新企业的成长需要增加财务资源而不是从中抽取资金。成长需要更多的现金和更多的资本。如果一个成长中的新企业显示出"创造利润"的迹象，那么这只不过是一种假象，因为利润只不过是一种用来平衡账目的会计手法而已。由于大多数国家都是依据这种虚幻的利润抽税，因此它反而造成了企业的负债和现金耗尽的局面，而非盈利。一个新企业越健康、发展越快，它就越需要投入财务资源。新企业是报纸和股市的宠儿，尽管显示出利润快速增长的趋势，但"账面盈利"的新企业很有可能在几年以后遭遇绝境。

新企业需要进行现金流分析、现金流预测和现金管理。过去几年中，美国的新企业（有些高科技公司除外）在这方面比以前的新企业做得好，这在很大程度上是因为美国的新企业家通过实践懂得了企业家精神需要财务管理。

如果进行了可靠的现金流预测，现金管理就比较容易。这里所说的"可靠"并不是指"希望"，而是指假设遇到了"最坏的情况"。银行界有一句古老的金科玉律：在预测现金收入和支出时，将应付账款以提前 60 天支付计算，而应收账款以拖后 60 天入账计算。如果说这种预测过于保守，那么可能发生的最坏情况是，企业会出现暂时的现金过剩，但这种现象很少发生在快速发展的新企业中。

一个发展中的新企业应该提前 12 个月知道它将需要多少现金，何时需要，用于什么目的。有一年的充足时间，它就可以筹措所需的现金。但是即使一个新企业状况良好，仓促筹措现金或在发生危机时筹措现金也从来都不是一件容易的事，而且代价巨大。更重要的是，它总是使公司的关键人物在最关键的时刻偏离正确的方向。然后，他们得花好几个月的时间和精力奔走于一家家金融机构之间，被问题丛生的财务预测整得晕头转向。最后，他们一般不得不拿企业的长远未来做抵押，来度过 90 天的现金周转危机。等到他们最终能够再次静下心来思考企业经营时，已经不可避免地丧失了许多重要商机。可以肯定地说，新企业面临现金压力的时候就是机遇最大的时候。

成功的新企业常常由于成长迅速，而不再适合原有的资本结构。一个久经验证的金科玉律可证明这一点：新企业的销售额（或订单）每增长 40% ～ 50%，它原有的资本结构将不再适合如此快速的成长。经历了这种成长以后，一个新企业一般需要一个新的、不同于以往的资本结构。随着企业的成长，原有的个人资金来源（无论资金是来自业主、其家族还是来自外人）都会变得不够充裕。于是，新企业往往通过公开上市，或寻找合作伙伴，或在已有公司中寻找合作伙伴，或从保险公司和养老基金中融资，来筹集所需的资金。通过权益资金获得财务支持的新企业势必转成长期负债，反之亦然。随着新企业的成长，现有资本结构永远都是错误的结构，成为新企业发展的障碍。

相比之下，有些新企业的资本规划比较容易一些。部分企业是由位于不同地区但标准统一的分部构成的，例如连锁餐厅，一家医院在不同城市设有独立外科中心或独立医院，一家住宅建筑公司在各大城市设有独立运营的机构，一家商业集团旗下拥有诸多专营店，等等。每一个分部均可以作为独立的企业而筹集资金。针对这种情况，有一个解决方案就是特许经营（从本质上说，这是一个迅速筹资以支持快速成长的方法）。另一个办法就是把每个地区分部独立转制成一家公司，并吸纳当地的投资者成为公司"有限责任"的合伙人。通过这些方法，成长和扩张所需的资金就可以逐步筹集起来。如果企业前一个分部的经营取得成功，积累了经验，那么必定会使投资者对后面几个分部的成功充满信心。然而使它奏效的前提是：①每个分部必须很快达到盈亏平衡点，最多在两三年内；②当经营步入正轨后，那些管理能力有限者，例如具有特许经营权的业主或当地独立外科中心的业务经理可以独立、出色地完成自己的工作；③每一个独立分部能够靠自身迅速达到适当的规模，不仅不需要额外的资金投入，反而产生现金盈余，以资助新分部的成立。

除了上述那些能够作为独立分部自筹资金的新企业外，资本规划是生存的必需品。如果一个成长中的新企业能事先合理地为资本需求和资本结构做好三年规划（这意味着必须假设最大而不是最小的资金需求），那么等到将来需要资金时，不论资金的种类、需要的时间及需要的方式有多么不同，通常都不会遇到困难。如果等到新企业的成长已经超出资本基础和资本结构再进行规划，则相当于拿自己的生存（通常是独立性）进行拍卖。至少，新企业的创始人会发现他们冒着所有的企业家风险辛勤工作的结果只不过是让其他人成为富有的所有者。他们将从所有者变成雇员，新的投资者将控制其企业。

　　最后，新企业需要制定一套财务体系，来管理企业的成长。我们一而再、再而三地看到历史在重复上演：一家新企业在创业之初就拥有出色的产品，在市场上有显赫的地位，而且还有光明的发展前景。突然，应收账款、库存、制造成本、管理成本、服务、分销等，一切都失去了控制。只要其中一项失去控制，所有其他各项都会随之失控。其实，这是因为新企业的成长超出了它的控制范围。等到重新控制局面时，市场已经失去了，客户即使不产生敌意，也会变得不满，分销商也对公司失去了信心。更糟糕的是，员工对管理层不再信任，当然他们这么做是完全有理由的。

　　快速增长总是会使现有的控制结构过时失效。当销售增加 40% ～ 50% 时，这种情况必将发生。

　　企业一旦失去控制，就很难恢复到正常状态，然而失控是可以防患于未然的。首先需要做的是仔细思考企业的关键领域。第一可能是产品的质量，第二可能是服务，第三是应收账款和库存，第四是生产成本。一家企业内部的关键领域很少超过四五个。管理费用也应该包括在内，如果收入被不成比例或快速增长的管理费用所吞噬，这意味着企业聘用的管理和行政人员增加的速度超过了公司的实际增长，这通常是一个企业失控的第一个征兆，意味着管理结构和实务不再适合实际的任务。

　　为了配合预期的成长，新企业必须提前三年建立这些关键领域的控制系统。不过，复杂精准的控制并无必要，实际上也无关紧要，因为数字都只是大约的。真正重要的是新企业的管理者必须注意到这些关键领域，时常想到它们。只有这样，当有需要时，才能迅速采取行动。如果对这些关键领域给予了足够的重视，那么通常不会出现混乱情况，因为新企业随时都可以运用所需的控制系统加以必要的控制。

　　财务前瞻无须花费太多的时间，然而它需要大量的思考。进行这项工作的技术也很容易获得，许多管理会计教科书中都有翔实的论述。但是实际工作还必须由企业来做。

Ⅲ

建立高层管理团队

　　尽管新企业在合适的市场上成功地占有了一席之地，并成功地找到了它所需要的财务结构和财务体系，然而，几年以后，它仍然陷入严重的危机之中。通常是在它即将跨入"成人"的门槛，也就是成为一个业已完善的成功企业之时，它陷入了似乎没有人可以理解的困境中。产品一流，前景光明，但企业就是不增长。无论是获利能力、质量还是其他任何关键领域都绩效不佳。

　　原因总是相同的：缺乏高层管理团队。企业的发展已非一两个人所能管理，现在它需要一个高层管理团队。如果企业这时没有这样一个团队，想要从头组建，显然为时已晚——事实上也太晚了。到那时，它能存活下来就已是万幸了。但是，它很可能因此遭受永久性的创伤，或者多年以后，仍然承受着流血不止的伤疤所带来的痛苦。公司的士气大挫，员工对公司的期望破灭，并开始破罐破摔。公司的创始人开始分道扬镳，心中充满了怨恨，后悔已为时太晚。

　　解决的方法很简单：在企业真正需要高层管理团队之前，就将它建立起来。团队不可能在一夜之间建成，需要长时间的磨合，团队才能发挥功能。团队是建立在互相信任、相互了解的基础之上的。团队的建立需要几年的时间，根据我以往的经验，至少需要 3 年。

　　但是小规模和正在成长的新企业无力负担一个高层管理团队，它负担不起 6 个高管人员所应享受的高薪。事实上，处于发展阶段的小型公司和成长中的企业都是由很少一部分人来包办一切事务的。那么怎么才能为它们提供一个切实可行的办法呢？

同样，办法也很简单。这就要看创始人是否愿意建立一个团队，而不是自己事必躬亲。如果高层中有一两个人认为所有事情他们必须亲力亲为，那么几个月以后，或最多这样下去几年以后，就不可避免地要出现管理危机。

每当新企业的客观经济指标（例如市场调查或人口统计分析）显示，其业务将在两三年内翻一番时，企业创始人的责任就是，着手组建一个新企业很快就会需要的管理团队。这是一种防患于未然的措施。

首先，企业的创始人必须与企业的其他关键人物一起组成一个小组，共同考虑企业的关键活动。他们应自问：哪些特定领域将影响本企业的生存和成功？每一个人必须列出这些主要领域。但是，如果意见不一致或发生分歧，那么他们就必须严肃认真地解决，因为这是一个重要问题。团队中任何一个成员所想到的每一种企业活动，都应被列入议事日程，仔细加以考虑。

书本通常不会记载企业的关键活动。只有通过对具体企业进行分析，这些关键活动才会显现出来。在一个局外人看来，从事相同行业的两家企业对关键活动的界定也可能存在差异。例如，一家可能以生产为中心；而另一家可能以顾客服务为中心。只有两项关键活动总是出现在所有企业中：人员的管理和资金的管理。其他活动则由企业内部的人员视企业、自身工作、价值观和目标看法而定。

下一步，从创始人开始，团队的每一个成员都要自问："我最擅长哪些工作？我的这些重要同事，每个人真正擅长哪些工作？"然后，他们应对彼此的能力及长处达成共识。同样，也必须认真对待不同的意见。

接下来，要继续自问："不同的企业活动能发挥我们各自的长处吗？我们应该各自负责哪些关键活动？某项具体活动应由谁负责才合适？"等等。

其次，组建团队的工作就可以开始了。公司创始人如果发现自己并不适合人事工作，就应该约束自己不再插手企业的这项关键活动。也许他的长处在新产品和新技术上，也许他的关键活动是运营、生产、产品分销和服务，也许是资金和财务；而另外的人可能更适合人事管理。但是，所有关键的活动都必须有人来负责，而且这些人必须具备公认的工作能力。

没有任何条文规定说："首席执行官必须负责这个，必须负责那个。"当然，首席执行官是公司最后的裁决者，负有最终不可推卸的领导责任。而且首席执行官还必须确保获得必要的信息，以履行这个最终不可推卸的领导责任。然而，首席执行官的工作取决于企业的实际需要和他本人的素质。只要首席执行官的工作中包括关键活动，他就是在做首席执行官的工作。但是，首席执行官还有责任保证所有其他关键活动都由合适的人来做。

最后，企业的每个主要领域都应设定目标。每一项关键活动的负责人，无论是负责产品开发或人事管理还是财务管理，都应该对下列问题做出回答："你能为企业做些什么？我们应该让你负责些什么？你在设法达到哪些目标？何时完成？"当然，这属于最基本的管理范畴。

开始时，以一种非正式的方式建立高层管理团队是一种稳妥的做法。这样，处于发展阶段的小型企业就无须给予班子内的成员任何头衔，也不必公开宣布，甚至不必额外付酬。所有这些都可以等到一年左右以后，新成立的团队已发挥功能时才开始实施。在此期间，小组的所有成员还有许多需要学习：他们的工作范围，他们如何一起工作，他们如何协助首席执行官及其同事顺利开展工作。两三年后，当迅速成长的企业需要一个高层管理团队时，原有的高层管理团队就能发挥其应有的功能。

然而，如果公司在它真正需要高层管理团队时，却没有组建这一团队，那么企业早在自己需要组建班子之前，就已经丧失了自我管理能力。创始人将因担负过重的工作，而导致许多重要工作无法完成。在这个时候，公司会有两种可能性。一种可能性是创始人将精力集中在一两个自己感兴趣并能发挥才能的领域上。这两个领域固然很重要，但并非企业唯一的关键领域，而此刻，创始人已无暇顾及其他关键领域。两年后，由于这些重要领域未受到重视，企业陷入了困境。另一种可能性更糟，因为创始人有责任感，他知道人员和资金是关键，需要有人负责。在创业之初，他自己的能力和兴趣在设计和开发新产品上，但是责任感迫使他去管理人事和财务。由于他不具备这些方面的能力，不仅人事和财务管理不善，而且由于他必须花时间制定决策，或在这些领域开展工作，致使他因缺乏时间而忽略了他真正擅长的，且公司指望他做好的工作，即开发新技术和新产品。三年以后该公司将成为一个空壳，不但没有产品，而且没有人事管理，也没有财务管理。

出现第一种可能性，公司还有可能救活。毕竟它还有产品，但是创始人将不可避免地被任何可以挽救公司的人所取代。如果出现第二种可能性，公司通常是没有救了，只能出售或清算破产。

早在真正需要高层管理团队之前，新企业就应该着手组建这样一个团队。早在企业创始人发现单凭他一个人不能胜任管理工作，会出现管理混乱之前，创始人就必须学会与其他同事合作，学会信任他人，而且学会如何使他们负起责任来。总之，创始人必须学会成为一个管理团队的领导，而不是成为一个有"许多随从"围绕的"明星"。

IV

"我在哪里能够贡献自己的才智"

建立高层管理团队可能是新企业走向企业家管理最重要的一步。但是，这对创始人而言，只是第一步，他们还必须考虑自己的未来。

随着新企业的不断发展，企业家原有的角色和关系将不可抗拒地发生变化。如果创始人拒绝接受这个事实，那么他们就会阻碍企业的发展，甚至会毁了企业。

每一个企业创始人都会同意这一点。每个人都听说过其他企业创始人由于未随着企业的改变而改变，最终把企业和自己都毁了的悲惨故事。但是，即使许多企业创始人承认他们的确应该去做一些事情来改变自我，可真正知道如何着手改变他们自己角色和关系的人却很少。他们往往首先会自问："我喜欢从事什么工作呢？"或者充其量会问："企业中哪个领域适合我？"其实，正确的问法应该是："从客观上看，企业今后的发展需要什么样的管理方式？"每当发展中的新企业（或公共服务机构）有了巨大发展，或者改变经营方向或特性（即改变产品、服务、市场或它所需要的人才）时，它的创始人都必须问这个问题。

创始人必须自问的第二个问题是："我的专长是什么？在企业所有需求中，我可以做出什么独特的贡献？"只有思考了这两个问题后，创始人才应该继续问自己："我真正想做什么事情？我的信念是什么？尚且不说后半生的发展，我未来几年想在哪方面发展？这是企业真正需要的吗？我的贡献是那么重要、实际和不可或缺吗？"

第二次世界大战后，纽约的佩斯大学就是这方面一个成功的例子。1947 年，爱德华·莫托拉（Edward Mortola）博士白手起家，建立了这所大学。如今，佩斯大学已发展成纽约第三大且成长最为迅速的大学，拥有 25 000 名学生和声誉卓著的研究生院。在大学创办初期，莫托拉是一个激进的创新者。但是，当佩斯大学规模还很小时（1950 年左右），莫托拉就着手组建了一个强大的高层管理团队。团队成员都各司其职，而且分工明确，他们必须对其职务负全责，并发挥领导作用。几年以后，莫托拉又确定了自己的新角色，成为一个传统的大学校长。同时，他成立了一个强有力的独立托管董事会，给他提供建议，并支持他的工作。

　　但是，当问及企业的需求，和身为企业创始人的长处，以及这些企业家真正想要做的事情等问题时，所得到的答案都是不同的。

　　例如，宝丽来镜片和宝丽来照相机的发明者埃德温·兰德（Edwin Land），从宝丽来公司创建伊始，到 20 世纪 50 年代初期为止，这 12～15 年时间内一直由他一个人负责整个公司的事务。当公司开始快速发展时，兰德便着手组建了一个高层管理团队，并使之发挥作用。至于他自己，他认为自己不适合承担公司的高层管理工作，他能为公司做出的贡献就是科技创新，而且只有他才能胜任这一工作。于是，兰德为自己建立了一个实验室，担任公司的基础研发总监。至于公司的日常运作，则交给其他人负责管理。

　　麦当劳的创始人克罗克也有类似的想法。他虽然直到去世都始终担任公司的总裁（近 90 岁高龄），但是，他适时建立了一个高层管理团队来运营公司，并任命自己为公司的"营销良心"（marketing conscience）。直到他去世前不久，他还每周参观两三家麦当劳餐厅，认真检查它们的质量、卫生状况和服务态度。更重要的是，他与顾客打交道，与他们交谈，听取他们的意见。这使公司能够进行必要的改变，保持了它在快餐业中的领导地位。

　　同样，另一个例子是美国太平洋西北岸一家新兴的建筑供应公司。它的创建人是一位年轻人，他认为自己的角色不是运营公司，而是发展企业的关键资源，即支持那些负责公司分布在小城镇和郊区的 200 个分店的经理们。这些分店经理事实上是在经营他们自己的地区性业务。这些分店得到总部强大的服务支持：统一采购、质量控制、信用控制和应收账款管理等。但分店的销售是由每个经理全权负责完成的。他们在销售方面得到的帮助也非常有限，可能只有一个销售人员和两个卡车司机。

　　分店生意的好坏，完全依赖于这些单独经营且相当质朴的分店经理们所受到的激励，以及他们自身的积极性、工作能力和对工作的热忱。这些分店经理没有一个是大学毕业，有的甚至连高中都没有念完。于是，创始人每月抽出 12 ～ 15 天时间到现场去看望这些分店经理，并把这定为他工作职责的一部分。他花半天时间与他们一起讨论业务、计划及他们的期望。这也是该公司与其他建筑材料批发商的不同之处——除此之外，每家建筑材料批发商的工作都是一样的。但是，公司首席执行官在这一关键活动上的绩效，使该公司的成长较之其他公司快 3 ～ 4 倍，甚至在经济衰退时期也保持了高速成长。

　　然而，对于同样的问题，有 3 位科学家却给出了截然不同的答案。这 3 位科学家一起建立了最大、最成功的半导体公司之一。当自问"企业的需求是什么"时，他们得出了 3 个不同的答案：第 1 个是基本商业战略，第 2 个是科学研究与开发，第 3 个是培养人，尤其是培养科技人员。然后他们确定他们当中谁最适合负责上述各项工作，并根据个人专长，合理分派这些工作。那位负责人际关系和人力资源开发工作的科学家实际上是一位多产的创新者，在科学界享有崇高的地位。但是他和他的同事都一致认为他非常适合管理工作，尤其是人事管理。于是，他接受了这个工作。在一次演讲中，他说："这并不是我真正想做的事情，却是我可以做出最大贡献的领域。"

　　这些问题不一定都能带来圆满的结局，它们有时甚至可以导致大家分道扬镳。

　　美国一个非常成功的新金融服务企业的创始人就是这样一种情况。他确实建立了一个高层管理团队，也探讨了公司需求。但是，当他审视自己的能力和长处时，他发现公司的需求与他自己的能力不匹配，更不用说公司的需求与他想做的事情之间有什么关联了。他说："我花了 18 个月的时间训练我的接班人，然后把公司交给他管理，我就辞职了。"自那以后，他又开创了3 家新企业，但没有一家是在金融领域。他将这些公司都成功地发展到中等规模后，又都一一辞职。他很喜欢创建新企业，但不喜欢经营。他接受了这一事实，即企业一旦建立，最好和他分离，这对双方都有好处。

在相同的情况下，其他企业家可能会得出不同的结论。一家著名医疗中心的创始人——某个特殊领域的权威人士，也面临过同样的困扰。这个医疗机构所需要的是院长和资金筹集者，而创始人自己想做研究和临床医疗。但是，他认识到自己是一个很好的资金筹集者，也能够学会成为一个较大规模的医疗保健机构的首席执行官。于是他说："我感到了我对自己所创的企业及同事的责任，必须克制自己的愿望，肩负起院长和筹资者的重任。但是，若不是我认为自己有这些能力，而且我的顾问和董事会也都这样认为的话，我恐怕永远也不会做这些事情。"

当企业刚显露出成功的迹象时，企业创始人就必须深入思考"我究竟属于哪个领域"这个问题。但是，回答这一问题应该更早一些。事实上，在新企业还未启动时，创始人最好就仔细思考这个问题。

日本本田汽车公司的创始人本田宗一郎在第二次世界大战日本战败后的最黑暗时期决定创建一家小企业时，就深入思考了这个问题。在尚未找到合适的合伙人来负责管理、财务、分销渠道、市场推广、销售和人事之前，他决定暂缓创办自己的企业。因为，本田从一开始就认为，自己属于工程和生产领域，而不应负责其他事务。正是这一决策造就了本田汽车公司。

亨利·福特的例子更早，更富有启示。当1903年福特决定步入商界时，他的做法与40年后的本田宗一郎如出一辙：在开创企业之前，他先找到了一个合适的人做合伙人，来负责管理、财务、分销渠道、市场推广、销售和人事。福特认为自己不属于上述领域。与本田宗一郎一样，福特认为自己属于工程和生产领域，打算只让自己负责这两个领域。他找的这个合伙人是卡曾斯（James Couzens）⊖，卡曾斯为公司的成功所做出的贡献与福特一样

⊖　卡曾斯后来当选底特律市市长及密歇根州参议员，若不是他生于加拿大，他很可能成为美国总统。

大。许多归功于福特的著名政策和措施，如 1913 年著名的 5 美元日薪制和开辟分销渠道及服务等政策，都是卡曾斯的主意，一开始福特还反对这些政策。卡曾斯功高盖主，福特越来越忌妒他，卡曾斯被迫于 1917 年退出福特公司。卡曾斯离开之前的最后一个建议是坚持废弃 T 型车，用公司巨额利润的一部分来开发后继车型。

福特汽车公司的成长和繁荣在卡曾斯退出之日起就停滞了。短短几个月以后，当亨利·福特一手包办了高层管理的所有功能，而忘记了他原先知道的自己应该属于哪个领域时，福特汽车公司就江河日下。亨利·福特固守 T 型车不放，整整 10 年未推出新车，直到该车型汽车无人问津为止。卡曾斯被解雇之后的 30 年里，公司的下滑趋势一直没有被扭转过来，直到老福特过世，他的孙子年轻的亨利·福特二世接管时，公司已濒临破产。

局外人建议的必要性

对于自己的新企业正处于发展阶段的企业家而言，他们非常需要局外人士所提供的客观见解与独特建议。

成长中的新企业可能不需要一个正式的董事会，而且，一般的董事会也往往不能提供创始人所需要的建议和咨询。但是，创始人确实需要一个可以和他讨论基本决策、可以聆听意见的人。这种人在企业内部很难找到。作为企业创始人，应该就企业的未来需求和对自己专长的评估，虚心接受局外人士提出的批评和挑战。局外人士应该向企业创始人提出疑问，检验他所做出的决策。更重要的是，他们应该不断推动创始人以市场为重心，具有财务前瞻性，建立有效的高层管理团队，以此来满足新企业的长期生存需要。这是新企业的企业家管理的最后一个要求。

新企业若能将这种企业家管理的基本做法融入其政策和实践之中，必将成为一个蓬勃向上的大企业[⊖]。

许多新企业，特别是高科技企业，可能对本章所讨论的方法持排斥，甚至不屑一顾的态度。他们的观点是："这些方法只能构成管理，而我们是企业家。"这种观点不是不拘于形式，而是不负责任的表现。他们将方式与本质混为一谈。有一句古老的至理名言：没有法律，就没有真正的自由。没有法律的自由就是放纵，它很快就会产生混乱，并在短时期内走向专制，最后发展成暴政。这是因为新企业若想维持和加强企业家精神，就必须要有长远的眼光和训练。它应该使自己做好准备，在企业成功后产生新需求时及时地满足它们。更重要的是，它需要责任——这也是上面最后一项分析所指出的，是企业家管理赋予新企业的。

关于如何管理新企业、融资、人事、推广产品等还有许多值得讨论的东西。就这些具体的问题而言，读者可以参阅大量出版物[⊖]。本章的目的是确定并讨论对新企业的生存和成功至关重要的几个非常简单的政策。无论这些新企业是营利机构还是公共服务机构，无论是高科技企业，还是低科技企业或零科技企业，无论是由一个人创办还是由集体创办，无论是想维持小规模经营，还是想发展成"另一个 IBM"，本章所讨论的政策对它们均有益处。

⊖ 有关此过程的叙述，请参阅世界上最大的半导体制造商之一——英特尔公司创办人安迪·格鲁夫（Andrew S. Grove）所著的《高产出的管理》（*High-Output Management*，New York：Random House，1983）。

⊖ 有关书籍请参照本书最后的"推荐阅读书籍"的内容。

3

第三部分

企业家战略

INNOVATION AND
ENTREPRENEURSHIP

企业家精神需要企业家管理，即需要企业内部的政策和实践，同样，它也需要企业的对外政策和实践，即在市场中实施的企业家战略。

"孤注一掷"

近年来，"企业战略"[一][二]已经成为"时髦"的词汇，有许多书都是关于企业战略的[三]。然而，我还未看到过任何有关企业家战略的著述。尽管如此，企业家战略仍是非常重要、非常明确，而且与众不同的。

具体的企业家战略有以下 4 种：

1. 孤注一掷。

2. 攻其软肋。

[一] 根据《简明牛津词典》1952 年版，战略一词仍被定义为："将才；战争的艺术；对军队或对竞选团体的管理。"1962 年，钱德勒（Alfred D. Chandler，Jr）在其开拓性著作《战略与结构》中，第一次将战略一词用于商业。该书研究了大公司管理的演变。但是稍后，在 1963 年，当我首次撰写有关企业战略分析的著作时，我和出版商都发现，战略不能用于书名，否则会引起严重的误解。书商、杂志编辑及资深企业管理人员都一致认为，"战略"一词的含义对他们来说，就是作战或竞选。我的那本书所讨论的大部分内容，就是今天人们所说的战略。我在书中用了战略一词，但书名则是《成果管理》（*Managing for Results*）。

[二] 德鲁克所著《成果管理》第 13 章为"企业战略"（Business Strategies）。——译者注

[三] 关于企业战略方面的书，我发现迈克尔·波特所著的《竞争战略》（*Competitive Strategies*）最为实用。

3. 找到并占据一个专门的"生态利基"。

4. 改变产品、市场或一个产业的经济特征。

这4个战略不是互相排斥的。同一个企业家往往会把其中的2个战略，有时甚至3个战略的元素整合在一个战略中。而且这4个战略并不总是界限分明的，例如，同一个战略很可能既能够归入"攻其软肋"，又能够归入"找到并占据一个专门的'生态利基'"。不过这4个战略均有自己的先决条件。每一个战略只能适用于某一种特定类型的创新，而不适合于其他类型的创新。每一个战略都需要企业家表现出不同的行为。最后，每一个战略都有自己的局限性和风险。

I

孤注一掷

"孤注一掷"（Fustest with the Mostest）是美国内战时期一位南部联邦骑兵部队的将军连连取胜的要诀。采用这种战略的企业家，通常是为了赢得一个新市场或新产业的领导地位。"孤注一掷"的目标并不一定是马上建立一个大企业，但这是它的最终目标。该战略从一开始瞄准的就是获取永久性的领导地位。

许多人认为"孤注一掷"是一项杰出的企业家战略。的确，如果人们依照那些畅销书上关于企业家的观点做出判断的话，他们一定会得出"孤注一掷"是唯一的企业家战略的结论——许多企业家，特别是高科技企业家似乎都这么认为。

然而，他们都错了。当然，有许多企业家的确选择了这个战略。但是"孤注一掷"并不是企业家的主要战略，更谈不上是低风险高成功率的战略。

相反，在所有企业家战略中，这个战略的风险性最大，犹如一场赌博。而且它不容许有一丝一毫的失误，也没有第二次机会。

但是，一旦成功，"孤注一掷"所带来的便是高回报。

以下几个例子说明了该战略的内容和要求。

瑞士的霍夫曼－罗氏公司多年来一直是世界上最大而且很可能是获利最高的制药公司。但是，它原本是一家非常不起眼的小公司。20 世纪 20 年代中期以前，霍夫曼－罗氏公司一直是一个苦苦挣扎的小型化学公司，生产少数几种纺织染料，它在一家庞大的德国印染制造商和两三家国内大型化学公司的笼罩下喘不过气来。于是，它决定将赌注下在当时新发现的维生素上。当时，整个科学界还没有完全接受这种维生素物质的存在。它买下了无人问津的维生素专利，并从苏黎世大学请来了维生素的发现者们，而报酬是大学教授最高薪水的好几倍，这也是业界从未有过的高薪待遇。同时，它将所有的资金和贷款全部投入了生产和营销这种新物质。

尽管 60 年后，霍夫曼－罗氏公司当初购买的所有维生素的专利都已过期，但它几乎占据了世界维生素市场的一半份额，现在，它的年收入高达几十亿美元。后来，这家公司又两度使用了该战略：第一次是在 20 世纪 30 年代，尽管当时大多数科学家"知道"磺胺类药品不能有效治愈传染病，但是霍夫曼－罗氏公司毅然进军磺胺类药品市场。另一次是 20 年以后，即 20 世纪 50 年代中期，当时，也是"几乎每一个科学家都怀疑"镇静剂的疗效，而霍夫曼－罗氏公司还是全力投产了利眠宁和安定这两种镇静剂。

杜邦公司也采用过同样的战略。经过 15 年艰苦的、屡遭挫折的研究，杜邦公司终于发明了第一种真正的合成纤维——尼龙。之后，杜邦公司立即投入大量资源，建立大型工厂，并投放大量广告（公司从来没为消费性产品做过广告），开创了我们现在所说的塑胶产业。

也许有人会说，这些都是"大公司"的例子。其实，霍夫曼－罗氏在创立之初，规模很小。以下的例子是新近发生的，这些公司的创建者都是白手起家，而且他们都运用了"孤注一掷"战略而一举成名。

文字处理器其实算不上是什么"科学"发明，它只是把3种已有的仪器整合在一起：打字机、显示器和一台相当基本的计算机。但是，这种现有仪器的组合产生了一个重大创新，并从根本上改变了办公室的工作。当王安博士在20世纪50年代中期构思这种组合时，他只不过是一个单枪匹马的企业家。他没有任何企业家经验，也无任何财务支持。但是，从一开始，他就很清楚地确立了目标：创立一个新产业，改变办公室传统工作模式。当然，王安实验室⊖现在已成为一家非常大的公司。

同样，创建苹果电脑公司的两名年轻工程师，当年也是在车库里白手起家的。他们没有财务支持，也无商业经验。但是，他们从一开始就设定了一个明确的目标：创建并控制一个新型产业。

尽管"孤注一掷"战略旨在创建一个企业并控制该市场，但并不是每一个运用该战略的企业家都需要致力于一个大型企业的创建。例如，位于明尼苏达州圣保罗市的3M公司，从未进行过能使自己公司的规模扩大的创新，这似乎是它精心制定的一个策略。生产卫生保健用品的强生公司也采取同样的策略。这两家公司都属获利最高和最成功的创新者，但是它们寻求的创新是那些不会让公司发展成大型企业的创新。这两家企业都只是中等规模，却仍能牢牢地控制其市场。

⊖ 王安，一个来自上海的移民，自幼聪明非凡，先后在上海交通大学、哈佛大学就读，于1948年获哈佛博士学位。不久，他发明"磁芯存储器"，大大提高了计算机的存储能力。1951年，他创办王安实验室。1964年，他推出最新的用晶体管制造的桌上电脑，并由此开始了王安电脑公司成功的历程。王安公司在其后的20年中，因为不断有新的创造和推陈出新之举，事业蒸蒸日上。1972年，公司研制成功半导体的文字处理机。两年后，又推出这种电脑的第二代，成为当时美国办公室中必备的设备。然而，幸运并非总是眷顾着王安公司。在20世纪80年代末期，几乎是在王安患上绝症的同时，一个曾经拥有价值近16亿美元股票的辉煌灿烂的帝国，由于一连串的重大失误，由兴盛开始走向衰落。——译者注

"孤注一掷"战略并不仅限于企业，公共服务机构也可用此战略。如前文所述，1809 年，当洪堡成立柏林大学时，很显然，他运用了"孤注一掷"战略。当时普鲁士刚刚被拿破仑打败，而且难逃被瓜分的命运。不论在政治、军事还是在财政上，普鲁士都已彻底宣告了破产。这种情况与 1945 年希特勒战败后德国的境遇极其相似。然而，洪堡却创办了西方有史以来规模最大的大学——规模是当时大学的三四倍。随后，他开始聘用各学科的顶级学者。他最先聘请的第一位学者就是当时的哲学泰斗黑格尔。拿破仑战争后，许多历史悠久的著名学府被迫解散，许多一流的学者甚至面临行乞的命运。而洪堡支付给教授的薪水是有史以来教授最高薪水的 10 倍。

100 年以后，也就是 20 世纪初期，在明尼苏达州远离人口中心和医学院的罗彻斯特小镇，有两名外科医生决定根据全新的医疗观念（当时这些新观念完全被视为"异端"）建立一个医疗中心，并成立一个由众多杰出专家组成的医疗小组，由一名起协调作用的团队管理者来领导。这两位外科医生就是后来赫赫有名的梅奥兄弟。被誉为"科学管理之父"的弗雷德里克·泰勒（Frederick William Taylor）虽然从未与中心的创始人梅奥兄弟见过面，但是他在 1911 年那个著名的国会听证会上，盛赞梅奥诊所是他所知道的"唯一全面实践科学管理并获成功的机构"。从一开始，这两个默默无闻的乡下医生的目标就是力求在自己的领域内获得主导地位，力求吸引每一个医学分支领域中最杰出的临床医生和最有才能的年轻人，同时也力求吸引那些愿意，也能够支付极其昂贵的医疗费用的患者。

25 年以后，美国出生缺陷基金会（March of Dimes）也采用了"孤注一掷"战略，组织小儿麻痹症的研究工作。它并不像所有早期的医疗研究机构那样循规蹈矩，一步一步来收集新知识，而是从一开始就准备完全战胜这个神秘的疾病。以前，从未有人组织过"没有围墙的研究实验室"（research lab without walls），即根据一个事先拟定的研究计划，委派许多研究机构的大批科学家分别从事特定阶段的研究。稍后，美国出生缺陷基金会建立的这种模式，被美国用来组织第二次世界大战第一批大规模的研究项目：原子弹、雷达实验室、低空爆炸引信以及 15 年以后的"送人类登上月球"计划——所有这些创新努力，都采用了"孤注一掷"战略。

从以上的这些例子中，我们不难看出，"孤注一掷"战略要有一个雄心勃勃的目标，否则注定会失败。一般它瞄准的是建立一个新产业或新市场。至少，如梅奥诊所或美国出生缺陷基金会的例子那样，建立一个完全不同、标新立异的程序。杜邦公司在 20 世纪 20 年代中期聘请卡罗瑟斯进行尼龙实验时，公司的人员并没有对自己说"我们将要建立塑胶产业"（事实上，塑胶这个词到 20 世纪 50 年代才开始使用）。但是，杜邦公司当时大量已公布的内部资料显示，当时高层管理者的确瞄准的是建立一个新产业。虽然他们无法确定卡罗瑟斯和他的研究是否会成功，但是他们知道：一旦成功，他们将获得一项伟大的发现，而且这项新发现远远超越了一个产品，甚至超越了一个重要的产品线。据我所知，王安博士也没有发明"未来办公室"一词。但是，在他的第一个广告中，他提到了新的办公环境和新的办公室工作理念。杜邦公司和王安实验室从一开始就有明确的目标：成功地创建一个产业，并占领它。

最能反映"孤注一掷"战略内涵的例子并不发生在企业，而是洪堡创办的柏林大学。洪堡本人其实对大学没有一点兴趣。大学对他而言，是建立新的完全不同的"政治秩序"的一种手段。这种新秩序既不同于 18 世纪的独裁专制统治，也不同于受法国资产阶级支配的大革命所倡导的民主制度，而是一个均衡的制度。在这个制度中，公务员和政府官员均由完全没有政治背景的专业人士担任，他们的招募和晋升均严格依据其专长。他们在自己狭窄的工作领域内，将享有充分的自主权。这些人士——我们今天称之为"技术官僚"，只承担有限的任务，而且将受到一个独立的专职司法系统的严格监督。但在他们所属的有限的工作领域内，他们是主人。由此，资产阶级仍可以在两个领域内享有个人自由：一个是道德和文化自由，另一个是经济自由。

洪堡还著书立说宣扬自己的思想[⊖]。1806 年，普鲁士专制王朝彻底被拿破仑摧毁。原本可能阻挡洪堡新思想实施的所有不利势力——国王、贵族、军队都土崩瓦解了。他抓住机遇，创办了柏林大学，将其作为实施他政治思想的主要载体，并取得了巨大成功。柏林大学确实建立了一个特别的政治结构，19 世纪的德国人称之为"法治国家"（the Lawful State）。在这个政治结构中，自主自治的公务员和一般文职官员精英完全控制了政治和军事领域；自主自治的知识分子中的杰出人士与自主的大学相结合，创造出一种"自由的"文化氛围；经济结构也拥有相当的自由，而且大部分不受限制。这种结构首先使普鲁士拥有道德和文化的优越感，然后又使德国拥有政治和经济优势。很快，它就在欧洲取得了领导地位，并受到外界的推崇，特别是英国和美国的仿效。一直到 1890 年左右，这两个国家始终将德国视为文化和知识领域的楷模。这一切都是洪堡在普鲁士战败后最黑暗、最绝望的日子中设想出来的。事实上，他在柏林大学的计划书和大学章程中就已经明确了他的目标。

也许正是因为"孤注一掷"目标，是必须建立前所未有的新事物，因此非专家和局外人似乎能表现得与专家一样好，事实上，非专家和局外人往往比专家做得更好。例如，为霍夫曼－罗氏公司制定战略的人并不是公司的化学家，而是一位音乐家。他是公司创始人的孙女婿，他只是需要更多的钱来支持他的交响乐团，而公司发给他的微薄红利远远不够。时至今日，该公司也从未交由化学家来管理，而是由在瑞士大银行任职的金融界人事管理。洪

⊖ 书名为《有效政府的局限性》（*The Limits on the Effectiveness of Government*），这是少数几本由德国人撰写的关于政治哲学方面的早期著作之一。

堡自己是一名外交官，以前从未与学术界打过交道。杜邦公司的高层管理人员都是商人而非化学家或研究人员。虽然梅奥兄弟是训练有素的外科医生，可是他们对建立一个医学中心一无所知，而且他们所在的小镇也很封闭。

当然，也有真正的"业内人士"，如王安博士、3M 的年轻人或设计苹果电脑的年轻的计算机工程师们。但是，在采用"孤注一掷"战略时，局外人可能更有优势。因为他不具有业内人士应有的知识，因此也就不知道有哪些禁忌。

II

"孤注一掷"的战略必须击中目标，否则一切努力就会付之东流。换一个形象的说法，"孤注一掷"很像是向月球发射火箭：如果时间弧线稍有偏差，火箭就会消失在外层太空中。这项战略一旦被执行，是很难再调整或修改的。

换言之，采用这种战略需要周密的思考和审慎的分析。一些流行文学作品或好莱坞电影中描述的企业家，突然有一个"聪明的创意"，然后就匆忙付诸实施，这样做是不会成功的。事实上，要使该战略成功，创新必须建立在深思熟虑的基础上，找出一个重大创新机遇，这些我们在第 3 ～ 9 章已讨论过了。

例如，洪堡的柏林大学就是抓住"认知变化"这一机遇的最佳例子。当时，先是法国大革命的恐怖时代，接着是拿破仑带来的无情战争，使资产阶级知识分子在政治上觉醒。然而，他们绝不愿回到 18 世纪的专制统治时代，更不用说封建时代了。他们需要一种不带政治色彩的"自由"氛围，和一个不带政治色彩的政府，他们希望这个政府是建立在他们深信不疑的法律和教育原则基础上的。这些人都是亚当·斯密的追随者。亚当·斯密的《国富论》可能是那个时期最受推崇和拥有最多读者的政治经济学书籍。这就是洪堡的政治结构所抓住的历史机遇，这一机遇使他的柏林大学计划成为现实。

王安的文字处理器，巧妙地利用了一个程序需要。20 世纪 70 年代，办公室人员对计算机的恐惧刚刚被消除，人们开始询问："计算机能为我做些什么呢？"接着，办公室人员逐渐对计算机所做的工作熟悉起来，如编制工资表或控制库存等。那个时候，办公室人员已经有了复印机，因此，每个办公室的用纸量急剧上升。正是在这时候，王安的文字处理器出现了，它针对的是仍然不能自动化的杂事，也是每一个办公室人员痛恨的杂事：誊写信函、发言稿、报告、手稿时，常常因一点点改动，就必须一遍又一遍地重写。

霍夫曼－罗氏公司在 20 世纪 20 年代初期选择维生素作为发展方向，是因为它巧妙地利用了新知识。大家知道，30 年后，哲学家托马斯·库恩（Thomas Kuhn）写了一本著名的《科学革命的结构》（*The Structure of Scientific Revolutions*）。而霍夫曼－罗氏公司那位制定战略的音乐家比库恩整整早了 30 年就了解什么是"科学革命的结构"，并将之付诸实施。他知道如果一项新的基本科学法则，被认为与大多数科学家一贯相信并被他们视为信条的基本原理相抵触，那么即使有大量证据证明新法则的正确性，这些科学家也不会接受。在很长一段时间内，他们不会去注意这项新的科学法则，直到旧的"范式"，即旧的基本法则已经完全过时。在此期间，那些接受新原理，并将其付诸实施的人就拥有了新领域中的领导地位。

因此，只有经过仔细的分析后，"孤注一掷"战略才有可能获得成功。

此外，它还需要企业付出极大的努力，必须设定一个明确的目标，然后为之倾注全部努力。当这些努力开始产生成果时，创新者必须准备大规模地调动资源。当杜邦公司研制出可用的合成纤维时（此时离市场对它做出反应还有很长一段时间），公司就开始建立大型工厂，并向纺织制造商和普通公众大做广告，进行试验演示，并赠送样品。

在创新已经成为一项成功的事业后，工作才真正开始。这时"孤注一掷"战略需要大量和持续的努力来保持领导地位，否则它所做的一切就是为竞争对手创造市场。创新者必须比以前更努力地工作，并继续进行大规模的创新努力，才能保持其领导地位。创新成功以后的研究预算必须比成功之前更多。此外，企业还必须探索新产品的新用途，确定新的客户群，说服顾客试用新材料。更重要的是，成功完成"孤注一掷"战略的企业家，必须在竞争对手能制造新产品之前，就淘汰自己的产品或工艺。对成功产品或工艺的后继产品的研制必须立即着手进行，而且必须投入与以前相当的努力和资源。

最后，通过"孤注一掷"战略取得领导地位的企业家，必须有系统地下调其产品和工艺的价格。保持高价无疑为潜在的竞争对手撑起一把保护伞，无形之中助长了它们的竞争能力（有关这一点，请参阅第17章"攻其软肋"）。

这一观点是由经济史上历史最悠久的私人垄断联合企业——炸药卡特尔（Dynamite Cartel）集团提出的。诺贝尔在发明炸药之后，就创建了炸药卡特尔集团。此后，到第一次世界大战后很长一段时间，该集团几乎垄断了全球的炸药市场。那时诺贝尔的专利权早已经到期失效了，但是，这丝毫没有影响该集团的垄断地位。它之所以能够长久保持这个地位，就是通过降价策略。每一次降价，它的业务需求就增加10%～20%。那时，卡特尔集团旗下公司的投资已完全收回，所以消化剩余产能的方法就是低价出售产品。这种情况使潜在的竞争对手对建立新的炸药工厂望而却步，而卡特尔本身却依然保持着它的盈利。杜邦公司也一直遵从这一观点行事，这并非偶然，因为杜邦公司是炸药卡特尔集团的美国成员。但是王安的文字处理器、苹果的计算机、3M的所有产品，均遵循了这一观点，灵活调整产品价格。

III

这些都是成功企业的故事。从这些故事中，我们无法看出"孤注一掷"战略的风险究竟有多大，因为人们看不到失败的事情。然而，我们知道，尽管有人成功地使用了"孤注一掷"战略，但更多的人因此而失败。"孤注一掷"战略通常只有一次机会，如果未能立即产生成效，它就会彻底失败。

每一个人都知道瑞士神箭手威廉·特尔（Wilhelm Tell）的故事。如果他第一次就射中了儿子头上的苹果，暴君就答应赦免他，如果失败了，不是儿子死，就是他被杀死。这正是企业家采用"孤注一掷"战略时所处的境况。它没有"几乎成功"或"差不多失败"的情况，结果只有两种：要么成功，要么失败。

虽然成功可能只有在事后才知道，但是至少，我们知道在以下这两个例子中，成功和失败只有一步之遥，完全是运气和机遇拯救了它们。

尼龙的成功可以说是侥幸的。20 世纪 30 年代，合成纤维根本没有市场。它价格昂贵，无法与棉纱和人造丝竞争（这是当时最便宜的纤维），甚至比丝绸还贵（日本人在 20 世纪 30 年代末因遭受严重的经济大萧条，迫使他们以极低的价格抛售这种极为奢侈的纤维）。第二次世界大战爆发迫使日本停止了真丝出口，这才拯救了尼龙的命运。等到日本人重振丝绸工业时，也就是 1950 年左右，尼龙已经牢牢地占据了市场，而且价格和成本都只有 30 年代末期的几分之一。前面我们提到的 3M 最著名的产品——透明胶带的故事，同样，若不是意外事件，它也一定会失败。

"孤注一掷"战略的风险的确相当高，所以另一个重要战略——第 17 章将要讨论的"创造性模仿"战略，就是在考虑到采用"孤注一掷"战略的失败率往往高于成功率的基础上制定出来的。运用"孤注一掷"战略容易失败的原因有些是缺乏坚定的意志，另一些则是努力不够。此外，尽管创新成功，但是没有足够的资源可以运用，或没有使足够的资源发挥作用等，也是遭到失败的原因。虽然采取该战略一旦成功，回报将不可限量，但是由于它的风险过大，难度较高，因此只能用于重大创新上。例如，像洪堡成功地建立起一个新政治制度；或如霍夫曼－罗氏公司用维生素开辟了新医药领域；或是像梅奥兄弟那样开创医疗诊断和实践的新方法。事实上，它只适用于极少数创新。它需要对创新的来源及其推动力进行大量的分析，做到了如指掌。它需要创新者投入大量的努力和资源。在大多数情况下，最好使用其他战略——主要不是因为它们风险低，而是因为大多数创新机遇所带来的成果不足以弥补"孤注一掷"战略所投入的成本、努力和资源。

"攻其软肋"

美国南北战争时期，一位南方常胜将军曾说过："我们要攻击敌人的软肋。"他的这句话道出了两个完全不同的企业家战略的精髓。这两个战略分别是创造性模仿和企业家柔道。

I

创造性模仿

创造性模仿这个词从字面上看，有很明显的矛盾之处。因为，凡是"创造的"必定是"原创的"。如果是模仿品，则肯定不是原创。然而，这个词却很贴切，它描述了一种本质为"模仿"的战略。企业家所做的事情，乃是别人已经做过的事情，但这件事情又具有"创造性"。这是因为运用"创造性模仿"这一战略的企业家，比最初从事这项创新的人，更了解该项创新的意义。

最早采取这一战略并获得极大成功的企业就是 IBM。宝洁公司为获得并保持自己在肥皂、清洁剂和化妆用品市场中的领导地位，也广泛地采用了这一战略。另外，生产精工表并取得全球领导地位的日本精工株式会社也将自己在手表市场取得的成功归因于创造性模仿。

20 世纪 30 年代初期，IBM 为纽约哥伦比亚大学的天文学家制造了一种高速运算设备。几年以后，它又为哈佛大学研制了一台类似于计算机的设备来进行天文计算。到第二次世界大战结束时，IBM 已经研制出了一台真正的计算机。这是第一台计算机，拥有计算机的所有特征：有"内存"并具有编程的能力。但是，很少有历史书籍将 IBM 作为计算机的发明者来提及。其原因是，IBM 于 1945 年推出其高级计算机（当时，IBM 将这台计算机摆在纽约市中心的展示大厅向世人展出，吸引了很多人前来观看）后不久，它就放弃了自己原有的设计，转而采用竞争对手的设计，也就是宾夕法尼亚州立大学研发的 ENIAC。ENIAC 更适合商业用途，如薪金发放等，只不过它的原设计者未能看到这一点。IBM 采用并改进了 ENIAC 的设计，以使这种类型的计算机能够被大批量生产和维修，并能进行实际生活中的"数据处理"工作。当 IBM 生产的 ENIAC 于 1953 年面世时，它立即成为多功能主机型商业计算机的标准。

这就是创造性模仿战略。它总是等到别人创造了新的事物，但还差一点儿火候时，才开始伺机行动。这样，在短时间内，这个真正的新事物就会完全满足顾客的需求，做顾客想要，并愿意为之付钱的工作。创造性模仿战略从此就为新产品设定了业界标准，并夺取了市场。

在发展个人电脑方面，IBM 再一次运用了创造性模仿战略。个人电脑原本是苹果公司的构想。正如本书第 3 章所述，当时，IBM 的每一个人都认为发展这种独立式小型电脑是一个错误，因为它既不经济，也不完善，而且价格昂贵。然而，个人电脑却成功了。于是，IBM 立即着手设计一种今后能成为个人电脑行业标准的机器，从而占领整个个人电脑市场，或至少是成为业界的领头羊。结果，PC 机诞生了。两年之内，它就取代了苹果公司在个人电脑领域的领导地位，并成为销售速度最快的品牌和行业标准。

在清洁用品、肥皂、化妆用品及加工食品方面，宝洁公司也采用过同样的战略。

半导体问世以后，钟表业界的每一个人都知道，使用半导体做动力的手表比传统上发条的手表走得更准确、更可靠，而且更便宜。瑞士钟表公司很快生产出了石英数字表。但是，由于它们在传统手表制造上投入太多，因此决定逐步推出石英数字表。它们决定在这段漫长的转型期内，将石英表的价格定得很高，使它成为昂贵的奢侈品。

与此同时，日本的精工株式会社原本一直是日本市场的传统手表制造商，但是当它看到这个机遇时，它立即采取了创造性模仿战略，成功地发展了石英数字表，并使它成为业界的标准。等到瑞士钟表公司如梦初醒，为时已晚。精工表已经成为世界上最畅销的手表，并几乎将瑞士钟表公司挤出了市场。

与"孤注一掷"战略一样，创造性模仿战略的目标也是成为市场或行业领袖，甚至控制整个市场或行业。但与前者相比，该战略的风险比较小。因为，在创造性模仿者开始行动前，市场早已形成，人们已经接受了新企业。事实上，市场的需求往往远超过最初创新者的新产品供应能力，市场的划分也已经形成或者正在形成。而且等到这个时候，市场研究可以发现顾客购买的是什么、他们如何购买以及哪些价值能够满足他们，等等。最初的创新者所遭遇的大部分不确定因素已经消失，或至少能够被分析和研究出来。企业已经不再需要费尽心思向顾客解释个人计算机或石英表的意义及功能。

当然，最初的创新者也可能第一次就做得非常成功，这样，创造性模仿者就失去了任何机会。从瑞士霍夫曼－罗氏公司的维生素、杜邦公司的尼龙或王安实验室推出的文字处理器等此类成功的创新中我们可以看出，虽然产品在推出过程中未出差错，却仍有风险存在。但是，从采用创造性模仿战略的企业家人数及其所取得的实质性成功中，我们又可以看到最初创新者为了获得成功，抢先占领市场所遭遇的风险并不是很大。

另一个创造性模仿战略的范例是泰诺，这是一种"非阿司匹林的阿司匹林"。这是我所知道的最能说明该战略的内涵、要求及如何运用的例子。

对乙酰氨基酚⊖（美国市场上以"泰诺"品牌出售的药品中所含的成分）多年来一直被用作镇痛剂，但是近期美国将它列为处方药。而阿司匹林是一种历史悠久的止痛药，它始终被认为是绝对安全有效的药物，并占据了整个止痛药市场。直到最近，人们才发现，对乙酰氨基酚的药效低于阿司匹林。两者都是有效的止痛剂，但是对乙酰氨基酚没有消炎作用，也无造成血凝的危险。因此对乙酰氨基酚不像阿司匹林那样具有副作用，例如造成胃部不适或胃出血，特别是对那些长期服用大剂量阿司匹林以减轻关节炎所造成的疼痛的人，更是如此。

当时，对乙酰氨基酚可以不经医生处方就能买到。第一种以此成分为药剂的品牌，强调自己没有阿司匹林的副作用，结果它获得了巨大成功，大大超出了制造公司当初的预期。这项成功也为创造性模仿者提供了机会。强生公司认识到"取代"阿司匹林的镇痛药销路一定很好；而阿司匹林的市场非常小，因为服用阿司匹林需要注意抗炎和血凝的问题。所以，强生公司从一开始就强调泰诺是一种安全的、适用面很广的止痛药。不到一两年的时间，泰诺就占领了市场。

⊖ 也就是我们所说的"扑热息痛"。——译者注

这些例子说明，创造性模仿战略并不是利用人们所普遍理解的创新先驱者的失败。相反，先驱者必须成功。苹果公司就是一个极为成功的例子，最先推出对乙酰氨基酚的那家制药公司，在泰诺取得市场领导地位以前，也同样取得了成功。但是，最初的创新者并没有理解其成功的意义。苹果公司更注重产品，而不注重客户，所以，当用户需要程序和软件时，它却推出了更多的硬件。泰诺这个例子也说明，最初的创新者并没有认识到它们当初成功的意义。

创造性模仿战略就是利用他人的成功。创造性模仿并不是人们所理解的"创新"，因为创造性模仿者并没有发明任何产品或服务，他只不过将原始的创新变得更完善，并对其进行恰当的定位。在该产品或服务首次推出时，似乎还缺少些什么。或许是原始产品或服务还应该具备一些额外功能；或许是它的市场细分需做调整；或许是它需要更准确的市场定位，等等。而创造性模仿者能够完善它所缺少的东西。

创造性模仿者是从客户的角度来看待产品或服务的。从技术特性上看，IBM 的个人电脑与苹果电脑并没有显著差异。但是，IBM 从一开始就向客户提供他们所需要的程序和软件，而苹果公司一直通过传统的电脑专卖店来销售个人电脑。IBM 则不同，它打破了自己多年来的传统，通过各类分销渠道，如专卖店、西尔斯之类的大零售商，以及自己旗下的专卖店等来销售个人电脑，使顾客更容易购买并使用自己的产品。这些做法（而不是硬件特性）才是 IBM 的真正"创新"，并使 IBM 得以拥有广大的个人电脑市场。

总而言之，创造性模仿是从市场而不是从产品入手，从顾客而不是从生产商入手。它既是以市场为中心，又是以市场为导向。

以上的例子显示，采用创造性模仿战略的前提条件是：

它需要一个快速成长的市场。创造性模仿者并不是靠从最先推出新产品或服务的创新者手中抢走顾客而赢得成功的，而是要服务于那些创新先驱者创造的，但没有提供合适服务的市场。创造性模仿战略是要满足一个业已存在的需求，而不是创造一个需求。

采取该战略自然有它的风险，而且风险还很大。创造性模仿者为了试图规避风险很容易分散自己的力量。另一个危险，就是对未来趋势判断失误，对那些最后根本不会赢得未来市场的创新进行模仿。

IBM，这个世界上最杰出的创造性模仿者，它的经历就可以说明这些危险的存在。该公司成功地模仿了办公自动化领域中的每一项重大成果，所以它在该领域的每一个方面都拥有领导地位。但是，由于每一个产品都是经模仿得来的，所以种类繁多，而且彼此之间很难兼容。因此，想要利用 IBM 的这些产品来建立一个完整的自动化办公系统，几乎是不可能的。因此，人们怀疑 IBM 能否保持其办公自动化领域的领先优势，以及能否为自动化办公室提供一套集成系统，而这却正是未来主要电脑市场的走势。由此可以看出，"过于聪明"是创造性模仿战略所固有的风险。

创造性模仿战略往往能在高科技领域里发挥巨大作用，原因很简单：高科技创新者最不以市场为中心，而倾向于以技术和产品为中心。因此，他们往往误解自己成功的原因，无法利用和满足他们所创造的市场需求。正如对乙酰氨基酚和精工表的例子所示，当初这样做的绝不是少数。

由于创造性模仿战略的目标是控制市场，因此它最适用于主要产品、生产工艺或服务，例如个人电脑、全球钟表市场或如止痛药这样拥有广大市场的产品。但是，与"孤注一掷"战略相比，该战略对市场的要求较少，风险也较低。因为，在创造性模仿者采取行动之前，市场已经形成，需求也已经产生。然而，创造性模仿者必须具备警觉性和灵活性，并且要乐意接受市场的意见。最重要的是，必须辛勤工作，并投入巨大的努力。

II

企业家柔道

　　1947 年，贝尔实验室发明了晶体管。人们马上意识到晶体管即将代替真空管，特别是可以应用到诸如收音机和电视机等消费电子产品中。尽管每一个人都意识到了这一点，但是没有人对此采取任何行动。几家大制造商（当时均为美国公司）虽然已经开始研究晶体管，却计划"在 1970 年左右的某个时候"才将其转变为真正的产品。当时，它们均声称，晶体管"尚未准备妥当"。索尼公司当时不过是日本国内的一家小制造商，甚至连消费电子产品市场都还未涉足。但是，索尼总裁盛田昭夫从报纸上读到了关于晶体管的消息后，专程前往美国，以一个荒唐的价格——2.5 万美元，从贝尔实验室手中购得了晶体管的生产经营许可权。两年以后，索尼推出了第一台便携式晶体管收音机，重量不及真空管收音机的 1/5，而成本则不到 1/3。3 年以后，索尼公司占据了美国的低端收音机市场；5 年以后，日本人占领了全球收音机市场。

　　当然，这也是一个拒绝意外成功的经典案例。美国人拒绝使用晶体管，是因为它不是"业界发明的"，即不是由电气和电子业巨头美国无线电公司和通用电气公司发明的。这是一个因为过于自负，以致最后自食恶果的典型例子。当时，美国人为自己能够生产出优质的电子管收音机而骄傲，对于能够展示其精湛工艺的超外差式收音机（Super Heterodyne sets）念念不忘。与这些令美国人自豪的东西相比，硅片根本上不了档次，甚至有损他们的尊严。

　　索尼的成功只不过是日本人众多成功故事中的一个而已。我们如何解释日本一再使用这种战略，一再获得成功，并一再让美国人感到惊讶呢？他们在电视机、电子表和掌上计算器上，反复使用这一战略。他们在进军复印机市场时，也使用了这一策略，结果从最初发明复印机的施乐公司手中夺走了大部分市场份额。换言之，日本人不断地成功运用了"企业家柔道"来对付美国人。

MCI 公司和斯普林特公司当初利用贝尔电话系统公司（AT&T）的定价体系，抢走了贝尔电话系统公司的大部分长途电话业务时，正是使用了这一战略（参见第 6 章）。ROLM 公司在夺取用户交换机的大部分市场时，也是采用了该战略。还有花旗银行在德国开办名为"家庭银行"的消费银行时，也使用了该战略。在短短的几年之内，花旗银行就占领了德国的消费金融市场。

德国的银行都知道普通消费者已具有购买能力，他们希望成为银行的客户。德国的银行曾经考虑过几项为消费者提供服务的动议，但是，银行其实并不需要这些客户。它们认为，与其商业客户和富有的投资客户相比，为零散客户提供服务有损主要银行的尊严。如果消费者真的需要开立账户，他们完全可以去邮政储蓄银行。尽管它们在广告中吹嘘将向消费者提供怎样优质的服务，但当消费者走进银行当地的分支办事处时，银行的所作所为很清楚地显示出这些客户对银行而言毫无用处。

花旗银行正是利用了这个机遇，在德国开创了家庭银行。家庭银行专门针对个人消费者，设计他们所需要的业务，使消费者更便捷地与银行进行业务往来。虽然德国银行在德国有很强大的实力和渗透力，几乎在全国每个闹市中心的每条大街上都设有办事处，但花旗银行的家庭银行仍然在五年之内控制了德国的消费金融业务。

所有这些"外来者"，如日本人、MCI 公司、ROLM 公司以及花旗银行等，都采用了"企业家柔道"战略。在所有企业家战略中，特别是那些旨在获得某个产业或市场的领导地位和控制权的战略中，企业家柔道应该是风险最低、成功率最高的战略。

　　每一位警察都知道惯犯往往会以同样的手法犯罪，无论是撬保险箱还是进入大厦抢劫。罪犯在作案现场都会留下"签名"，这与每个人特有的指纹是一样的。而且他也不会改变这个习惯，尽管这会导致他一次又一次被捕。

　　并非只有罪犯具有这种根深蒂固的习惯，我们每个人都有，就连企业与行业也不例外。即使这种习惯可能让企业一再丧失其领导地位和市场，企业也总会把它保留下来。而美国制造厂商所坚持的习惯，则使自己的市场接二连三地被日本人夺走。

　　如果罪犯被抓获，他很少会承认是自己的习惯出卖了他，相反，他会找出各种理由。出狱后，他还会用同样的作案手法。同样，因习惯而导致失败的企业也很少承认习惯有误，而是会找出各种理由来解释它们的失败。以美国电子产品生产商为例，它们大都将日本人的成功归因为日本的劳动力很便宜。只有少数几家美国生产商能面对现实。例如，制造电视机的生产商美国无线电公司（RCA）和米罗华公司（Magnavox），尽管向员工支付了较高的工资和福利，但其产品无论在质量上还是在价格上，都能与日本产品相抗衡。德国银行都一致认为花旗家庭银行的成功，是因为该银行敢冒德国银行不敢冒的风险。但是，家庭银行消费贷款方面的信用损失率比德国银行还低，而发放贷款的条件也如德国银行一样严格。德国银行当然知道这些因素，但它们始终不愿面对自己的失败和家庭银行的成功。这种情况不足为怪，这也解释了为什么同一个战略（即同一种企业家柔道战略）可以久用不衰的缘故。

　　下列五种常见的坏习惯可使行业的新进入者成功地采用企业家柔道战略，与已有的实力强大的企业对抗，并获得业内的领导地位。

　　1. 第一个坏习惯是美国俚语所称的"NIH"（not invented here），意为"不是业界发明的"。这种自负会使一个企业或行业深信，除非是它们自己想到的，否则任何新发明都不可能有什么价值。美国电子生产商对晶体管所采取的态度就是如此。

2. 第二个坏习惯是想从市场"撇脂"，即眼睛只盯着那些能使公司获取高额利润的顾客。

施乐公司采取的就是这种做法，这使得日本模仿者在复印机上有机可乘。施乐公司只把目光瞄准那些大客户，也就是那些肯花大价格购买高性能设备或大批量设备的大买家。虽然它并不拒绝其他客户，但是它并没有刻意去寻找他们，也没有向他们提供优质的售后服务。说得具体些，施乐认为向这些人提供服务不合适。久而久之，这些小客户对施乐所提供的服务（甚至可以说没有服务）感到很失望，因而纷纷转向竞争对手。

"撇脂"的做法违背了基本的管理和经济规律，而它所得到的惩罚就是丢失整个市场。

施乐尝到胜利果实后就止步不前，安于现状。它的确获利颇丰，但过去的成就并不能保证公司今后可以此生存。"撇脂"的做法就是企图依赖过去的成就获取利润。一旦企业养成这种习惯，想改也难。这样，其他人就能通过企业家柔道战略有可乘之机。

3. 第三个坏习惯更糟糕，就是迷信质量。产品或服务的"品质"并不是生产商赋予的，而是由客户所发掘并愿意为之付钱购买的东西。生产商通常认为：一件产品的"品质"是由其生产的难易程度以及成本的高低所决定的，其实不然。客户只会为对他们有用、给他们带来价值的产品买单。除此以外，再没有其他因素可以构成产品的"品质"。

20世纪50年代，美国电子制造商深信，拥有完美的真空管的产品才是"优质"产品，因为这是它们30年精力的结晶，这使它们造出了更复杂、更庞大、更昂贵的收音机。它们认为正是因为有大量技术，才赋予了产品"高品质"。而晶体管收音机太简易，未受过训练的流水线工人就可以将它生产出来，根本体现不出"品质"的含义。但是，从消费者的角度来看，晶体管收音机显然更为"优质"。因为它重量很轻,人们去沙滩或野营时都可以随身携带;它很少出故障,不像真空管收音机需要经常更换真空管;它的成本因此也大大降低。与含有 16 根真空管的超豪华外差式收音机相比,晶体管收音机的接收范围和保真效果都略胜一筹,而且真空管经常烧毁,令人沮丧不已。

4. 第四个坏习惯与前述的"撇脂"和"品质"这两个坏习惯相关联,就是对"高价格"的错觉。"高价格"总会引来竞争对手。

自 19 世纪早期法国萨伊和英国大卫·李嘉图(David Ricardo)以来的 200 年间,经济学家都认识到除垄断以外,获得较高利润率的唯一途径就是降低成本。企图通过高价格来获得较高利润率的企业往往自食其果,这种做法如同为竞争者撑起了一把保护伞。已确立领导地位的企业看似获得了较高利润,但实际上,等于是在补贴该领域的新进入者。不出几年,这些新进入者就会取代以前企业的领导地位,自封为王。企业应该始终将"高价格"看作一种威胁,一种易受攻击的危险手段,而不是一种享受的机会。"高价格"的做法只能在想提高股票价格或市盈率时才可偶尔为之。

然而,想通过"高价格"来获取更高利润的错误观念却相当普遍,尽管此举常常为竞争对手采取企业家柔道战略大开方便之门。

5. 最后一个坏习惯,就是追求最大化而不是最优化。这个坏习惯常见于现有企业,并最终导致企业的衰亡,施乐公司就是一个很好的例子。随着市场的逐步成长和发展,这些公司仍试图用同一种产品或服务满足每一个用户。

比如,一台用于测试化学反应的新型分析仪刚一推出时,它的市场会十分有限,我们假定仅限于工业实验室。随后,大学实验室、各研究机构和医院纷纷开始购买这种仪器,但每一个用户对仪器的需求都有稍许不同。于是,厂商为了满足不同顾客的需求,在产品中增添了一项又一项功能。最后，原本很简单的一台仪器被设计得异常复杂，厂商已将这台仪器的功能最大化了。结果，这种仪器不再满足任何人的要求，因为设法满足每一个人的需求，其结果往往适得其反。同时，该仪器会变得非常昂贵，操作和维护也不容易。但是，这个厂商仍以此仪器为荣。在其全页产品广告里，它会列出该仪器的全部64种功能。

这家生产商将不可避免地成为企业家柔道战略的牺牲品。它自认为自己所拥有的优势，反过来会成为阻碍它的缺点。新进入者将推出一种能满足其中某个市场的仪器，例如为满足医院需求而专门研制的仪器，它会剔除医院不需要的多余功能。这台仪器不仅具备了医院所需的全部功能，而且性能也优于原先那台多功能仪器。接着，这个新进入者将陆续推出分别为研究实验室、政府实验室、工业实验室等设计的专用仪器。用不了多长时间，新进入者就会凭借这些为不同用户专门设计的仪器，凭借最优化而不是最大化的产品理念，夺走市场。

同样的道理，当日本人进入复印机市场与施乐公司抗衡时，就为某些特定群体分别设计过产品。例如他们推出的办公室专用复印机，就非常适用于牙医、内外科医生以及校长的小型办公室。它们并不具备施乐公司最引以为荣的那些产品功能，如复印的速度、高清晰度等。但是，日本人满足了小型办公室最需要的——一台低成本的简单复印机，并立即在这一市场中站稳了脚跟。然后，他们又逐一打入其他市场，每一种产品都最合适地满足了每一个利基的需求。

索尼公司当初打入的同样是低端收音机市场，即价格低廉、接收范围有限的便携式收音机市场。一旦它在这个市场站稳脚跟，就开始转向其他市场。

企业家柔道首先瞄准的是占据一个稳固的滩头阵地。通常这个滩头阵地是那些已获取领导地位的企业没有设防或不予以重视的环节，比如花旗银行建立家庭银行时，德国人并没有采取措施予以反击。一旦占据了这个滩头阵地，也就是说一旦新进入企业拥有了一个适当的市场和较好的收入来源以后，它们就开始向另一片"海滩"进军，直至最终占领整个"岛屿"。每一次进军，新进入者都会重复同样的战略，它们为某个利基专门设计产品或服务，并将这种产品或服务最优化。在这场竞争中，已确立领导地位的企业很少有反击的机会，而且在这些新进入企业夺取领导地位并控制整个市场之前，这些老牌企业几乎不会改变自己的做法。

在以下三种情况中，运用企业家柔道战略总能取得特别的成功。

第一种情况比较常见，就是原先确立领导地位的企业拒绝对意外的成功或失败事件采取任何举措，它们不是完全忽略它，就是将它摒弃门外。索尼公司就是在这种情况下抓住了机遇。

第二种情况是施乐公司遇到的情况。一项新技术出现了，并且发展迅猛。但是，将它推向市场的创新者以一个传统"垄断者"的姿态行事：它们利用自己的领导地位从市场"撇脂"，制定"高价格"战略。它们或许不知道，或许不愿意承认这样一个不争的事实：只有"仁慈的垄断者"（熊彼特创造的名词），才能保住自己的领导地位。

一位"仁慈的垄断者"会在竞争对手降价之前就自行削减价格，而且，它会在竞争对手推出新产品之前，就主动淘汰自己的旧产品，同时推出新产品。历史上有很多例子能够证明这一观点的正确性。杜邦公司多年来始终按照这种观点行事。贝尔电话系统公司（AT&T）在 20 世纪 70 年代因遭受通货膨胀而被击垮，但是在此之前，它也一直按照这种观点采取行动。但是，如果业界领导者不是降低成本，而是利用其领导地位来提高价格或提高利润率（除了降低其成本以外），那么任何一个使用企业家柔道战略的人都可以将其击倒。

同样，在一个快速成长的新市场或新技术的行业中，原有的领导者若以追求最大化而不是最优化为其目标的话，也很容易受到采用企业家柔道战略者的攻击。

最后一种情况是，当市场或产业结构快速变动时，采取企业家柔道战略也非常奏效。家庭银行的故事就属于这种情况。随着德国在20世纪五六十年代开始走向繁荣，普通民众除了传统储蓄或抵押贷款以外，还需要其他金融业务，他们成为金融市场的新客户，但是，德国银行拘泥于旧有的市场，不求变革。

企业家柔道战略总是以市场为中心，并以市场为导向。它可能会以一项技术为起点，像盛田昭夫从第二次世界大战后满目疮痍的日本专程前往美国，去购买晶体管生产经营许可证。盛田昭夫观察了当时的收音机市场，发现由于真空管过重且极易烧毁，原有的收音机生产技术很难满足这个便携式收音机市场的需求。于是，他为这个市场——一群收入较少的年轻人，对收音机的接收范围和音质要求都不高的人群设计了新型收音机。

同样，美国的长途电话业务折扣公司看到以批发价格向贝尔电话系统公司购入长话业务，再以零售价转卖给零售者这一环节存在机遇。它们发现有不少企业的长途电话频繁，但是依据企业本身规模还无法自行建立其长途电话系统，于是，这些折扣公司首先为这些用户提供专门的长途电话服务。等到它们在该市场中占有相当大的份额以后，它们又开始设法同时向很大和很小的客户市场进军。

使用企业家柔道战略，首先需要对所处的行业进行充分分析，要分析行业的生产者以及供给商的关系、它们的习惯（特别是它们的坏习惯）以及它们的政策。然后，研究整个市场，设法找到能取得最大成功、遭受最小抵制的突破口。

企业家柔道战略亦要求一定程度的真正创新。一般而言，只是以低价格提供相同的产品或服务是不够的，所提供的产品或服务必须与原有的有所区别。当 ROLM 公司推出用户交换机（一种企业和办公室使用的电话总机）时，为了与贝尔电话系统公司竞争，它围绕小型计算机增加了一些其他附加功能。其实，这些创新都不需要高科技，更不需要全新的发明创造。贝尔电话系统公司也设计了类似的功能，只是没有像 ROLM 公司那样，将这些功能推向市场。同样，当花旗银行在德国开办家庭银行时，它向小储户增加了一些创新服务项目，一般来说，这些创新服务德国银行是不会向小储户提供的，如兑换旅行支票或提供缴税建议等。

换言之，新进入者如果仅仅凭借低价格或将产品或服务做得如原有的行业领袖一样好，是远远不够的。新进入者必须使自己与众不同。

与"孤注一掷"和"创造性模仿"战略一样，企业家柔道战略旨在取得业界的领导地位，继而获得市场的控制权。但是，它并不是与原有的领导者展开正面交锋，或至少不会在原先的行业领导者意识到有竞争存在的领域展开竞争。相反，企业家柔道是"攻其软肋"。

生 态 利 基[⊖]

到目前为止，我们已经讨论了"孤注一掷""创造性模仿"和"企业家柔道"这三种企业家战略。三种战略的目标都是夺取市场或产业的领导地位，甚至取得统治地位；而本章所讨论的"生态利基"战略的目标则是取得控制权。前面讨论的三种战略主要是针对企业如何在一个大市场或重要产业中取得一席之地；而"生态利基"战略的目的在于在小范围内获得实际的垄断地位。前三个战略都是竞争性战略；而"生态利基"战略旨在使企业免遭竞争和他人的挑战。以前三个战略而获得成功的企业最终会发展成大公司，而且知名度很高，甚至家喻户晓；而采用成功的"生态利基"战略的企业则

⊖ 原文为 Ecological Niches。"Niche"的英文原意为"生态位"，就是生物在漫长的进化过程中形成的，在一定时间和空间拥有稳定的生存资源（食物、栖息地等），进而获得最大生存优势的特定的生态定位（或叫"小生态环境"）。它原本是一个既抽象，又内涵丰富的生态学名词，如今已经日益广泛地应用于政治、经济、农业、工业、教育、城市规划、建筑设计等领域。在这里，专指蕴涵丰富市场机会但规模不大，别人不做的产品或服务市场（小专市场、特定市场）。——译者注

是享有实惠，不图虚名，它们默默无闻。事实上，最成功的"生态利基"战略的整个着眼点就是尽量让自己显得不起眼。由于其产品已经成为某个程序中必不可少的基本要素，因此，无人愿意与它竞争。

以下，我们将讨论三种不同的"生态利基"战略，每一个都有自己的独特要求、局限性和风险。

- 收费站战略
- 专门技术战略
- 专门市场战略

I

收费站战略

在本书第 4 章，我曾讨论过爱尔康公司所采取的战略。该公司研制出一种酶，能使医生在进行老年白内障外科手术时，减少一个步骤，使整个手术程序更加和谐、合理。当爱尔康公司研制出这种酶并取得了专利时，也就拥有了收费站的位置。因为任何一位眼科大夫都需要它，无论爱尔康公司对酶的索价有多高，与整个白内障手术费用相比，这个价格都显得微不足道。我想也许根本不会有任何一位眼科大夫或任何一家医院去询问这种酶的价格。这种酶的市场相当有限，全球一年的销售额只有 5000 万美元。很显然，不值得任何人去尝试开发一种与之竞争的产品。就算这种酶的价格降低了，全世界也不会因此多出一台白内障手术。所有潜在的竞争对手所能做的，不过是为大众降低酶的价格罢了，而自己却捞不到任何好处。

同样，一家中型公司在五六十年前，也因研制了一种防"井喷"装置，长期以来占据着收费站地位。钻一口井通常的费用高达数百万美元，一旦遇到井喷，不仅会破坏整个油井，而且所有投入都会毁于一旦。油井防喷装置可以在钻井的时候为油井提供保护，因此，无论油井防喷装置的价格有多贵，它都是一项廉价的保险装置。与前一个案例相似，该市场非常有限，所以，对那些潜在的竞争对手毫无吸引力可言。通常，油井防喷装置的价格大概只是钻探油井总成本的1%，因此，即使降低该产品的价格，也不会刺激人们去挖更多的油井。竞争只会把价格压下来，而对需求的增长毫无作用。

另一个采用收费站战略的例子是杜威－阿米公司（Dewey & Almy），该公司如今是美国格雷斯公司（W. R. Grace）的一个分部。20世纪30年代，这家公司研制了一种能密封罐头的化合物。密封程序是罐头加工中必不可缺的一环：如果罐头漏气导致食物变质，后果不堪设想。一旦有人吃了这种罐头，导致中毒身亡，这家罐头食品厂就会倒闭。由于杜威－阿米公司研制的罐头密封化合物可以防止罐头腐坏变质，因此它的价格再高也不算贵。对于整个罐头成本以及腐坏变质所造成的风险而言，密封成本（充其量在每个罐头上多投入不到1美分）实在微不足道，因此谁也不会关心它的价格。人们所关心的是密封性能的优劣，而不是其价格。虽然这个市场比白内障手术中的酶或油井防喷装置要大，但仍然还是有限的。就算该产品的价格降低，人们也不会因此多制造一个罐头。

从许多方面来看，收费站位置是企业最渴望获得的位置，但是，它有极为严格的先决条件。首先，该产品必须是某个流程中至关重要的部分，不使用该产品的风险必须远远超过产品本身的成本。就像上述三个例子中，不使用这些产品，可能会有失明、失去一口油井或罐头腐坏变质等严重后果。其次，这个市场必须非常有限，谁先来，谁就可完全独占。最后，它还必须是个真正的"生态利基"，也就是说它只容纳一种产品，而且又因它是又小又低调的，因此不足以招来其他竞争对手。

不过，这种收费站的位置很难找到。一般而言，它们只会在不协调的情况（见第 4 章）下才会出现。以爱尔康公司的酶为例，它是一种程序的节奏与逻辑内部方面的不协调。在油井防喷装置或罐头密封化合物的例子中，则是经济现状之间的不协调，也就是企业发生故障所造成的成本与购买适当保护装置所投入成本之间的不协调。

收费站的位置也有非常严重的局限性和风险性。基本而言，它是相当平稳的。一旦占据了这个生态利基，公司就不会有多大的发展。占据收费站位置的公司很难增加或控制自己的业务。由于它的产品只是某种程序或某种主要产品的组成部分，所以无论其产品有多好，价格有多么便宜，其销量往往取决于市场对于那种程序或主要产品的需求。

这对于爱尔康公司而言，可能还不算太重要，因为白内障患者不会因经济的繁荣或萧条而有所增减。但是，对制造油井防喷装置的公司却不同。1973 年的石油危机及 1979 年的石油恐慌造成石油钻探工作迅猛发展。因此，该公司不得不大量增资建厂，来应付这些突如其来的钻探需求。尽管它怀疑这个好景不会持续太久，也知道投下去的资金不会全数收回，却不得不这么做。因为如果不这样做，就意味着永远失去市场。不出几年，石油的繁荣景象崩溃，油井钻探工作在 12 个月内突降了 80%，钻井设备的订单也随之下降，面对这种情况，该公司也同样是无能为力。

采用收费站战略的公司一旦达成了它的目标，公司就已经"成熟"了。它的发展速度只能与自己产品的最终用户的增长速度一样快；但是同样，它也可能迅速衰败。如果有人发现了另一种方式可以满足其最终用户，那么它就会在一夜之间惨遭淘汰。杜威－阿米公司就是一例。它就是没有防范锡制罐头的替代材料，如玻璃、纸或塑料，也未防范其他保存食品的方法，如冷冻或放射线处理等，因而遭到了失败的厄运。

采取收费站战略的公司绝对不能利用自己的垄断地位。它不能成为德国人所说的强盗式贵族（德语为 raubritter，英语 " robber baron " 的意思与之稍许有点差别）。这些强盗式贵族的城堡占据着附近的山口、河谷等有利地形，常常打劫路过此地的倒霉旅客。采取收费站战略的公司也不能滥用其垄断地位来剥削、敲诈客户。否则，客户就会把其他供应商引入这个行业中来，或者，客户也可能转向另一种功能较差但能控制的替代品。

40 多年来，杜威－阿米公司一直成功地执行着正确的战略。它向其客户，特别是第三世界的用户，提供广泛的技术服务，培训它们的员工，并为它们设计出更新、更好的装罐机和封罐机，以配合该公司的罐头密封化合物。不仅如此，它还不断升级自己的密封化合物。

收费站位置很可能固若金汤或基本上如此，但是，它只能控制一个极为有限的领域。爱尔康公司为了克服这种局限性，试图进军各种与护眼有关的消费品市场，比如人造泪液、隐形眼镜清洗液或抗过敏眼药水等。从某种程度而言，该举措非常成功，它吸引了瑞士雀巢公司的注意。这家全球领先的消费品跨国公司以不菲的价格买下了爱尔康。据我所知，爱尔康公司在拥有收费站位置的公司中，是唯一成功地在原有位置以外的市场争得一席之地的公司，而且其新产品的经济特征完全不同于其原有的产品。不过，以这种多元化经营进入公司知之甚少的竞争激烈的消费品市场，其结果是否获利，就不得而知了。

II

专门技术战略

许多大汽车品牌都是大家耳熟能详的，但是，那些为这些汽车公司提供电力和照明系统设备的公司却鲜为人知，而且这些设备的品牌远比汽车品牌少得多。例如，在美国，有通用汽车公司的德科集团（Delco）；在德国，有罗伯特·博世公司（Robert Bosch）⊖；在英国，有卢卡斯公司（Lucas），等等。事实上，除汽车行业的人士以外，几乎没有人知道，几十年以来，美国客车的每一个车架都是由密尔沃基市的 A. O. 史密斯公司（A. O. Smith）生产的；也没有人知道，几十年以来，美国汽车工业所用的每一个汽车刹车装置都出自另一家美国公司——本迪克斯公司（Bendix）。

当然，这些企业如今已经成为历史悠久的成功企业，但这只是因为汽车工业本身历史悠久的缘故。这些公司早在第一次世界大战之前，也就是汽车工业尚处婴儿期时，就建立了自己的控制地位。以罗伯特·博世为例，他与德国汽车工业的两位先驱卡尔·本茨（Carl Benz）和戈特弗里德·戴姆勒（Gottfried Daimler）⊖都属于同时代的人，而且也是他们俩的好朋友。他早在 19 世纪 80 年代就创立了自己的公司。

一旦这些公司在专门技术领域获得了控制地位，它们就会全力保持下去。与收费站公司不同，它们的利基相对要大一些，但仍然是独一无二的。这种利基的取得，是因为它们在早期就开始了高新技术的研发工作。在第一次世界大战期间及以后的短短几年内，A. O. 史密斯公司就发展出今天所谓

⊖ 在德国，罗伯特·博世（1861—1942）是一个等同于爱迪生一样的人物。其作为发明家的职业生涯，最初始于为刚现雏形的汽车制造工业设计电子系统。博世这个名字一直以来都与汽车制造工业密不可分地联系在一起。在北美大陆，大多数人在谈论到博世时，总是会立刻想到博世著名的电火花塞、燃油喷射系统、ABS 刹车系统或汽车音响。从 1886 年开始运作的那天起，博世创造了无数个世界第一。100 多年来，作为众多不同领域的世界领先者，博世始终成功地走在时代进步的最前端。——译者注

⊖ 1886 年，德国人卡尔·本茨（1844—1929）发明了汽车。1926 年，卡尔·本茨将他的公司与德国西南部的戴姆勒（第一位将引擎用到机动车上的人）公司合并，组成戴姆勒–奔驰公司（Daimler-Benz），并以三角星徽作为商标，拉开了戴姆勒–奔驰公司开创辉煌业绩的序幕，以后该公司的产品都冠以三角星徽商标，表示奔驰公司的产品要统占海、陆、空三大领域。1989 年，公司又收购了德国宇航公司和工业公司，并于 1999 年和美国克莱斯勒联合，组成世界上第三大汽车公司——戴姆勒–克莱斯勒公司（Daimler-Chrysler）。——译者注

的汽车车架的"自动化"制造技术。德国的罗伯特·博世公司早在1911年左右就为梅赛德斯汽车设计了先进的电路系统。因为实在太先进，直到第二次世界大战结束后，也只有豪华汽车才安装这种系统。位于俄亥俄州代顿市的德科集团在1914年加盟通用汽车公司前，就已经研制出汽车发动机的自动启动器。这些专门技术使这些公司在自己的领域中获得了完全领先的地位，其他人很难向它们挑战，因为它们已经成为业界的"标准"。

专门技术战略并不仅仅局限于制造业领域。在过去的十年中，不少私营贸易公司（其中大部分位于奥地利首都维也纳）也建立了一个相似的利基。这个市场过去称作"易货贸易"（barter），现在称为"对等贸易"（counter-trade），就是以发达国家的出口商品（火车头、机械设备或医药等），交换发展中国家的商品（如保加利亚的烟草或巴西制造的灌溉水泵等）。在这以前，一个富有魄力的德国人也掌握了一个专门技术的利基。时至今日，不少旅行指南还仍以他的名字"贝德克尔"（Baedeker）⊖为名。

这些例子显示，时机是建立专门技术利基的基本要素。它必须要在一个新产业、新习惯、新市场、新趋势刚开始形成之时，就立刻开始行动。当航行于莱茵河的蒸汽轮船于1828年首次向中产阶级民众开放时，贝德克尔（Karl Baedeker）就出版了他的第一本旅行指南。直到第一次世界大战爆发、西方国家一致抵制德国出版物之前，贝德克尔在该领域中一直保持着唯我独尊的地位。维也纳的对等贸易始于1960年左右，当时这种贸易非常罕见，大部分限于前东欧集团成员国（这就解释了这种对等贸易为什么集中在奥地

⊖　1829年，一位名叫卡尔·贝德克尔的人出版了一本关于莱茵峡谷的旅行指南。所有现代旅行指南的基调，都是由这本带有醒目红色封皮的指南书定下的。"贝德克尔"这个名字，最终也成了"旅行指南"的代名词（"Baedeker"一词如今在英语中就是"旅行指南"的意思）。1846年，贝德克尔的德国公司推出了第一部法语旅行指南，之后，第一部英语旅行指南问世……在贝德克尔之后，其他旅行指南也开始陆续问世，向人们介绍关于欧洲、亚洲、非洲、大洋洲和北美洲国家的旅游信息。这些旅行指南详细介绍了各个国家的状况和当地风俗，消除了人们对外国的恐惧。——译者注

利）。10年以后，当耐用消费品逐渐在第三世界国家变得短缺时，这些贸易公司已经获得了相当熟练的对等贸易技巧，成为该领域的"专家"。

若要获得这种专门技术利基，往往需要一些新东西，或增加一些新东西，或者一种真正的创新。在贝德克尔旅游指南出版之前，也有类似的手册，但它们只是介绍文化方面的知识，比如教会、景点等，至于旅行时会遇到的一些具体细节，比如旅馆、马车租金、路程远近和合适的小费数量等却没有介绍。因此，当时的英国绅士在旅行时，会雇用一名专职旅行仆从来处理这些问题。但是当时的中产阶级雇不起这种旅行仆从，这就给贝德克尔提供了机会。一旦他了解了旅行者所需要的信息，了解了获得和展示这些信息的渠道和方法（贝德克尔设计的版式至今仍被许多旅行指南所效仿），这本令人耳目一新的旅行指南就出版了。当时几乎没有人能超越贝德克尔的这一成就。如果任何人想重复他的努力，试图建立另一本指南与之抗争，将会得不偿失。

在一项重大新发展的初期阶段，专门技术战略会为我们赢得大好机遇。这方面的例子举不胜举。例如，许多年来，美国只有两家公司从事飞机螺旋推进器制造，这两家公司都是第一次世界大战前建立的。

专门技术利基一般不会是偶然发现的。在上述每一个例子中，这些利基都是系统调查创新机遇的结果。在上述每一个实例中，企业家都在设法寻找一个能够发展出专门技术并可以给予新企业独有的控制地位的领域。罗伯特·博世花了好几年时间来研究新兴的汽车工业，就是为了在该领域中找到一个可以立即使其新公司获取领导地位的领域。多年以来，汉密尔顿推进器公司一直是美国领先的飞机推进器生产商，它的成功也源于其创始人在动力飞机发展的早期岁月中所进行的系统研究。在决定出版旅游指南之前，贝德克尔曾几度尝试为旅游者提供旅游服务，这一决定最终使他名声大噪。

由此看来，专门技术战略有三个要点。第一个要点是，在新产业、新市场或新趋势形成的早期，就必须抓住时机，有系统地寻找有关专门技术的机遇，然后充分利用时间研发这一专门技术。

第二个要点是，专门技术战略必须拥有与众不同的独特技术。早期的汽车先驱无一例外的都是机械师，他们熟知大量机械、金属和发动机知识，但对电学知识却是一窍不通。与电学相关的理论知识，他们不仅从未学过，也根本不知道从何学起。于是，这就给汽车电气设备生产商提供了可乘之机。贝德克尔也不是当时唯一的出版商，但是编辑指南需要实地收集大量详细信息，需要经常去各地考察，还需要聘请其他领域的旅游顾问，而这一切却并不在其他出版商的视野之中。而"易货贸易"则既不是贸易，也不是银行业务。

由此可见，占有专门技术利基的企业不易受到客户方或供应商的威胁。因为无论是客户方还是供应商，都不会涉足自己一无所知的领域。

第三个要点是，采用专门技术战略的企业必须不断改进自己的技术，必须保持技术上的领先优势。事实上，它必须不断自己淘汰自己。早期的汽车公司常常抱怨德科公司和博世公司，因为这两家公司总是给它们施加很大压力。这两家公司推出的照明系统非常先进，远远超出了当时普通汽车的需要，也超出了当时汽车厂商心目中的客户需要、期望以及支付水平，而且还超过了汽车厂商的装配技术。

虽然专门技术战略有其独特的优势，但也有严重的不足。首先，占据专门技术利基的厂商往往眼光狭隘。要保持它们的控制地位，公司就不能左顾右盼，必须直接专注于它们狭窄的专业领域。早期的飞机电子系统与汽车电子系统并无太大差别，但是，汽车电气设备生产商（如德科、博世和卢卡斯）都未能成为飞机电气设备制造领域的领导者。其实，它们甚至都没有发现这个领域，也根本没有进入该领域的企图。

其次，占据专门技术利基的厂商往往需要依赖他人把自己的产品或服务推向市场。因此，这种产品或服务只能成为整个产品的组成部分。汽车电气设备公司的优势在于：顾客根本不知道它们的存在，不过这也是它们的弱点。所以，如果英国汽车工业不景气了，势必会波及卢卡斯公司的业务。A. O. 史密斯的汽车车架制造业务一直很红火，但石油危机以后它也陷入了困境，原因是美国汽车厂商开始着手制造无车架式汽车。虽然这种汽车比传统的有车架汽车在售价上要高出许多，但是它们具有重量轻、耗油少的优点。A. O. 史密斯公司面对此趋势却回天乏术。

最后，对于占有专门技术利基的厂商而言，最大的危险莫过于它所拥有的专门技术不再是独门秘籍，而变成了一项普及的技术。

维也纳商人现在从事的对等贸易，早在 20 世纪二三十年代，就有外汇交易商在从事了，他们大都是瑞士人。当时，那些早在第一次世界大战前就发迹起来的银行家深信，货币应该是非常稳定的。但是，当货币开始不稳定，且发生冻结货币后，许多货币因此产生不同的汇率。此外，还出现许多畸形交易。这一切都使得这些银行家不愿意再从事这类业务。因此，当这些瑞士的外汇交易商出现时，银行巴不得它们尽快将这些令人不快的工作接过去。于是，这一小部分瑞士外汇交易商就占据了获利丰厚的专门技术利基。第二次世界大战以后，随着世界贸易的迅速扩张，外汇交易已经成了家常便饭。如今，每一家银行至少在主要的金融中心都会设有自己的外汇交易部门。

与其他所有生态利基一样，专门技术利基无论是在范围上，还是在时间上都会受到限制。生物学告诉我们，占据某个有利生态利基的物种，甚至对外部环境的极小变化都很难适应。企业家专门技术战略也同样如此。但是，尽管有这些局限性，专门技术战略仍是一个非常有优势的战略。在一个快速扩张的新技术、新产业或新市场中，它或许是最具优势的战略。1920 年左右的汽车制造商现已所剩无几了，但电气和照明系统的生产商却悉数存活至今。所以，一旦企业获得并保持了这个位置，专门技术战略就可以避免竞争。例如，汽车买家根本不知道也不关心汽车的前灯或刹车是哪家公司的产品，他们也不会为此而四处打听。"贝德克尔"一旦成为旅游指南的同义词后，只要市场不发生急剧变化，就不必担心会有什么竞争对手试图挤入这一市场。在新技术、新产业或新市场中，专门技术战略提供了最高的成功概率和最低的失败风险。

III

专门市场战略

专门技术战略与专门市场战略之间最主要的区别是，前者围绕产品或服务而建立，后者则围绕市场的专门知识而建立。除此以外，二者基本相似。

有两家中型企业，一家在英国北部，另一家在丹麦，都专门生产烘制西点的自动烘烤炉，它们的产品占据了绝大部分西方市场。欧洲的托马斯·库克公司（Thomas Cook）和美国的美国运通公司（American Express）是最早的两家旅游代理机构。长期以来，它们一直垄断着整个旅行支票业务。

据说，生产烘烤炉不需要什么深奥或与众不同的技术。世界上有许多公司能生产出与英国和丹麦的这两家公司一样好的烘烤炉。但是，这两家公司却了解市场：它们熟悉每一个重要的面包师，而这些重要的面包师也熟悉这两家公司。这个市场并不大，而且这两家公司的表现还算令人满意，因此不足以吸引外人前来竞争。同样，在第二次世界大战后的旅游热潮出现以前，旅行支票一直是个停滞不前的领域。其实，该业务的利润颇丰，因为旅行支票在被兑现之前（有时旅行支票售出以后，会过好几个月才被兑现），其发行公司，不论是库克还是美国运通，都可动用这笔资金，获取利息。由于这个市场也不够大，不足以吸引其他竞争者。而且，旅行支票需要发行公司在全球都设立分支机构，以方便旅行者前来兑现。因此，当时除了库克和美国运通外，尚无其他公司愿意介入，因为它们都觉得不值得。

如果带着以下问题研究一项新发展，那么很快就能找到专门市场：这项新发展中有什么机遇能给我们提供一个独特的位置？我们必须如何做才能率先占领这个位置？旅行支票并不是什么大"发明"。从本质上说，它与信用证没什么两样，而信用证已经存在几百年了。但旅行支票的新颖之处就在于，它是以标准面额发行的。库克和美国运通首先向自己的顾客发售旅行支票，随后又向普通公众发售。而且，旅行支票的持有者可以在库克或美国运通设在全球各地的分支机构或代理处兑换现金。这对于那些不想携带大量现金四处游玩且没有资格在正规银行获得信用证的旅行者来说，非常有吸引力。

早期的烤炉制造没有什么特别之处，就算在今日，烤炉的制造也没有什么高科技含量。英国和丹麦公司之所以能成功，就是认识到了西点的制作已从家庭转向了工厂。于是，它们开始研究工厂面包师的需要，以便能够生产出在杂货店和超市广受欢迎的产品。这种烤炉制造并不是基于其技术和设计的高超，而是基于仔细的市场研究。实际上，这种制造技术任何人都可以采用。

采用专门市场战略与采用专门技术战略有着同样的前提条件，就是要对新趋势、新产业或新市场进行系统分析；需要做出一种特殊的创新贡献，哪怕只是一种"新花样"，比如把传统的信用证转变为现代的旅行支票；需要不断改进产品，特别是服务，这样才能保持已经获得的领导地位。

专门市场战略的局限性也与专门技术战略相同。它最大的威胁就是它的成功，也就是当这种专门市场变成了大众市场。

旅行支票如今已成为一种普通商品，并且竞争非常激烈，其原因在于旅游市场已经成为一个大众市场。

香水制造亦是如此。法国的科蒂公司（Coty）开创了现代香水工业。该公司意识到第一次世界大战改变了人们对化妆品的态度。第一次世界大战以前，只有"放荡女人"才会使用化妆品，或经他人允许才敢使用。战后，化妆品逐渐为人所接受，并受到尊敬。到 20 世纪 20 年代中期，科蒂公司几乎垄断了大西洋两岸的化妆品市场。1929 年以前，化妆品市场还一直是一个"专门市场"，一个只属于中上层人士的市场，但是，到"大萧条时期"，它逐渐变成了一个真正的大众市场。这时的市场已被一分为二：一个是以昂贵的价格、专门的分销渠道及特别的包装为特色的高档名牌市场；另一个则是以大众价位在一般商场（包括超市、专卖店和药店）都可买到的大众品牌市场。在短短几年里，原先由科蒂公司一手控制的专门市场消失了。但是，科蒂公司对于自己是瞄准大众化妆品市场还是成为制造奢侈品牌化妆品的公司犹豫不决，它仍试图滞留在一个已经不复存在的市场中，结果，它从此一直在风雨飘摇之中沉浮。

改变价值和特征

到目前为止，本书所讨论的企业家战略，其目的是推出一种创新。而本章所讨论的企业家战略，其战略本身就是一种创新。本章提及的产品或服务，它们可能已经存在了很久——我们的第一个例子就是已经存在了约2000年之久的邮政服务。但是战略将这个古老的已成型的产品或服务转换为新的东西。它改变了这些产品或服务的效用（utility）[⊖]、价值和经济特征。

⊖ 有用性，即使用价值，是人类社会体系根据人们的物质需要对具体物质资料（包括有形物品和无形服务）进行判断的一种标准，如果某个物品（包括服务，下同）能够直接或间接满足人们的物质需要，就是有用的，否则就是无用的。这种标准既是主观的，又是客观的，同时还是相对的和历史的。主观性是因为自然界物品和人力的自然耗费本无所谓有用或无用，是人类社会体系按照人们的物质需要将这种属性赋予给自然界物品或人力的自然耗费；客观性是因为在人类社会经济体系中人们的物质需要确实是客观存在的，而且最基本的物质需要，特别是生理需要是非常明确的。西方经济学中用"效用"一词来描述人们对物品有用性的主观感受。萨伊认为"商品满足人类需要的性能叫作效用，所谓生产，不是创造物质，而是创造效用"。严格说来，效用与使用价值的内涵并不一致，使用价值是从人类社会的整体视角去判断物品的有用性，而效用则是从人之个体的个别视角去判断物品的有用性；使用价值基于人们的物质需要，毕竟还有其客观的一面，而效用则完全基于个人的主观感受。——译者注

虽然从物理角度来看，这些产品或服务并没有什么改变，但从经济角度来看，它们却是迥然不同的新事物。

本章所讨论的所有战略都有一个共同点，就是创造客户——这是企业的目的，事实上，也是所有经济活动的最终目的[⊖]。它们通过以下四个不同的方式达到这个目的：

- 创造效用
- 定价
- 适应客户的社会和经济现状
- 向客户提供所需的真正价值

I

创造客户所需的效用

英国的学生从小就被教导，邮政服务是罗兰·希尔（Rowland Hill）于1836年"发明"的。这当然是无稽之谈。恺撒时代的罗马就有了相当完善的邮政服务，信使定期将邮件送到帝国的每一个角落。1000年以后的1521年，德国国王查理五世以真正的文艺复兴时期的作风，效仿古罗马，将国内的全部邮件送递工作全权委托给了王室成员——图尔恩（Thurn）及塔克西斯（Taxis）家族负责。这两个王室家族为查理五世捐赠了大量的金钱，使得查理五世能赢得德国选帝侯，进而巩固了王位。集邮人士都知道，图尔恩和塔克西斯王室家族的后裔，继续负责德国境内许多地方的邮政服务，直至

⊖ 我第一次提出这个概念，是在30多年前，在《管理的实践》一书中（New York：Harper & Row，1954）。

1866 年。17 世纪中期，每个欧洲国家都按照德国模式建立了自己的邮政服务机构。100 年以后，美国的殖民者也开始了邮政服务。事实上，所有西方传统的伟大书信作者，从西塞罗⊖到塞维尼侯爵夫人⊜，从查斯特菲尔德爵士⊜到伏尔泰等，都早在希尔"发明"邮政服务之前，就写过信同时也寄过信。

　　然而，希尔的确开创了我们今天所称的"邮政"服务。他所做出的贡献并非新技术，也不是什么新"事物"，而且他的创新也无法申请到专利。在他以前，邮件一直是由收信人按距离和重量付费的，这种做法不仅使邮资非常昂贵而且浪费时间。于是，希尔建议凡在大英帝国境内投寄的邮件，邮费应该不计距离一律统一；邮资改由寄信人预付；邮资通过寄信人贴邮票的方式来支付（这种印花机制多年以来一直被用作缴纳各种费用和税费）。一夜之间，邮寄变得简单又便捷了，寄信人可以直接将邮件投入邮筒，而且邮资也即刻变得十分便宜。以前，一般邮件的邮资要超过一个先令（相当于一个手艺人一天的所得），而现在只需一个便士。人们投寄的信件也多了起来。一句话，"邮政"服务从那时起正式诞生了。

　　希尔创造了实用的邮政服务。他或许自问过：顾客期望邮政服务能真正为他们做些什么？这往往是改变效用、价值和经济特征的企业家战略需要问

　⊖　西塞罗（Cicero，公元前 106 年—公元前 43 年），古罗马最著名的政治家、演说家、思想家、艺术家、法学家和法律实务家，是博大精深的学者，也是才华横溢的奇人；是一位大智大勇的斗士，又是雄辩天下的律师。希腊文明中的人文主义知识和思想成果之所以能够在罗马被宣扬并流传后世，西塞罗功不可没。——译者注

　⊜　"她的信写得好，就像塞维尼侯爵夫人。"这是法国人夸赞一位优雅女士时会用的典型句子。这个说法已经流行了 300 多年。17 世纪活跃于巴黎上流社会的塞维尼侯爵夫人，在法国文学史上有特殊地位。她一生从未进行过文学创作，却因写给女儿的大量书信而成为公认的女作家。收录她信件的《书简集》已被翻译成多国语言，在世界上许多国家出版，至今是人们喜爱的读物。——译者注

　⊜　查斯特菲尔德爵士（Lord Chesterfield，1694—1773），英国政治家及文人。曾就读于剑桥大学，并游学欧洲大陆，1726 年继承爵位，1728 年出使荷兰，曾任爱尔兰总督及国务大臣等职位，著有《一生的忠告——一位外交家爸爸给孩子的信》，这本书世世代代流行于英国上流社会，被誉为绅士们的"教科书"。——译者注

的首要问题。其实，邮资的降低（大概降低了80%或更多）还是次要的。邮政改革的主要影响在于使每一个人都感觉到邮政服务很方便，让每一个人都可享用这种服务。信件不再局限于"正式的书信"（epistle），裁缝师现在也可以利用邮政服务来邮寄账单。结果，邮件数量骤增，在邮政改革的最初四年里，邮件数量翻了一番；10年后，又翻了两番。不仅如此，邮资也大幅下降，以至长时期以来，人们觉得邮资根本微不足道。

在创造效用的战略中，价格通常并不重要。该战略是否成功，应该看它是否符合顾客的需求，并且看它是否能回答："对顾客而言，什么才是真正的'服务'和真正的'效用'？"

每一个美国新娘都希望得到一套上好的瓷器。然而，由于整套瓷器太过昂贵，而且送礼的人既不知道新娘的品位，也不清楚她已拥有的瓷器，于是他们最后都改送别的礼物。换言之，顾客的需求已经存在，但是缺乏效用。雷诺克斯瓷器公司（Lenox China Company）是一家中等规模的餐具制造商，它发现了这个创新机遇。雷诺克斯只不过采用了一个传统的做法——"婚礼登记簿"。但这本"登记簿"上只允许登记订购雷诺克斯的瓷器。准新娘先选择一个瓷器零售商，然后告之自己喜爱哪一种雷诺克斯瓷器，并交给他一份可能送礼的宾客名单。随后，瓷器零售商逐个询问这些宾客："您准备送多少钱的礼物？"并解释说："您的钱可以买到两只带托盘的咖啡杯。"或者解释道："新娘已经有全套咖啡杯茶具了，她现在需要的是甜点盘。"最后的结果是，新娘、送礼人和雷诺克斯公司皆大欢喜。

同样，这个例子没有任何高深的技术，也无法申请专利，雷诺克斯之所以成功的关键在于它针对顾客的需求提供服务。尽管婚礼登记簿的做法非常简单（也许就是因为它的简单），但它使雷诺克斯成为最受欢迎的"优质瓷器"制造商，并成为美国发展最迅速的中型企业之一。

创造效用的战略，就是依照顾客"自己的方式"去满足其需求和愿望。

如果一个裁缝师要花上 3 个小时的时间，才能将信件送给邮递员，然后还要付一大笔钱（也许与邮寄的账单上的数额一样），那么裁缝师可能就不会通过邮寄的方式把账单寄给顾客了。希尔也没有在原有的服务上增添任何新服务，邮政服务依然通过原来的职员提供给顾客，邮车和邮差也没有变化。但是，希尔开创的邮政服务却是一种前所未有的"服务"，因为它提供了一种有别于传统邮政的新功能。

II

定价

　　许多年以来，最为全世界所熟悉的脸庞非美国人金·吉列莫属，金·吉列的头像出现在全球出售的每一个吉列剃须刀片的外包装上。每天早晨，全球有数百万男士都使用吉列刀片。

　　金·吉列并没有发明安全剃须刀。19 世纪晚期，已有许多安全剃须刀获得了专利。但直到 1860 年或 1870 年以前，只有少数人，如贵族、一些专业人士和商人才注意他们的面部修饰，也只有他们能请得起理发师。不久，突然之间，大批男士，包括手艺人、店主、职员，都想让自己看起来"体面一点"，但是他们大多不会使用折叠式剃刀，这种危险的工具会使他们感到不快，可他们又不愿光顾理发店，因为那里收费昂贵，而且还浪费时间。于是，许多人又发明了一种"自助式"安全剃刀，然而却没有一个人打开销路。原因很简单，去一趟理发店只需花 10 美分，而买一把最便宜的安全剃刀却得花 5 美元——这在当时可算是一笔大数目，因为日薪 1 美元已经是很高的工资了。

　　吉列的安全剃刀并不比其他公司的产品好，而且生产成本更高。但是，吉列公司所"卖"的并不是剃刀。他将剃刀的零售价定为55美分,批发价为20美分,大约是其生产成本的1/5,所以几乎等于是赠送给顾客的。但是他的剃刀经过特别设计,只能使用吉列公司的专利刀片,而每片刀片的制造成本不到1美分,他却将刀片价格定为每片5美分。由于每片刀片可以使用六七次,因此每刮一次脸所花的钱还不到1美分,是去理发店所花费用的1/10还不到。

　　吉列所采用的方法是按照顾客每刮一次脸的成本来定价,而不是根据产品本身来定价。事实上,如果人们以5美元购买了其他竞争者的安全剃刀,然后再花一二美分购买竞争者的刀片,最终还会比购买吉列刀片更合算。吉列的顾客当然知道这一点,其实顾客比广告商或拉尔夫·纳德(Ralph Nader)⊖所想象的要聪明得多。但是吉列的定价在他们看来很合理,因为他们支付的是一次"修面服务",而不是某件"产品"。此外,吉列剃须刀和吉列刀片给他们带来了剃须中前所未有的愉悦感受,而这不是危险的折叠式剃刀所能给予的,而且所支付的费用远比去附近理发店便宜。

　　有一个原因可以解释为什么复印机的专利权并没有落在大印刷机生产商手中,而是落在了纽约州罗彻斯特市一家名不见经传的小公司[后来称作哈罗伊德公司(Haloid)]手中,那就是因为它们都认为复印机没有销路。大印刷机生产商的计算显示,这种机器至少得卖到4000美元一台。由于复写纸的价格非常便宜,因此,他们深信没有人会花这么一大笔钱来购买这么昂贵的复印机。而且,当时花4000美元买一台设备并非易事,公司主管必须写拨款申请并附投资回报计算报告,提请董事会批准。光从这两点来看,花大价钱购买这样一台"小玩意儿"来帮助秘书是不可思议的。哈罗伊德公司(也就是现在的施乐公司)耗费了许多心血,最终完成了复印机的设计工作。但是,它

　　⊖ 美国律师,消费者权益保护活动的发起组织者。——译者注

的主要成就却是在它的定价上。哈罗伊德公司并没有直接销售它的设备，而是销售复印机所产生出来的复印件。每一张复印件只需 5 ～ 10 美分，这无须写拨款申请。复印费用属于办公"小额备用金"，秘书可以不用上报，自行支配。这种把复印机的价格定为每张复印件 5 美分的做法就是一项真正的创新。

大多数供应商（包括公共服务机构）从未想到将定价视为一种战略。然而，定价战略可以让顾客愿意为他们所要购买的东西——一次修面或一份文件复印件，而不是为供应商所生产的东西付钱。当然，顾客最终支付的与商品的价格还是一样的，但是如何支付是根据消费者的需求和现实情况来决定的。定价一定要符合消费者实际所购买的东西。所以，价格应该反映消费者真正得到的"价值"，而不是供应商的"成本"。

Ⅲ

客户的现实情况

美国通用电气公司的大型蒸汽涡轮机之所以能取得世界领先地位，是因为它早在第一次世界大战以前就考虑了客户的现实情况这一问题。与活塞发动的蒸汽机不同，蒸汽涡轮机的结构非常复杂，在设计时必须具备丰富的工程技术知识，在建造和安装时需要相当纯熟的技术，单个电力公司是无法做到这一点的。也许每隔 5 年或 10 年，当电力公司建设新发电厂时，它才会购置一台蒸汽涡轮机。同时，由于蒸汽涡轮机技术要求非常高，生产商必须建立并保持一支相当庞大的技术咨询队伍，向用户提供持续的技术帮助。

但是，通用电气公司很快就发现，电力公司根本不可能支付咨询服务的费用。根据美国法律，这项开支必须征得国家公共事业委员会的同意。然而委员会的意见是，这些电力公司应该自行解决这个问题。通用电气公司还发现，它也不能将这些咨询服务的费用追加到蒸汽涡轮机的价格中，因为公共事业委员会是不可能同意的。不过，尽管蒸汽涡轮机的使用寿命很长，可每隔 5～7 年，它必须更换一套新的叶片，而这些叶片必须从涡轮机的原制造厂商手中购买。于是，通用电气公司建立了世界上第一家为电力公司用户提供工程技术咨询的机构 [通用电气公司出于谨慎的缘故，并没有将该机构称为"工程咨询"（因为这种服务是免费的），而是称为"仪器销售"]。于是，通用电气公司的涡轮机不再比竞争对手的产品贵，它还把新增的咨询机构的费用以及一大笔利润加到了必须经常更换的叶片价格中。10 年之中，所有其他蒸汽涡轮厂商也都纷纷转用这一价格体系，但那时候，通用电气公司早已取得了全球市场的领导地位。

早在 19 世纪 40 年代，就有了符合顾客的现实情况而设计产品和程序的考虑，而这最终引发了分期付款销售方式的产生。当时，许多美国人发明了收割机，赛勒斯·麦考密克就是其中的一位。可是，他和其他的发明者都发现，虽然收割机的需求显而易见，但是他们的产品根本卖不动，主要原因是农民根本没有购买能力。大家都清楚，只需两三个季度的时间，农民就可以赚回机器的成本，可是当时没有一家银行愿意把钱借给农民买设备。麦考密克于是引入了分期付款方式，农民只需在连续 3 年里，将所得收入的一部分用于分期支付购买收割机的款项即可。这样，通过分期付款方式，农民就有了购买昂贵收割机的能力了。

制造厂商经常会谈到"非理性的顾客"（经济学家、心理学家和伦理学家也都会这样说），但事实上，根本没有什么"非理性的顾客"。有一句古老的谚语说得好："只有懒惰的生产商。"我们应该假设顾客都是理性的，只不过他的现实情况与生产厂商的现实情况大相径庭。例如，公共事业委员会所制定的规则和条款在制造商看来都是毫无意义的，纯粹是委员会无理取闹。但是，对于在委员会管辖之下的电力公司而言，这些规则和条款都是必须面对的现实情况。19 世纪 40 年代的美国农民，他们的信用风险可能远低于美国银行的想象。但是现实情况是，当时的美国银行不愿向农民贷款。因此，接受顾客的现实情况这一战略包含这样一种观念，即产品本身与顾客所面临的现实之间并非毫无关系。事实正好相反，就顾客而言，二者关系密切。无论顾客买什么，都必须符合他们的现实情况，否则产品对他们就毫无用处可言。

IV

向客户提供所需的价值

最后一个所要讨论的创新战略是向客户提供所需的价值，而不是提供厂商心目中的"产品"。这实际上是将接受顾客现实情况的战略更进了一步，使这些现实成为顾客所购买产品的一部分。

美国中西部地区有一家中等规模的公司，专门供应大型推土设备和牵引设备（如工程承包商建公路所用的推土机和拉铲挖土机；清理露天矿表层的重型设备；煤矿运煤的重型矿车等）专用的润滑油。这家公司的竞争对手是一些拥有众多润滑油专家的大型石油公司。然而，该公司并不完全依靠润滑油的销售来提高自己的竞争力。事实上，它所销售的是一种"保障"。工程承包商所看重的"价值"并不是润滑油，而是机器设备的正常运转。一台重型设备停止运转一小时给承包商造成的损失，远比他全年花在润滑油上的费用要高得多。所有的工程合同都规定，如果工程未能在最后期限内完工，承包商将面临严厉的惩罚。然而，承包商在竞标时为了最终中标，都必须分秒必争，尽量压缩工期。于是，中西部这家润滑油公司具体的做法是：首先，向承包商提供一份有关其设备需要维护的分析报告；然后，制订一套相应的维护方案和年维护费用，同时向它们保证，一年之内设备因润滑问题而停运的时间不会超过多少小时。不用说，承包商都愿意接受此项方案。其实，承包商所购买的不是润滑油，而是它们的机器能够正常运转的保障。这对承包商而言，是非常有价值的。

最后一个例子（也许有人会称之为"产品系统化"）是密歇根州的赫曼·米勒家具公司（Herman Miller）。这家公司最初因制造早期的现代家具——埃姆斯椅$^\ominus$而著称于世。等到其他家具公司开始追风效仿时，米勒公司又转向制造和销售整体办公室和医院工作台，并都取得了很大成功。最后，当"未来办公室"概念出现时，米勒公司又成立了"设施管理学院"，该学院的工作不是销售办公家具和设备，而是向企业提供有关如何以低成本获得一个最佳工作流程、提高生产力和员工士气的办公室设计建议。米勒此举的目的是为顾客界定其所需要的"价值"。它告诉顾客："表面上，你们是在购买家具，但实际上，你们是在购买工作、士气和生产力。这才是你应该花钱的地方。"

上述例子看似相当明显，好像稍具头脑的人就应该能想出类似或相同的战略。然而，系统经济学之父李嘉图曾说过："利润的创造并不是因为你比别人聪明，而是因为别人都比你愚蠢。"上述战略之所以能获得成功，并不是因为运用战略的人太高明，而是因为大多数厂商（包括产品制造企业和服务企业，以及公共服务机构）都没有对此多加思考。这些战略之所以能获得成功，正是因为它们太"显而易见"。然而，为什么采用它们的人会如此稀少呢？上面的例子告诉我们，任何人只要问了这样一个问题就能赢得比赛："顾客真正想购买的是什么？"事实上，这根本算不上是一场比赛，因为除了他以外，没有其他人和他竞争。这又是什么原因呢？

　　$\ominus$　埃姆斯椅（eames chair）：一种模制的胶合板或塑料椅子。——译者注

　　其中一个原因就是经济学家所说的"价值"观念。每一本经济学教科书都指出顾客购买的并不是一个"产品",而是购买该产品后能为他们带来的东西。但是,每一本经济学书籍同时又马上将这一切抛诸脑后,只考虑产品的"价格"因素。它们把"价格"定义为顾客为取得某一东西或服务的所有权而需支付的金额,而产品为顾客带来的东西却不再提及了。遗憾的是,无论是产品还是服务的供应商都容易轻信经济学家的这套理论。

　　说"A 产品的成本是 X 元",这句话是有道理的。同样,说"我们必须将产品的价格定为 Y 元,以抵消 A 产品的生产成本和资本成本,并且还可以赢得适当的利润",也是可以理解的。但是如果得出这样的结论:"……因此,顾客必须以 Y 元来购买一件 A 产品",则毫无道理可言。相反,以下结论才是正确的:"对我们而言,顾客为每一件产品支付的金额必须是 Y 元。但是,至于顾客会怎样支付则取决于什么对他最合理,取决于该产品能为顾客带来的东西,取决于该产品是否符合他的现实情况,还取决于顾客所看重的价值。"

　　价格本身不是"定价",也不是"价值"。正是由于对这一点的深入理解,金·吉列垄断了近 40 年的剃刀市场;也正是因为洞悉了其中奥秘,小小的哈罗伊德公司在 10 年间就成为资产达数十亿美元的施乐公司;这个奥秘也使通用电气公司成为世界蒸汽涡轮机的领袖。这 3 家公司都获得了空前的利润,这些利润都是它们应得的,因为它们满足了各自顾客的需求,向他们提供了他们希望得到的东西,换言之,它们让顾客觉得物有所值。

　　大多数读者会这么认为:"这只不过是最基本的营销理论。"他们的想法完全正确,这确实只是最基本的营销理论,也就是要从分析顾客需要的效用、他们要购买的东西、顾客的现实情况以及顾客所需的价值入手。但是,为什么经过了 40 年的营销理论宣传、教育,而且还有专门从事营销的专业人员,却仍然只有少数几家公司愿意接受这些市场营销理论呢?我无法做出解释。现实依旧如此，凡是愿意把市场营销作为战略基础而加以运用的人，就很可能以最快的速度、最小的风险获得产业或市场的领导地位。

　　企业家战略与有目的的创新和企业家管理同样重要。将它们三者结合起来，就构成了创新与企业家精神。

　　企业家战略为数不多，而且相当合理易懂。不过，采用企业家战略比进行有目的的创新和实施企业家管理要难得多。我们知道在哪些领域能找到创新机遇，并知道如何对它们进行分析。我们也能够分辨哪些是正确的政策和实践，可促使现有企业或公共机构具有企业家精神，而哪些又是错误的政策和实践。我们还知道，在新企业中，哪些是应该做的事情，哪些是不应该做的事情。但是，要选择一个适合某一特定创新的企业家战略则是一个高风险的决策。某些企业家战略比较适合某一特定情况，例如我提到过的企业家柔道战略，就比较适合原有的产业领导者年复一年已养成骄傲自大的坏习惯这一特定情况。此外，我们还可以描述某个企业家战略的典型优势和局限性。

　　更重要的是，我们知道，越是从用户的角度出发——考虑他们需要的效用、他们所看重的价值和他们所面对的现实情况，企业家战略成功的概率就越大。所谓创新，就是市场或社会的一项变化。它能为用户带来更大收益，为社会带来更强的财富创造能力，以及更高的价值和更强烈的满足感。检验创新的标准永远是：它为用户做了什么。所以，企业家精神永远应该以市场为中心，以市场为导向。

　　虽然如此，企业家战略仍属于企业家决策范畴，因此它具有风险性。它绝不是一种凭感觉的赌博，但也不完全是一门精准的科学。确切地说，它是一种判断。○

　　○　决策是一种判断。见德鲁克《卓有成效的管理者》第 7 章第一句话。——译者注

企业家社会

I

"每一代人都需要一次新的革命"，这是托马斯·杰斐逊（Thomas Jefferson）[⊖]在临近他漫长人生旅途的终点时所得出的结论。与他同时代的德国大诗人歌德[⊜]，尽管是一位重要的保守派人士，在他暮年的一首诗中，也道出了同样的心声：

⊖ 托马斯·杰斐逊（1743—1826）是美国第三位总统，也是美国独立运动的一位积极领导者和组织者，著名的美国《独立宣言》的起草人。他前后从事政治活动近 60 年之久，在美国人民的心目中是一位伟大的英雄。杰斐逊是资产阶级民主主义思想家，主张人权平等、言论、宗教和人身自由。杰斐逊作为美国资产阶级民主派杰出代表，与华盛顿和林肯齐名。——译者注

⊜ 约翰·沃尔夫冈·歌德（Johann Wolfgang Goethe，1749—1832）是 18 世纪中叶到 19 世纪初德国和欧洲最重要的作家，他一生跨两个世纪，正值欧洲社会大动荡、大变革的年代，促使歌德不断接受先进思潮的影响，从而加深自己对于社会的认识，创作出当代最优秀的作品。著有小说《少年维特的烦恼》、诗剧《浮士德》和 2500 余首诗歌。歌德的作品充满了狂飙突进运动的反叛精神，在诗歌、戏剧、散文等方面都有很高的成就。——译者注

理性成为胡言

恩惠成为磨难

杰斐逊和歌德都表达出他们那一代人对启蒙运动[⊖]和法国大革命所留下的遗产不再抱有任何幻想。也许，150 年以后，人们对我们今日的遗产，对这个伟大的诱人承诺——福利国家，也会感到同样的失望。福利国家的想法起源于德意志帝国。当时的福利是针对穷人和残疾人的政策，而现在却成为"人人应该享受的权利"，并且日益成为那些创造财富者的沉重负担。机构、制度、政策最后都会变得陈旧迂腐，如同不合时宜的产品、程序和服务一样。它们在实现目标或是不能完成目标之后，就已过时，应该退出历史舞台。机制或许仍在发挥作用，但是当初设计它们时的假设已经无效了。例如过去 100 年来，所有发达国家设计医疗保障计划和退休方案时的人口统计假设。于是，理性成为胡言，恩惠成为磨难。

然而，从杰斐逊时代，我们就懂得"革命"并不是解决问题的良药。革命不可预测，无法指挥或控制。革命总会把权力交给不合适的人。更糟糕的是，可以预见的革命的结果恰恰与革命者的承诺相反。杰斐逊 1826 年去世后没有几年，素有"政府与政策的伟大剖析者"之称的法国政治学家托克维尔（Alexis de Tocqueville）[⊜]就指出，革命不会摧毁旧制度的枷锁，只会强化这种枷锁。托克维尔证实，法国大革命以后，法国的枷锁比革命前更紧：

⊖　启蒙运动是指 17、18 世纪欧洲哲学的思想运动。倡导以理性作为建立道德、美学以及思想体系的方式。启蒙运动的倡导者将自己视为大无畏的文化先锋，并且认为启蒙运动的目的是引导世界走出充满着传统教义、非理性、盲目信念以及专制的一个时期（这一时期通常被称为黑暗时期）。启蒙运动同时为美国革命与法国革命提供了框架，并且导致了资本主义和社会主义的兴起。启蒙运动的代表人物有伏尔泰、让－雅各·卢梭、孟德斯鸠等，并影响了许多后继思想家：康德、歌德、马克思、达尔文、弗洛伊德等。——译者注

⊜　亚历西斯·德·托克维尔（1805—1859），法国 19 世纪自由主义政治思想家。他在继承近代以来西方资产阶级民主政治思想传统的基础上，主张用新的政治理论来建立一个崭新的民主世界。其《论美国的民主》与《旧制度与大革命》两部著作已分别成为政治学、历史学的经典名著。——译者注

整个国家交由一个不受控制而且也无法控制的官僚政府管理，所有政治、知识、艺术和经济生活都集中在巴黎。

事实上，我们现在已经懂得"革命"完全是一种虚幻的错觉，而且是19世纪最普遍的一种错觉，而今天，恐怕大多数人已对这个"神话"不再迷信。现在，我们知道"革命"并不是一项成就，也不是新时代的黎明。它源于年迈腐朽，源于思想和制度的枯竭以及自我更新的失败。

同时我们还知道，理论、价值观以及所有人类思想与技术的产物都会陈腐、僵化、过时，最后成为"灾难"。

因此，无论是社会还是经济，公共服务机构还是商业机构，都需要创新与企业家精神。创新与企业家精神能让任何社会、经济、产业、公共服务机构和商业机构保持高度的灵活性与自我更新能力。这首先是因为创新与企业家精神不是对原有的一切"斩草除根"，而是以循序渐进的方式，这次推出一个新产品，下次实施一项新政策，再下一次就是改善公共服务。其次，因为它们并没有事先规划，而是专注于每个机会和各种需求。再次，是因为它们是试验性的，如果它们没有产生预期的和所需的结果，就会很快消失。换言之，因为它们务实，而不教条；脚踏实地，而不好高骛远。杰斐逊希望每一代人通过革命实现的目标，其实均可以通过创新与企业家精神实现。创新与企业家精神是有目的、有方向和有控制地实现目标，根本不会引起流血事件、内战、集中营或经济危机。

我们需要的是一个企业家社会。在这个社会中，创新与企业家精神是一种平常、稳定和持续的活动。正如管理已经成为当代所有机构的特定器官，成为我们这个组织社会的整合器官一样，创新与企业家精神也应该成为我们的社会、经济和组织维持生命活力的主要活动。

这要求所有机构的管理者把创新与企业家精神当作企业和自己工作中的一种正常的、不间断的日常行为和实践。本书的目的，就是提供完成这项工作所需的概念和工具。

II

无效的政策

在讨论企业家社会所需的公共政策和政府措施时，我们首先要界定哪些是无效的举措——特别是在当今无效政策如此普遍之时。

一般人所理解的"规划"（planning），实际上与企业家社会和经济格格不入。当然，创新确实需要有明确的目的性，而企业家精神也需要良好的管理。但是，从创新的定义上说，它必须分权，必须有自主权，必须具体而且要进行微观经济分析。创新最好是从小规模做起，一边试验一边灵活地进行。事实上，就整体而言，创新机遇只有越贴近具体事件，才可发现。创新机遇不会出现在规划者必须处理的大量事务性工作之中。相反，偏离常规的事物中，反而蕴藏着创新机遇——在意外事件当中，在不协调当中，在"杯子是半满的"和"杯子是半空的"这两种不同认知当中，在程序的某个薄弱环节当中，我们都会找到创新机遇。等到偏离常规的事物可以"用统计的方式表示出来"，规划者可以察觉时，就为时已晚了。创新机遇不会随暴风雨来临，它们总是在"徐徐微风"之中悄然而至。

今天，人们（特别是在欧洲）普遍相信，一个国家可以依靠"高科技企业家精神"独树一帜。法国、德国甚至英国的国策都以这一前提为依据。但是，这完全是一个错觉。事实上，推动高科技的政策以及高科技本身，都不会产生高科技，而是对企业家精神采取了敌视态度，就像法国、德国甚至英国对企业家精神采取的敌视态度一样。这种做法的结果只会是另一次惨败，犹如重蹈协和式超音速飞机的覆辙——赢得一点点"虚荣"，而代价却是巨额亏损。其结果是既没有增加就业岗位，也没有取得技术领先。

我们必须了解：首先，高科技——当然是本书的一个重要前提，只是创新与企业家精神领域中的一个组成部分。绝大多数创新出现在其他领域之中。而且，推动高科技的政策还会遇到政治上的阻碍，因此，一道命令就会废除原有的政策。就创造就业岗位而言，高科技是明天的就业岗位的创造者，而不是今天。本书的序言中提到，1970 ～ 1985 年，美国"高科技"产业所创造的就业岗位为五六百万个，还不及"烟囱工业"丧失的工作岗位多。同期美国经济中增加的所有其他就业人数为 3500 万人，都不是由高科技企业创造的，而是由"中科技""低科技"甚至"零科技"的新企业创造的。由于劳动人数的持续增长，欧洲国家所承受的就业压力将会越来越大。如果政府把创新与企业家精神的重心放在高科技上，势必会牺牲今日其他工业的需求——这些需求正是处在痛苦中的工业巨头的支柱，而且高科技的前途也势必会变得更没有把握。1984 年，高科技政策所引发的争端使法国共产党退出了密特朗总统的内阁，同时密特朗本人领导的社会党左翼分子也对总统的高科技政策越来越感到不快和不安。

最重要的是，如果一个国家只有"高科技"企业，而没有根植在广博经济中的"中科技""低科技"和"零科技"企业，就好比只有山峰没有山体的山脉一样。在这种情况下，即便是高科技人员也不会在高风险的新兴高科技企业中工作，而宁愿选择一家现有的、"安全的"大型企业或国家机关，谋得一份有保障的工作。当然，高科技企业还需要一大批非高科技人员：会计、销售人员和经理等。在一个摒弃创新与企业家精神的经济中，只会留下少数"耀眼的高科技企业"。在这样的环境里，这些高科技人员将会不断寻找工作和更换职业，因为他们的社会和经济关系（即他们的同学、父母和老师）鼓励他们在现有的、"安全的"大型企业中觅得一份工作。此外，分销商将不愿意销售新兴高科技企业的产品，连投资者也不愿意为这些企业投资。

但是，其他从事创新的企业还要向高科技企业提供资金。以知识为基础的创新，特别是高科技创新，从投资到获利需要有很长的间隔时间。全球计算机产业亏损了30年，直到20世纪70年代末才达到盈亏平衡。当然，IBM很早就开始赚钱了。被称为"七个小矮人"的几家美国小型计算机厂商，也一个接一个在20世纪60年代末开始赢利。但是，其他计算机厂商的巨额亏损，早就把上述的利润给抵消掉了，特别是那些在计算机领域全军覆没的历史悠久的大型企业，如美国的通用电气、西屋公司、国际电报电话公司和美国无线电公司；英国的通用电气、普利西半导体公司和费兰蒂公司；法国的汤姆森－休斯敦公司；德国的西门子和（德国）通用电气公司；荷兰的飞利浦公司以及许多其他公司。如今，在微型计算机和个人电脑领域，历史又在重演：在全球范围内，这个产业许多年以后才会开始盈利。生物科技产业也不例外。同样，100年前19世纪80年代的电气设备产业以及1900年或1910年的汽车工业也都经历了这种发展模式。

在这段漫长的孕育期里，非高科技企业必须创造足够的利润来抵消高科技造成的亏损，并向它们提供所需要的资金。

当然，法国人所采取的推动高科技的政策是对的。因为现在，一个国家的经济和政治力量体现在它的高科技（无论是信息技术还是生物或是自动化）地位上。法国人的确拥有科学和技术实力。然而，若没有企业家经济，想要在高科技领域中有所创新并具有企业家精神，对于任何一个国家而言，基本上都是不可能的（我想说是不可能的）。高科技犹如锋利的刀刃，但是没有刀，哪来的刀刃呢？好比人死了就不可能有一个健康的大脑一样，高科技领域是不可能独立存在的。一个经济必须充满着创新者和企业家，他们必须具有企业家理念和企业家价值观，能够获取新企业所需要的风险资金，并充满着创新活力。

Ⅲ

社会创新的需要

在一个企业家社会中，有两个领域需要大量的社会创新。

1. 第一个领域是制定政策以安置剩余劳动力。剩余劳动力的数量并不多，"烟囱工业"中的蓝领工人主要集中在少数几个地方。例如，美国汽车工人中，有 3/4 都集中住在 20 个县。因此，他们相当引人注目，而且很有组织。更重要的是，他们都缺乏安置自己的能力，也不懂得如何转行或更换工作。他们既没有受过良好的教育，也没有技术和社交能力——更糟糕的是，他们都缺乏自信。他们一辈子都没有主动求过职。当他们达到工作年龄时，他们在汽车工厂工作的亲戚就会将他们介绍给主管；或者教区的牧师会给他们写一封介绍信，让他们到在工厂里做事的一个教友那里去报到。英国"烟囱工业"的工人（比如威尔士煤矿工人），德国鲁尔区、法国洛林区或比利时波林内工业区的蓝领工人，情况都大致相同。在 20 世纪，发达国家的教育和知识都有长足的发展，但是工人这一群体并没有从中受益。从能力、经历、技能和教育程度等方面来看，他们与 1900 年的不熟练工人十分相似。然而，两者之间有一点不同，那就是他们的收入有了大幅度的提高。如果把他们的工资和福利加在一起，他们是工业社会中收入最高的一个群体。而且，他们的政治影响力也很大。因此，无论就个人还是群体而言，他们缺乏足够的能力来帮助自己，但是他们拥有足够的能力去反对、否决和干涉。社会若不好好安置他们——如果只是给一份低收入的工作，他们必然会成为一股消极的力量。

如果现有的经济能成为企业家经济，那么这个问题就可以迎刃而解。因为企业家经济中的新企业可以创造许多新的工作岗位，这就是美国过去十年

间所发生的情况。这也解释了为什么美国旧"烟囱工业"滑坡所产生的大量
失业工人，并没有造成什么重大的政治问题，甚至没有引起大规模极端贸易
保护主义者的抗议。不过，即使企业家经济能够创造许多新的工作岗位，社
会仍有必要进行组织工作，培训和安置昔日"烟囱工业"的剩余工人——他
们自己是不可能做到这一点的。否则，这些过剩劳动力将会越来越抵制新事
物，甚至包括那些拯救他们的措施。"迷你钢铁厂"能够向过剩的钢铁工人
提供就业机会。汽车自动化装配厂最适合安置无处可去的汽车下岗工人。但
是"迷你钢铁厂"和汽车自动化装配厂的在岗工人竞争也很激烈，尽管他们
知道最终还是要失去自己的工作。除非我们能利用创新，为"烟囱工业"的
过剩工人创造工作机会，否则他们会感到恐惧，认为自己无能，被社会所
抛弃，并会开始抵制所有的创新——英国（或美国邮政机构）就发生了类似
的事情。历史上也有许多通过创新，为人们提供工作机会的例子。1906 年
日俄战争以后，日本出现了严重的经济危机，三井财阀创造了不少工作机
会。又如第二次世界大战以后，瑞典经过深思熟虑制定了一项政策，使瑞
典从一个拥有大量贫困农民和伐木工人的国家转变为欣欣向荣的工业化国
家。我们前面已经说过，剩余劳动力的数目并不很大——其中有 1/3 的年龄
在 55 岁以上，按照规定他们可以提前退休；另外的 1/3 在 30 岁以下，他
们完全有能力更换工作并自我安置。这些人都不是我们关注的对象。但是，
我们必须制定相关政策来培训和安置剩余 1/3 无处可去的"烟囱工业"工
人——他们虽是少数，却是核心力量，是需要制定深思熟虑的政策来进行
安置的。

2. 另一个领域的社会创新是一次史无前例的彻底改革，实施起来更加困
难，那就是有组织、有系统地放弃已经过时的社会政策和公共服务机构。这
在上一个伟大的企业家时代并不是问题。因为 100 年前，只有少数这样的政
策和机构，而现在，它们的数量庞大。但是，我们现在也清楚，很少有什么

政策和机构能够永存，就连能在短时间内发挥作用的也为数不多。

在过去的 20 年中，人们的世界观和认知发生了一个根本转变——人们认识到政府机构及其政策都是人为的，而不是天赐的。既然是人为的，因此有一件事是可以肯定的，就是这些机构和政策都将很快被淘汰。然而，许多政策的制定仍然是基于一个古老的假设，即无论政府做什么都是以人类社会的本质为依据的，因此是可以"永恒"的。结果，迄今为止，还没有哪一种政治体制能摒弃陈旧的、过时的、不再具有生产力的政府机构和政策。

也许，我们现有的政策还未发挥作用。最近，美国通过了一连串"日落法则"（sunset laws），规定政府机构或法律在经过一段时间后，除非重新修订，否则就自行废除。然而，这些日落法则并没有发挥作用——部分原因是没有一个客观的标准来衡量一个机构或法律何时才算不起作用；还有部分原因是没有一个有组织、有系统的废除程序；但最主要的原因是，我们现在还未研究出一个新的或替代的方法，以实现这些不起作用的机构或法律应该实现的目标。为了让"日落法则"具有意义和实效性，政府需要制定出一套原则以及废除旧机构或法律的程序，而这种做法是我们未来重要的社会创新之一——这一创新必须尽快进行。我们的社会已经准备好接受这个重要的社会创新。

Ⅳ

新任务

上述这两个社会政策只是举例说明而已。其更深层次的意义是，我们极有必要对政策、态度，尤其是对优先顺序重新定位。无论是对机构还是对个人而言，我们都应鼓励他们养成灵活应变、永续学习并视变化为正常和机遇的习惯。

税收政策是一个重要的领域，因为它对人们的行为影响很大，同时也是社会价值和优先顺序的象征。在发达国家中，税制对废弃陈旧事物的做法处以重罚。以美国税制为例，它把出售或清算一家企业或一种产品线所产生的资金视为收入。实际上，这笔款项是当初资本的回收。但是，按照现行税制，公司不得不为这笔钱缴纳公司所得税。如果公司把这笔钱发放给股东，股东就必须付个人所得税。税法把这笔钱视为普通的"分红"——"利润"的分配。结果，企业不愿意放弃陈旧、过时、没有生产力的事物，反而要保护它们，继续在它们身上投入资金。更糟糕的是，公司还派出最能干的人去挽救昨天。公司这么做，其实是错误地分散了最稀缺、最宝贵的人力资源，公司应将这些资源用于创造明天（如果这个公司还有明天的话）。等到公司最终清理或变卖那些陈旧、过时、不再具有生产力的业务或生产线时，它不会把清算所得分配给股东，因此清算所得也不会进入资本市场，也就不能用于投资创新的机遇。相反，公司会把这些资金仍投资于自己另一个陈旧、传统、衰落的业务或产品中，即投入到很难在资本市场筹措到资金的那部分业务运作和产品生产中，结果导致稀缺资源的再一次错误配置。

一个企业家社会所需要的，是一套能够鼓励公司将资本从保护昨天的旧事物转变到创造明天新事物的税制，而不是我们现行的阻止，甚至惩罚这种行为的税制。

我们还应该改进现行税制的另外一个方面，就是减轻新企业和成长中企业最紧迫的财务问题——现金短缺。也许有一个办法，就是接受经济现实：一个新企业，特别是一个成长中的企业，在最初的五六年中，它所创造的"利润"纯粹是一种账面上的虚幻。在这段时间里，新企业为了生存，为明天的业务所要投入的资金总会大于昨日的运营盈余（即本期收入与上期经营成本之差）。这实际上意味着成长中的新企业必须把所有的运营盈余用于维持其生存。特别是当新企业飞速发展时，公司往往还必须投入更多资金，其金额远远超过它所能产生的"当期盈余"（即账面上显示的"利润"）。因此，在最初几年中，成长中的新企业（无论是一家独立企业，还是现有企业诸多事业中的一个）都不应该缴纳所得税。这和我们不会指望一个快速成长的小孩创造"盈余"，来赡养一个成人的道理是一样的。税制其实是一种工具，一种生产者养活非生产者的工具。另外，如果等到新企业"长大"以后再收税，那么它最终会缴纳更多的税收。

如果政府认为这样做太"激进"，那至少也应当缓征新企业在初创时期的所得税。新企业应该能够保留所赚取的现金，而政府既不施以处罚，也不征收所得税的利息，直到企业渡过这段现金流周转压力较大的困难时期。

总而言之，企业家社会和经济需要能够促进资本形成的税收政策。

日本人成功的一个"秘密"，就是政府鼓励资本形成过程中的"漏税"（tax evasion）现象。日本成年人可以合法地拥有一个"中等数额"的储蓄账户，而且利息是"免税"的。但实际上，这类账户的数量是日本人口（其中还包括小孩和少数民族）的五倍之多。虽然日本的报纸和政客经常抨击这个"丑闻"，但是日本非常谨慎，并不采取任何行动来"铲除这个弊病"。结果，日本是全世界资本形成率最高的国家。也许有人会认为用这种方式过于拐弯抹角，根本无法避免现代社会的困境。这个困境就是现代社会所存在的冲突：社会一方面需要高资本形成率，另一方面又将利息和分红视为"不劳而获的收入"和"资本家的收入"而加以谴责（有时甚至把它们视为罪恶或不道德的东西）。然而，一个国家若想在企业家时代保持竞争力，就必须制定日本式的税收政策，以乔装的半官方形式，鼓励资本形成。

与鼓励企业家（或至少不妨碍企业家）的财税政策同等重要的做法是，

保护新企业免受政府监管、限制、报告和文书工作的干扰。我个人的建议是（虽然我认为它根本不会被接受），新企业（不论是一家独立企业还是现有企业的一部分）为应付政府的监管、报告和文书工作而产生的成本，如果超出新企业总收入的一定比例（比如5%），它即可向政府要求补贴。这对公共服务领域的新机构（例如一个独立的外科诊所）非常有帮助。在发达国家，公共服务机构因政府的繁文缛节而背负着沉重的包袱，它们为政府所做的琐事甚至比企业还要多，而就公共服务机构的财力和人力而言，都无法背负这些包袱。

政府机构所导致的无形成本正在稳步增加，这恰恰是发达国家一种潜在而又危险的疾病。如果把我的方法制定为政策的话，那么它将是治疗这种疾病的最佳的，也许也是唯一的良药。政府机构无形成本的增加，将会耗费大量资金，更重要的是耗费了许多优秀人才的时间和精力。然而，这种成本又是看不见的，它在政府的预算中根本不会显示出来，而是隐含在医生的账本中，因为他的护士必须花上一半的工作时间来填写政府表格和报告；它也隐含在大学的预算中，因为大学里有16个高级行政管理人员的工作就是为了配合政府的命令和法规；它还隐含在小企业的利润表中，一个275名员工的小企业，会抽出19个人专门为政府做税务员的工作，包括从员工薪水中扣除税费和计提社会保障金，收集供应商和客户的税务登记号，并报告给政府，或像欧洲一样，替政府征收增值税。而所有这些无形的政府管理费用完全不会产生任何经济效益。有谁会认为税务会计师无论从实质上、物质上还是从精神上能对国家的财富、生产力、社会福利做出贡献呢？然而，每一个发达国家的政府都有这种趋势，强行将最稀缺的资源，即有能力、勤奋和训练有素的人派去从事那些没有生产力的工作。

要想控制政府的无形成本这个"肿瘤"的扩散，可能已是一种奢望了，更不用说根除这个"肿瘤"了。但是，我们至少应该能够保护新的企业家企业不受其侵扰。

因此，我们需要学会对政府的新政策或措施提出以下问题：它是否能推进社会的创新能力？它是否有助于社会和经济的灵活性？它是否会干涉或惩罚创新与企业家精神？当然，这些政策对社会创新能力所造成的影响不能，也不应该被当作决定性因素，更不用说是唯一的标准。但是，至少在执行某项新政策或新措施之前，应先将该政策对创新和企业家精神的影响考虑在内。然而今天，除日本以外，没有任何一个国家或任何一个政策制定者这么做。

V

企业家社会中的个人

在企业家社会中，个人面临着巨大挑战，那就是需要不断学习，再学习。对于这种挑战，应该将其视为一种机会并加以利用。

在传统社会中，人们往往认为——或曾经认为，随着青春期的结束，学习也将结束，最迟也只是延续到成年。一个人如果到 21 岁左右还没学到知识的话，就再也学不了了。而且，一个人会把 21 岁前学到的东西，一成不变地在以后的岁月中继续使用。因此，传统的学徒制、传统的技艺、传统的职业，还有传统的教育制度和学校也都是基于这些假设。今天，技艺、职业、教育制度和学校的建立或多或少仍然基于这些假设。当然，事情总有例外。在传统社会中，也有那么一群人在不断学习、再学习。例如那些大艺术家、大学者、禅宗信徒、神秘主义者以及耶稣会等。但是，由于这些特例为数甚少，所以很容易被人们忽略。

然而，在企业家社会中，这些"例外"却成为人们学习的典范。企业家社会的正确假设是：每个人在成年以后还将学习新知识（这样的学习也许还不止一次）。而且，5～10年以后，一个人在21岁以前所学的知识就会逐渐过时，因此，人们应该通过掌握新学问、新技能、新知识，替代或至少是更新以前所学的内容。

这个假设的含义之一是：每个人必须对自己的学习和再学习、自我发展和事业前途负责。他们不能再认为他们在孩提时代所学的东西可作为一辈子的"基础"。这些已学到的知识应该被看作一个"发射台"，是一个起点，而不是一个能够依靠和休息的地方。同样，他们不应再认为只要他们"进入了一个职业领域"，然后沿着预计的、设计好的、充满光明的"职业路径"就能达到既定目的地——这就是美国军队所称的"进阶过程"（progressing in grade）。从现在开始，人们应该这样认为：每个人必须在他们的工作生涯中寻找、决定并发展出许多个"职业"。

一个人学历越高，所从事的事业就越具创业性，他们在学习上所面临的挑战也就越大。木匠可能仍然认为，他在学徒期所学到的手艺足够他用上40年。而医生、工程师、化学家、冶金专家、会计人员、律师、教师、经理人员等最好还是认为，15年以后，他们所必须掌握的新知识和新技术与今天已获取的知识和技术相比，会有很大不同。事实上，他们最好认为，15年以后，自己将会从事不同的新业务，拥有不同的新目标，而且在许多情况下，还将从事不同的职业。同时，他们只有靠自己不断地学习、再学习，不断调整方向，才能免遭社会淘汰。传统的准则以及公司政策，只会成为个人学习新知识和新技术的阻碍而不是帮助。

这一假设还意味着，企业家社会将挑战传统教育和学习的习惯及假设。现今全世界的教育体制主要是17世纪欧洲教育体制的延伸。虽然期间进行了大量的修正，但学校和大学的基本结构仍然是300多年前的框架。现在，各级学校都需要对教育提出新的（有时是非常激进的）思维，并采取新的（有时是激进的）方法。学龄前儿童使用计算机的热潮可能会消失。但是，4岁儿童已经开始接触电视，他们的期望以及需要的教学方法与50年以前的同龄儿童相比，显然是不同的。面临"职业"选择的年轻人（也就是现在4/5的大学生），确实需要一种"文科教育"（liberal education）。然而，这里所说的"文科教育"显然与英语国家中的"文科教育"，即19世纪版本的17世纪课程完全不同，也不同于德国的"Allgemeine Bildung"。如果我们不愿勇敢地面对这一挑战，就会完全失去对"文科教育"的基本理解，从而将其等同于纯粹的职业化专门教育。这么做不但会危害整个社会的教育基础，最终也会危害整个社会本身。教育家也必须接受一项最大的挑战——同时也是最大的机会，那就是学校并不只是为年轻人而设立的，学校也是受过高等教育的成人继续学习的地方。

时至今日，如何来完成这些任务，还没有任何教育理论可以指导。现在也没有人像17世纪伟大的捷克教育改革家夸美纽斯或耶稣会教士那样，为发展出"现代"中小学和"现代"大学做出巨大贡献。但是在美国，至少这方面的实践远远走在理论之前。我认为最近20年来，最积极和最令人鼓舞的成就，就是学校针对需要继续学习和再学习的成人，特别是那些已受过高等教育的专业人士，积极开展各种类型的教学实验（这是美国不设"教育部"以后，所带来的令人欣喜的副产品）。在这20年里，虽然各大学没有"总体规划"，没有"教育哲学"，而且事实上也没有得到教育机构的支持，但它们为已受过各类高等教育以及取得成就的成人所提供的继续教育和专业发展培训，已成为美国真正的"成长产业"。

企业家社会的出现，可能是历史上的一个重要转折点。

自亚当·斯密1776年出版《国富论》以来，长达近一个世纪的自由放任（Laissez-Faire）就开始了。到了 1873 年，席卷全球的经济恐慌[⊖]终结了这种自由放任，取而代之的是现代福利国家的诞生。100 年后，众所周知，现代福利国家也走到了尽头。尽管在人口老年化、出生率下降的冲击下，现代福利国家还不会马上寿终正寝，然而，只有在企业家经济成功、生产力大幅提高的前提下，现代福利国家才能真正存活下去。尽管我们也许还能为福利的"殿堂"增添一抹亮色，例如多增加一些新福利等，但福利国家的时代已一去不复返了——即使是最顽固的自由主义者现在也认识到这一点。

福利国家时代之后，是否就是企业家社会呢？

⊖　1873 年的危机是 19 世纪资本主义危机史上最严重的一次危机。它不仅波及面广（除美国、德国、奥匈帝国和英国外，还有法国、俄国、意大利、荷兰、瑞典、比利时、日本、阿根廷和印度等国）、规模大且持续时间长，从 1873 年开始到 1879 年结束，历时 7 年时间。此外，这次危机又与 20 世纪 70 年代初期的长期农业危机交织在一起，从而使危机更加严重。此次危机大大加速了资本的积聚和生产的集中。危机中，大批弱小和经营不善的企业破产了。而大企业凭借自己雄厚的资本和良好的生产与销售条件，发展成垄断组织。同时，危机也加剧了资本主义国家之间对国外市场、原料产地、投资场所及殖民地的掠夺。总之，这场危机是资本主义由自由竞争阶段向垄断阶段的过渡，标志着一个旧历史时期的结束和一个新历史时期的开始。——译者注

推荐阅读书籍

多数有关企业家精神的书籍中通篇都是奇闻轶事或者"街头戏法"之类的内容。在这类书中，我认为最好的当数乔治·吉尔德（George Gilder）写的《企业的精神》（*The Spirit of Enterprise*）（New York：Simon & Schuster，1984）。书中多是一些新企业的创始人的个人奋斗史。但是，书中并没有太多讨论我们可以从中借鉴的经验。另外，此书也仅仅讨论了小企业的发迹史，而忽略了探讨现存企业和公共服务机构的企业家精神。但是，吉尔德至少没有犯将企业家精神与高科技等同起来的错误。

对企业家以及那些希望了解企业家精神的人而言，我认为他们最好去阅读华盛顿大学卡尔 H. 维斯珀（Karl H. Vesper）的一些研究成果，特别是他所著的《新企业的战略》（*New Venture Strategy*）（Englewood Cliffs，N. J.：Prentice-Hall，1980）一书以及他的年刊《企业家精神研究前沿》（*Frontiers of Entrepreneurship Research*）（Babson Park，Mass.：Babson College）。但是，维斯珀同样将自己局限于新企业，特别是小企业的研究上。尽管有这些局限性，维斯珀令人振奋的研究成果仍然充满着真知灼见。

由约瑟夫 R. 曼库索（Joseph R. Mancuso）创立并领导的企业家管理中心（位于纽约市斯普林大街 83 号）以及曼库索闻名遐迩的著作《如何开创、筹资和管理你自己的小企业》（*How to Start*，*Finance and Manage Your Own Small Business*）（Englewood Cliffs，N. J.：Prentice-Hall，1978），都是完全针对小企业的。

我想推荐的另外两本书籍，它们的风格完全不同，但是内容互为补充，探讨了现有企业，特别是大型企业中的企业家管理。其中一本是《高产出的管理》（*High-Output Management*）（New York：Random House，1983），该书的作者为安迪·格鲁夫，他是世界上最大的半导体制造商之一英特尔公司的创办人，书中探讨了如何在快速发展的大型企业里保持企业家精神。另一本是耶鲁大学组织心理学家罗莎贝丝 M. 坎特（Rosabeth M. Canter）所著的《变革大师》（*The Change Masters*）（New York：Simon & Schuster，1983），书中探讨了具有企业家精神的企业中企业领导者的态度和行为。到目前为止，对现有企业的企业家精神最具洞察力的探讨当数麦肯锡公司（McKinsey & Company）的两位成员，理查德·卡夫诺（Richard E. Cavenaugh）和小唐纳德·克利福德（Donald K. Clifford，Jr.）的文章，已发表在 1983 年《麦肯锡季刊》（*McKinsey Quarterly*）的秋季刊上，题为"美国中型成长性企业留给我们的教训"（Lessons from America's Mid-Sized Growth Companies）。他们两个人将这篇文章和他们的研究成果结集成书，新书有望在 1985 年或 1986 年出版。

在众多的战略书籍中，我认为最好的当数迈克尔·波特所著的《竞争战略》（*Competitive Strategies*）（New York：Free Press，1980）。

在我早期的著作中，有关企业家精神和企业家管理的探讨集中于《为成果而管理》（*Managing for Results*）（New York：Harper & Row，1964）一

书的第 1 ～ 5 章，以及《管理：使命、责任、实践》（*Management：Tasks*，
Responsibilities，*Practices*）（New York：Harper & Row，1973）一书的第
11 ～ 14 章（服务机构），以及第 53 ～ 61 章（战略和结构）。

彼得·德鲁克全集